Aus dem Niederländischen von
Helga van Beuningen

Anja Meulenbelt

«Du hast nur einen Beruf – mich glücklich zu machen»

Über die Unmöglichkeit der Liebe zwischen Frau und Mann

Rowohlt

Die Originalausgabe erschien 1990 unter dem Titel
«Casablanca, of de onmogelijkheden van de heteroseksuele liefde»
bei Sara / Van Gennep, Amsterdam.
Umschlaggestaltung Susanne Müller

1. Auflage März 1992

Satz aus der Bembo (Linotronic 500)
Gesamtherstellung Clausen & Bosse, Leck
Printed in Germany
ISBN 3 498 04345 5

Mit Dank an Renate Dorrestein,
Gerda van Dijk und Fransje van der Waals
für ihre Beiträge von Material

Inhalt

Einleitung

1 Die brennende Frage 11
2 Das Ideal der romantischen Liebe 14
3 Die sexuelle Revolution, die keine war 20
4 Chapter Six Might Change Your Life! 22
5 Die Liebe in der Versenkung 27

Teil I
Heterosexuelle Partnerwahl und der Mythos der Gleichwertigkeit

1 Jung und alt 33
2 Geben und nehmen: das ganz gewöhnliche Machtungleichgewicht in der ganz gewöhnlichen Ehe 47
3 Wenn Frauen mehr Erfolg haben als Männer 56
4 Der Markt der Heterosexualität und andere Probleme 71

Teil II
Das Schicksal der begabten Frau

1 Verschwendetes Talent, verschwendete Liebe 91
Intermezzo: Die Funktion des Klatsches 99
2 Begabte Frauen, begabte Männer 102
3 Die idealen Paare 119
4 Feminismus, Männer und die Liebe von heute 130

Teil III
Der Mantel der Liebe

1 Was Frauen bei älteren Männern suchen 145
2 Was Männer bei jüngeren Frauen suchen 156
3 Das Schlachtfeld 173
4 Der «neue» Mann 180
5 Die Feminisierung der Liebe 190
6 Schlußfolgerungen 195

Anmerkungen 211

Bibliographie 227

Wir können alle sehr viel mehr Liebe vertragen,
als wir bekommen.

Renate Dorrestein

Einleitung

1 Die brennende Frage

Wer erinnert sich nicht an die traurige Abschiedsszene aus *Casablanca*? Bergman und Bogart stehen sich auf dem Rollfeld gegenüber. Bergman glaubt, daß sie bei Bogart bleiben wird, während ihr Mann ins Flugzeug steigt, aber Bogart hat es sich anders überlegt, er schickt seine große Liebe weg und sagt: «I've got a job to do. The problems of three little people mean beans in this world. Someday you'll understand», und sie geht. Er bleibt allein zurück, nein, nicht ganz allein. Fast hätten wir ein Detail übersehen. Bogart geht dem Sonnenaufgang an der Seite von Capitain Renault entgegen, dem Mann, der kurz zuvor gesagt hat, wenn er eine Frau wäre, hätte er sich in Bogart verliebt. Dies ist zwar das Ende einer großen Liebe, aber auch der Beginn einer schönen Freundschaft. So gehört es sich, so hat es sich lange Zeit gehört. Frauen leben für die Liebe. Männer haben Wichtigeres im Sinn. Irgendwann werden wir das schon begreifen.

Einmal im Jahr darf in den Niederlanden eine bekannte Persönlichkeit einen Vortrag über ein dringliches Thema halten. Dieser Vortrag, «Brennende Frage» genannt, befaßt sich natürlich oft mit politischen oder hochliterarischen Dingen.

Dieses Mal war der Soziologe Lo Brunt dran. Und Lo Brunt hielt, kaum zu glauben, einen Vortrag über die Liebe, der versprach, spannend zu werden. Aber was tat Brunt: Er erzählte uns in seiner «Brennenden Frage»[1], die Feministinnen in den Fußstapfen der Sexualmodernisten hätten der Liebe den Garaus gemacht, wir seien nicht mehr fähig, jemanden zu lieben, uns in einem anderen zu verlieren. Wir hätten «Angst vor dem Leben selbst», wir seien «Sexualkrämer, ängstlich darauf bedacht, ihren armseligen Kramladen durch Risikoverteilung und organisiertes Mißtrauen gegen alles und jedes zu schützen».

Donnerwetter. Und ich hatte immer geglaubt, *wir* seien das romantische Geschlecht und hätten den Kopf voller Tagträume über die Liebe, während unsere Männer sich mit wichtigeren Dingen wie Krieg, Politik und Fußball beschäftigten. Lautete so nicht das Argument, mit dem die Romane und Gedichte von Frauen abqualifiziert wurden? Zu sentimental, zu sehr nach innen gerichtet, zu gefühlvoll, zu wenig Distanz zum Thema, zu viel persönliche Belanglosigkeiten, Romane, die zu sehr Romanzen ähnelten. Und jetzt will dieser Herr uns erzählen, daß er im Grunde der wahre Vorkämpfer der romantischen Liebe sei und daß wir davor zu viel Schiß hätten. Was ist hier eigentlich los?

Vielleicht liegen die Dinge inzwischen ja wirklich anders. Vielleicht blickt Bergman nicht mehr mit tränennassen Augen ihrem entschwindenden Liebsten nach, sondern steigt mit einem resoluten «Dann eben nicht» ins Flugzeug, oder vielleicht ist sie auch diejenige, die ihm klarmacht, daß sie leider Wichtigeres zu tun habe als eine Affäre; was für ein Gesicht würde Bogart machen, wenn sie seinen Text übernähme? Ein verdattertes wahrscheinlich. Wie ein begossener Pudel. So hatten wir nicht gewettet.

Wenn Männer sich auf einmal zu Verfechtern dessen aufschwingen, was Frauen gerade verwerfen, dann kann man von einer grundlegenden Verschiebung in ihren Beziehungen sprechen. Ich möchte das mit einer anderen aktuellen Frage, dem Problem um die Rechte der Väter, vergleichen.

Jahrhundertelang sind viele, viele Männer sehr achtlos mit ihrem Sperma umgegangen, haben sich nicht darum gekümmert, wo es landete und mit welchen Folgen. In der Gesetzgebung hat sich ein wahrer Kampf abgespielt, bei dem sich zwei Interessengruppen gegenüberstanden: Auf der einen Seite die Frauen, die ungewollt schwanger geworden waren, ledige Mütter, die ein Mindestmaß an Schutz suchten, zumindest eine finanzielle Beihilfe zum Unterhalt ihres Kindes oder einen einigermaßen respektablen Status für ihren «Bastard», ihr uneheliches Kind – und auf der anderen Seite die Erzeuger, die am liebsten so taten, als ginge sie das alles nichts an. Unter Berufung auf die Heiligkeit der Ehe, deren Schutz zwar sie, nicht aber jene unglücklichen Frauen genossen, entzogen sie sich – mit Hilfe des Gesetzgebers – ihrer Verantwortung.

Inzwischen hat sich das Bild gewandelt. Es gibt die Sozialhilfe. Frauen sind vom finanziellen Beitrag der Männer jetzt weniger abhängig als früher, es ist keine so große Schande mehr, eine ledige Mutter zu sein, und siehe da, immer mehr Frauen beschließen, ein Kind ohne Vater großzuziehen. Und was passiert? Auf einmal meldet sich eine ganze Gruppe von Männern zu Wort, die das skandalös finden. Auf einmal erinnern sie sich daran, wie kostbar dieses Zeug ist, mit dem sie früher so nachlässig umgesprungen sind, und werfen den Frauen, die Männer als Spender oder Erzeuger benutzen, kaltherzigen Diebstahl vor. Im Radio hört man einen Mann singen: «Gib mir mein Sperma zurück.» Auf einmal hören wir Männer, die sagen: Aber ein Kind braucht doch Mutter *und* Vater. War das nicht früher unser Text?

Lange Zeit sah das stereotype Bild so aus: Frauen waren diejenigen, die auf Liebe erpicht waren, die versuchten, einen Mann an sich zu binden. Frauen waren das monogame, das romantische Geschlecht. Männer waren diejenigen, die sich dieser Bindung zu entziehen suchten. Ganze Bibliotheken sind von Männern mit Entschuldigungen vollgeschrieben worden, warum ihnen der Sinn nicht – oder nur zeitweilig – nach Liebe stehe, daß sie nun einmal nicht monogam veranlagt seien, daß sie wichtigere Dinge zu tun hätten, daß sie bei einer sich bietenden Gelegenheit gar nicht anders könnten, als fremdzugehen – oder eine der vielen anderen Variationen zum Thema Verduften. Richtige Männer lieben Frauen schon, aber doch eher als Konsumartikel oder auf Abstand. Nur nicht zu lange an ihnen hängenbleiben. Erliegt James Bond doch einmal den Reizen einer Dame, so muß sie verschwinden oder sterben, denn einen Bond, der sich in häuslichen Szenen verliert, können wir nicht brauchen. Es sind die Frauenbücher, die mit den Worten «und sie lebten glücklich bis an ihr Lebensende» schließen. In den Männerbüchern ist er immer noch gerade im letzten Augenblick davongekommen. Auch wenn *sie* dafür erwürgt werden muß.

Und jetzt? Ist Bergman gleichgültig geworden, will sie nicht mehr? Gibt es noch Liebe nach dem Feminismus?

2 Das Ideal der romantischen Liebe

In diesem Buch geht es vor allem um die Liebe, aber damit das gleich klar ist, nur um *eine* Art von Liebe, die zwischen Mann und Frau. Ich könnte auch über die Liebe zwischen Frauen sprechen, doch das ist nicht Thema dieses Buches. Stimmt es, daß die Feministinnen und andere emanzipierte Frauen der Liebe den Garaus gemacht haben, und falls ja, weshalb? Wie sieht es mit der heterosexuellen Partnerwahl aus und wie verhält sie sich zu den Emanzipationsbestrebungen vieler Frauen? Finden emanzipierte Frauen Liebe bei einem Mann, oder suchen sie nicht mehr danach? Wie erging es unkonventionellen Frauen, begabten Frauen, die Wert auf eine Beziehung zu einem Mann legten, früher, wie ergeht es ihnen heute? Und hat sich grundsätzlich etwas geändert?

Lo Brunt beginnt seine «brennende Frage» mit der Zusammenfassung eines der klassischen Liebesromane des vorigen Jahrhunderts, *Jane Eyre*, übrigens von einer Frau, Charlotte Brontë, geschrieben und sehr wahrscheinlich hauptsächlich von Frauen gelesen. Darin wird von der Liebe der Hauptfigur Jane Eyre zu Edward Rochester erzählt, einer Liebe, die, wie sich das in einer romantischen Geschichte gehört, viele Hindernisse zu überwinden hat, bevor die beiden glücklich bis an ihr Lebensende miteinander leben können. Rochester ist mit einer anderen verheiratet, es ist eine lieblose Ehe, seine Frau ist wahnsinnig geworden. Eyre weigert sich unter diesen Umständen, seine Geliebte zu werden, und geht. Erst als Rochester seine Frau bei einem Brand losgeworden ist, bei dem er auch sein Augenlicht verliert, und Eyre durch eine Erbschaft unabhängig geworden ist, finden sie wieder zueinander. Jetzt kann die Liebe blühen, weil ihre Position gleichrangig ist. Brunt zitiert anschließend ausführlich ihr Loblied auf die Ehe, in der Eyre und Rochester «nicht müde werden, dem Herzschlag in der Brust des anderen zu lauschen». Sehr schön, und bei einem solchen Ende wird auch so manche Frauenträne geflossen sein.

Mit diesem Ideal der romantischen Liebe, behauptet Brunt, wurde ein Anschlag auf die strenge Trennung von gesellschaftlicher Position und Geschlechtsrolle verübt. Dieses – damals moderne – Ideal, sagt er, stehe in krassem Gegensatz zu dem, was heutzutage an Idealen Anklang finde.

Das aber ist die Frage.

Zu Recht stellt Brunt einen Bezug zwischen der Gleichwertigkeit der Geschlechter und dem Ideal der romantischen Liebe her. Bis hierher stimmen wir ganz überein. Doch weiter meint er, es sei nicht das Fehlen dieser Gleichrangigkeit, das der Liebe im Wege stehe, sondern vielmehr die Einstellung dieser «Feministinnen und Reformerinnen», Leuten also, die davon überzeugt seien, daß von einer fundamentalen Gleichwertigkeit von Mann und Frau, der Grundlage, auf die die romantische Liebe projiziert werde, nie und nimmer die Rede sein könne. Na, na, Herr Brunt. Werden die Dinge hier nicht etwas verdreht? Es sind nicht die Feministinnen, die behaupten, von einer Gleichwertigkeit von Mann und Frau *könne* keine Rede sein, ich wäre wahrlich keine Feministin, wenn ich nicht felsenfest an die Möglichkeit glauben würde – die Frage ist nur: *Kann* man bereits von Gleichwertigkeit sprechen?

Der Kunstgriff, den Brontë anwandte, um ihr fiktives Paar einander gleichrangig zu machen, ist drastisch und als Strategie kaum anwendbar. Gut, anstelle einer zufälligen Erbschaft haben wir jetzt die Sozialhilfe und Jobs; bei den modernen Jane Eyres sind die Voraussetzungen mehr oder weniger gegeben. Aber wie steht es mit Rochester? Müssen die Männer wirklich erst zu Invaliden werden, bevor sie imstande sind, uns als gleichrangig zu behandeln? Fällt uns nichts Netteres ein als der einzige Notgriff, auf den Brontë kam? Muß Brunt blind werden? Ist Brunt blind?

Ich will nicht denselben Fehler machen wie Brunt und den ganzen Feminismus in einen Topf werfen. Natürlich kenne ich Feministinnen, die zu Männern «nein, danke» sagen – manche, weil sie Frauen interessanter finden, manche, weil sie nicht mehr an wirkliche Liebe zwischen Frau und Mann glauben. Manche aus Resignation, manche aus Wut, manche wegen sattsamer Erfahrung an dieser Front, manche, weil sie auch noch etwas anderes zu tun haben.

Wir sind nicht darauf angewiesen, schließlich beruht die romantische Liebe wie kaum etwas anderes auf Freiwilligkeit, nicht auf Pflicht, in welcher Form auch immer. Früher waren es die Eltern, die ihre Töchter unter Druck setzten, einen Mann zu lieben, damit er sie fortan unterhalte. Heute, wo wir unter mehr Möglichkeiten wählen können, gibt es andere Mittel, uns unter Druck zu setzen, zum Beispiel moderne Beleidigungen à la Brunt, wenn man den Mut hat, sich der althergebrachten Pflicht zu entziehen, Männer zu lieben, gleichgültig, was sie mit uns treiben, gleichgültig, ob sie *uns* lieben. Eine ganze Batterie von Schimpfwörtern wird aufgefahren, eigens um Frauen, die den Dienst verweigern, ins Glied zu zwingen: Beschworen wird das Schreckensbild der versauerten, frustrierten, frigiden, altjüngferlichen, bedauernswerten, einsamen, übriggebliebenen Frau – nein, mit einer Frau, die keinen Mann liebt, kann etwas nicht in Ordnung sein, auf gar keinen Fall.

Dennoch gibt es auch Feministinnen, die hartnäckig am Ideal der wahren, gleichrangigen Liebe festhalten. Als *Ideal*. Ich habe an anderer Stelle schon einmal gesagt, daß ich Feministinnen, vielleicht nicht alle, aber jedenfalls rechne ich mich selbst zu ihnen, für die letzten Romantikerinnen halte. Ich glaube nicht nur an das Ideal der gleichwertigen Liebe – nein, mit weniger gebe ich mich nicht zufrieden. Mit weniger brauche ich mich nicht mehr zufriedenzugeben. Am Ideal liegt es nicht. Es liegt ganz entschieden an der Realität. Ich kenne nicht sehr viele wirklich gleichwertige Beziehungen zwischen Frauen und Männern, obwohl die Voraussetzungen dafür inzwischen gegeben zu sein scheinen. Ich kenne ein paar – es scheint also möglich zu sein –, obgleich man manchmal fast verzweifeln könnte. Und manchmal so sehr verzweifelt, daß sich eine alte Sehnsucht in Zynismus verwandelt und nur noch von *Liehiebe* gesprochen wird (siehe Renate Dorrestein, *Het perpetuum mobile van de liefde*). Gewiß, ich sehe immer mehr Bergmans trockenen Auges dastehen und denken: Soll er's ruhig mit dem französischen Capitain treiben. Nicht mehr mit mir. Nicht so.

Aber kommt das wirklich daher, weil wir angeblich Angst vor dem Leben haben?

Dies ist der Moment für das persönliche Bekenntnis, das in jedem meiner Bücher zu finden ist. Denn meine Ausführungen sind geladen, ich schreibe aus einer persönlichen Betroffenheit heraus, die ich nicht verbergen will. Auch Lo Brunts Ausführungen sind geladen, und zwar mit dem Vorwurf an die Adresse der emanzipierten Frauen, sie könnten nicht mehr lieben. Aber wie die meisten Männer hält er mit seinen persönlichen Motiven hinter dem Berg. Man kann sie erraten und zwischen den Zeilen lesen. Auch Frau Brunt – inzwischen seine Exfrau – ist nicht ganz ehrlich. Man kann sich das eine oder andere zusammenreimen, wenn man ihren Artikel in *Opzij*[2] liest, den sie kurz nach der Anklage von Herrn Brunt schrieb, und zwar über all diese älter werdenden Männer, die ihre älter werdenden Frauen gegen eine junge, knackige eintauschen. Ach ja, schon wieder, denkt man und fragt gleich in seinem Bekanntenkreis herum, um wieviel jünger denn die Neue ist. Die Neue, die das Lieben noch nicht verlernt hat. Wenn ich mich nicht sehr täusche, wird hier etwas um drei Ecken herum ausgetragen.

Ich will nicht verhehlen, daß meine eigenen Erfahrungen samt den entsprechenden Enttäuschungen in der Liebe eine Triebfeder sind, dieses Buch zu schreiben. Darüber spricht man nicht, so etwas behält man für sich, und es spricht auch vieles dafür, tatsächlich darüber zu schweigen, wie die meisten Frauen, die ich kenne, es tun. Man läuft Gefahr, zusätzlich zu den erlittenen Verletzungen auch noch von Typen wie Brunt beleidigt zu werden, der uns mitteilt, es liege allein an uns, wir könnten eben nicht lieben.

Jahrelang habe ich auf Männer verzichtet, weil ich nach einer Reihe schlechter Erfahrungen allmählich glaubte, Männer, auch die modernen Männer, seien für gleichrangige Beziehungen nicht geschaffen – zumindest nicht für die Art von Gleichrangigkeit, wie ich sie definierte. Und so habe ich das Thema «Männer und Liebe» als hoffnungslos und zu schmerzlich abgehakt. Für mich als Bisexuelle war der Verzicht auf Männer keine so dramatische Entscheidung wie für die Frauen, die ausschließlich heterosexuell sind. Ich brauchte dafür nicht mit einem Leben ohne Sex und Liebe zu bezahlen. Paradoxerweise ist es eine positive Erfahrung, die mich veranlaßte, das Thema Liebe, Liebe zwischen Frau und Mann, erneut aufzugreifen. Ich weiß inzwischen, daß eine gleichrangige Beziehung zu einem Mann möglich ist: Liebe, bei der beide sich hingeben können, ohne daß eine (!) die eigene Individualität dafür aufgeben muß, eine Beziehung ohne Machtkampf, weder über den Abwasch noch über die Kinder, weder über Geld noch über das Maß an Zuwendung, das jeder bekommt, auch nicht über den Freiraum, den jeder benötigt, um er/sie selbst bleiben zu können. Besäße ich diese Erfahrung nicht, hätte ich es wohl nicht über mich bringen können, wieder an all diese alten Verletzungen zu rühren und mich erneut mit diesem hoffnungslosen Thema zu beschäftigen, mit dem alles für mich anfing – der Liebe.

3 Die sexuelle Revolution, die keine war

Seinerzeit beteiligte ich mich begeistert an dem, was sich die sexuelle Revolution nannte. Ich hatte als Tochter eine normale bürgerliche Ehe ganz aus der Nähe erlebt, und obwohl mir damals die Worte fehlten, um es auszudrücken, war mir klar, daß ich keine Lust auf diese Art traditioneller Rollenverteilung hatte. Das lag nicht nur daran, daß ich beobachten konnte, wie die eine Partei, meine Mutter, ihre eigenen Ambitionen völlig aufgegeben hatte, um die Frau ihres Mannes zu sein, und die andere Partei, mein Vater, damit die nötige Unterstützung bekam, sich in der Gesellschaft zu etablieren. Es ging um mehr als die simple Feststellung, daß eine solche Beziehung die Bezeichnung «ausbeuterisch» eindeutig verdiente. Was ich außerdem mitbekam, war die gegenseitige Geringschätzung, die zwar nie offen geäußert wurde, aber peinlich genug zu spüren war. Mein Vater war der Herr im Haus, das stand fest. Meine Mutter tat alles, was zu ihrer dienenden Rolle gehörte. Sie kochte, sie sorgte dafür, daß das Haus geputzt wurde, sie zog bei passenden Anlässen ihren Pelzmantel an und fiel ihm in Gegenwart anderer nicht ins Wort. Dabei war er für sie kein Erwachsener, sondern ein großes, lästiges Kind. Wenn ich, von Natur aus aufbrausend, mich weigerte zu tun, was mein Vater mir befahl, wenn ich etwas ungerecht fand und wieder einmal zur Strafe auf mein Zimmer geschickt wurde, war immer sie diejenige, die mich beschwichtigte. Tu doch, was er sagt, meinte sie, das tue ich auch immer, es macht alles viel einfacher. Was macht es denn schon, wenn du dich entschuldigen mußt. Tu's doch einfach. Männer sind wie Kinder.

So gehört sich das für Frauen, lernte ich. Ein wenig nachgeben, so zum Schein. Direkte Konfrontationen meiden. Mit krummen Tricks seinen Willen durchsetzen. Den richtigen

Moment abwarten, um mit Kleinmädchenstimme um das zu bitten, was man haben will, belohnen mit Sex, bestrafen mit Kopfschmerzen und Schmollen und lieblos gekochtem Essen. Du kannst von einem Mann alles bekommen, wenn du es nur richtig anstellst, höre ich traditionell denkende Frauen noch heute sagen. Ich fand das unwürdig – und zwar für beide Seiten. Einerseits mußte manipuliert werden, um etwas zu erreichen. Andererseits fand ich, daß es gräßlich sein mußte, mit einem Geschöpf zusammenzuleben, das nie sagte, was es wollte, aber zutiefst verletzt war, wenn es das nicht bekam. Auch die Männer sahen diese Frauen als Kinder, zumindest nicht als erwachsene Frauen. Ich verstand die Verzweiflung über diese launischen Wesen: Was will sie bloß, sie bekommt doch alles, was sie braucht, was will sie denn jetzt noch? Und ich begriff die Männerklage, die damals in allen Zeitschriften auftauchte: Warum hat sie bloß nie Lust?

Wer gelernt hat, daß Sex eines der wenigen Machtmittel ist, über die man als Frau verfügt, um bei einem Mann etwas zu erreichen, kann es sich nicht erlauben, mit den eigenen sexuellen Gefühlen allzu unbekümmert umzugehen, manchmal darf man sich nicht einmal bewußt werden, daß man diese Gefühle überhaupt hat. Ich sah mir diese traditionelle Beziehung an und sah einen unfairen Tauschhandel mit zwei Verlierern.

Aus all diesen Gründen war ich sofort Feuer und Flamme für die Parolen der sexuellen Revolution, die ehrlichere Beziehungen versprachen: Liebe um der Liebe willen, Sex um des Spaßes am Sex willen und nicht, um etwas zu erreichen, ein Ende der Doppelmoral, nach der Männer mit sexuellen Erfahrungen voll Neid betrachtet und Frauen mit großer sexueller Erfahrung voll Mißtrauen als Schlampen und Flittchen bezeichnet wurden. Das war es endlich, was ich wollte.

Die Erfahrungen, die ich dabei sammelte (und die ich hier nicht noch einmal wiederholen will), brachten mich zu der Überzeugung, daß diese sexuelle Revolution nicht meine Revolution und im Grunde genommen überhaupt keine Revolution war. Es sah so aus, als wollten Männer noch immer, was sie seit eh und je gewollt hatten: mehr Frauen zur freien Verfügung, jetzt aber billiger.

All diese linken Typen, für die man dazugehörte, solange man mit ihnen schlief, für die man aber Luft war, sobald die sexuelle Beziehung endete, all diese Männer, die nur zu gern ab und an für eine Nummer bei einem aufkreuzten und im Namen der Freiheit wieder abzogen, wenn es ihnen paßte, denen es aber mulmig wurde, wenn man genauso spontan bei ihnen vorbeischaute, all diese verheirateten Männer, die logen, daß ihre Ehe keinen Inhalt mehr habe, und die immer kurz davor standen, daheim auszuziehen, es aber nie taten, all diese verheirateten Männer, die ihre langweilige Frau verlassen wollten, sofern man als Freundin deren Aufgaben übernehmen würde, um dann genauso langweilig zu werden, diese Männer, die im Namen der Freiheit mehrere Freundinnen hatten, einen aber auf einmal nicht mehr mochten, wenn man sich ebenfalls einen anderen Freund zulegte – ach, zu keiner Zeit haben so viele Frauen neben dem Telefon gehockt und gewartet.

4 Chapter Six Might Change Your Life!

Ich war so beschäftigt, neben dem Telefon zu warten und mich nach der x-ten unglücklichen Liebe zu fragen, was bloß mit mir verkehrt sei – suchte ich mir die falschen Männer aus oder gab es nur falsche? –, daß ich den Anfang der neuen Feminismuswelle verpaßte. Ich las Betty Friedan, *Der Weib-*

lichkeitswahn, das jetzt allgemein als das Buch gilt, das den massiven Aufstand auslöste, und war völlig ihrer Meinung. Aber ihre Beschreibung des «Problems ohne Namen», der Depressionen und der Verzweiflung all dieser gut ausgebildeten Frauen, die in Ehe und Haushalt verkümmerten, schien nicht mich zu betreffen. Ich war dem Schicksal meiner Mutter entronnen, gerade noch rechtzeitig, ich war eine «freie Frau» und willens, das auch zu bleiben. Ich stimmte Simone de Beauvoir zu, die in ihrem Buch *Das andere Geschlecht* die Befreiung der Frau als Weigerung verstand zu heiraten, Hausfrau zu werden, Kinder zu bekommen. Sofern wir nicht in diese Falle tappten, müßte es doch möglich sein, den Männern von gleich zu gleich zu begegnen. Dazu brauchte ich mich keiner Bewegung anzuschließen, denn das tat ich bereits. Ich verbrachte meine Zeit lieber damit, mich endlos bei Freundinnen auszuheulen – die meisten waren nicht besser dran als ich, das half –, um sämtliche Details minuziös auseinanderzunehmen und zu analysieren: Warum rief er nicht an, sollte ich ihn anrufen, log er, als er sagte, daß er nicht mehr mit seiner Frau schlafe, vermutlich ja, sollte ich ihn doch lieber vor die Tür setzen – endlose Litaneien, die uns immer wieder zum selben Ausgangspunkt brachten. Doch einen Zusammenhang mit dem Feminismus sah ich nicht, beim Feminismus ging es um die Unterdrückung der Hausfrauen, um Abtreibung und gleichen Lohn für Mann und Frau. Mir ging es um die Liebe. Bis ich auf den Artikel von Shulamith Firestone stieß, der die simple Überschrift «Love» trug. Er steht in einem mittlerweile völlig vergilbten Büchlein mit dem Titel *Notes from the Second Year*, ist mit Alkohol und Tränen getränkt, zerfleddert vom vielen Lesen und nochmals Lesen, und fast jeder zweite Satz ist dick unterstrichen. Es stehen noch mehr inzwischen klassische Artikel darin, wie zum Beispiel «The Personal is Political» von Carol Hanish, «The Myth of the Vaginal Orgasm» von Anne Koedt und «The Politics of Housework» von Pat Mainardi. Später fand ich den Artikel als Kapitel 6 ihres Buches *Sexual Politics* wieder. «Chapter Six Might Change Your Life», stand als Warnung auf dem Umschlag. Was es auch tat.

Daß Männer für den Beruf leben und Frauen für die Liebe, ist eine Binsenweisheit, schreibt Shulamith Firestone. Was taten die Frauen, während die Männer ihre Meisterwerke schufen? Während Männer dachten, schrieben und schufen, waren Frauen damit beschäftigt, eben diese Männer zu unterstützen. Die Kultur, die männliche Kultur, ist durch und durch schmarotzerhaft, aufgebaut mit der emotionalen Kraft der Frauen, ohne Gegenleistung. Männer nehmen die Liebe nicht ernst, behauptet Firestone, nicht als kulturelle Gegebenheit, sie haben ihren Teil des Lebens «Kultur» genannt und die Liebe, die Arbeit der Liebe, den Frauen überlassen. Weil sie ihre eigene «weibliche» Hälfte nicht akzeptieren können, wollen sie auch nicht wissen, wie abhängig sie sind, wie sehr erst die Liebe der Frauen sie am Leben erhält. Ohne diese Liebe können sie nicht leben. Für jeden Mann geht es nun darum, eine Frau, oder mehrere Frauen, so verrückt zu machen, daß sie ihn liebt, ohne daß er sich im gleichen Maße an sie bindet. Dafür haben Männer eine Reihe von Methoden entwickelt, schreibt sie weiter. Sobald er den Druck spürt, ihre Liebe beantworten zu müssen, kann er verschiedenerlei tun: zur Tür hinausrennen und mit zehn anderen Frauen ins Bett gehen, um zu beweisen, daß diese erste ihn nicht im Griff hat. Manche Männer haben die Fähigkeit, Frauen gegeneinander auszuspielen, zu einer hohen Kunst entwickelt, so daß sie immer irgendwo unterkommen, ohne in Panik darüber zu geraten, ihre Freiheit zu verlieren. Kluge Frauen, die das durchschauen, lassen diese Männer gewähren, die Chance ist dann größer, daß sie zurückkommen. Oder: Hat er sich endlich einfangen lassen, so spielt er Spielchen, läßt sie ständig im Ungewissen, hält sich nicht an Abmachungen, trifft keine Abmachungen. Wenn sie ihn «hat», bekommt sie die Rechnung präsentiert, keine Chance wird er ungenutzt lassen, in ihrer Gegenwart andere Frauen anzumachen, sie vor anderen herabzusetzen, kurz: sie daran zu erinnern, daß es noch viele andere und attraktivere Frauen gibt, und daß er jederzeit weggehen kann, wenn er nur will. Und was tun die Frauen? Sie denken sich endlose Strategien aus, um ihm ein bißchen Liebe und Engagement zu entlocken, und sie bemühen sich vor allem nach Kräften, ja nicht diesen gräßlichen Frauen zu ähneln, über die er sich so häufig beklagt hat, diesen berechnenden Frauen, diesen besitzergreifenden, herrschsüchtigen Frauen, die immer wissen wollen, wo er steckt und wann er nach Hause kommt, diesen «bitches».

Früher, zur Zeit unserer Großmütter, war es noch selbstverständlich, daß Frauen sich gut verkauften, sagt Firestone, diese Frauen hatten keine hohe Meinung von Männern und verstanden ihre Interessen zu verteidigen. Jede Frau, die etwas auf sich hielt, ließ ihn warten, spielte sämtliche Trümpfe aus und gewährte ihm ihre Gunst erst, wenn sie etwas dafür bekam, und jeder Mann wußte das und fand sich damit ab. Mit der sexuellen Revolution aber wurden uns diese Waffen aus der Hand genommen: Die Frau, die ihn erst beweisen läßt, daß er etwas für sie übrig hat, daß er es ernst meint, daß er sie wirklich liebt, bekommt eine ganze Batterie neuer Ausdrücke um die Ohren gefeuert: prüde, altmodisch, frustriert, unemanzipiert. Die modernen Frauen mit ihren hohen Idealen von Gleichheit und Ebenbürtigkeit, die Frauen, die die traditionellen weiblichen Spielchen mit Männern nicht mehr spielten, die Frauen, die glaubten, daß ehrliche, offene, gleichrangige, direkte Beziehungen mit Männern möglich seien, wurden schwer zum Narren gehalten.

Sie erkannten schließlich, daß letztlich kein Mann ihre Bemühungen würdigt, nicht wie ihre Mutter zu sein. Denn sosehr es diesen Männern auch gefiel, der Gespräche, der Diners bei Kerzenschein und des Sexes wegen bei ihnen aufzukreuzen – daheim hatten sie letztlich doch lieber einen anderen Typ Frau. Die «bitch». Und um es noch schlimmer zu machen, kamen sie gern eben deswegen vorbei, um sich über diese Frau zu beklagen; die Frau, die ihn nicht verstand. Und Lösungen? Die gibt es nicht, sagte Firestone. Wir haben ein paar Alternativen: ohne Liebe zu leben, uns im Solo-Sex zu vervollkommnen, nur noch Beziehungen zu Frauen zu haben; wir können auch auf die traditionellen Weibchenspiele zurückgreifen und versuchen, ihn mit Tricks um den Finger zu wickeln, wie die Frauen es früher taten, oder wir können uns auf die Suche nach den Ausnahmen begeben und uns dabei auf großes Gedränge und viel Konkurrenz gefaßt machen: Denn so viele männliche Ausnahmeexemplare gibt es nicht. Lösungen sind erst in ein paar Jahren zu erwarten, wenn die Frauenbewegung so stark ist, daß wir grundlegende Veränderungen erzwingen können, und dann, so verspricht sie, «when he goes to that other woman, she will be with us».

Gott, was habe ich über diesem Artikel geschluchzt. Da stand es, scharf und mit einer kaum verhaltenen Wut, die auch die meine war. Bei jedem Satz, bei jedem Beispiel, das sie anführte, konnte ich die Namen der Männer einsetzen, die in der Tat regelmäßig bei mir aufkreuzten, weil sie mit mir reden konnten, wie sie sagten, aber trotzdem um drei Uhr nachts zu ihren Ehefrauen zurückgingen. Plötzlich erkannte ich das Muster bei all den nicht eingehaltenen Versprechen, den Ausflüchten, dem gegeneinander Ausspielen mehrerer Frauen im Namen der Freiheit, seiner Freiheit, ich begriff, daß ich nicht die einzige war, die die bestürzende Erfahrung gemacht hatte, daß ein Mann, der einem im einen Moment heftig verliebt die Tür einrennt, kurz darauf sozusagen panikartig Reißaus nimmt.

Viele Jahre später, während ich diesen Artikel noch einmal lese, sehe ich, daß er zu pessimistisch und gleichzeitig zu optimistisch ist. Zu pessimistisch in der Beschreibung *aller* Männer als Wesen, die per definitionem unfähig sind zu lieben, so als handele es sich um Marsmänner oder eine andere Tiergattung. Aber etwas hat Firestone klar erkannt. Trotz der mittlerweile weithin akzeptierten Ideologie von der gleichrangigen Beziehung zwischen Mann und Frau, die die Ideologie von der schrankenlosen Freiheit der sexuellen Revolution abgelöst zu haben scheint, sehe ich in der Praxis noch nicht viel von dieser Ebenbürtigkeit. Und zu optimistisch finde ich Firestone in ihrer Vorstellung, in ein paar Jahren, nach der Bildung einer starken Frauenbewegung, die Veränderungen erzwingen könne, werde sich das alles geändert haben. Denn die Frage ist: Welche Dinge lassen sich erzwingen, welche Sehnsüchte lassen sich in Forderungen umformulieren. Die Liebe?

Seit Shulamith Firestone hat sich lange Zeit so gut wie keine Feministin mehr mit dem Thema «Liebe» beschäftigt.

5 Die Liebe in der Versenkung

Einer der schönsten Funde, die ich im vergangenen Jahr machte, ist eine kleine Schublade mit Karteikarten im Internationalen Archiv für Frauenbewegung in Amsterdam. Sie steckte zwischen den Schubfächern eines Katalogs, in dem für Feministinnen interessante Themen alphabetisch aufgeführt sind, neben nach Autoren geordneter Literatur. In dieser kleinen Schublade finden wir die Stichworte, unter denen das Material, vieles davon noch aus der frühen Frauenbewegung, eingeordnet ist. An ihnen lassen sich historische Entwicklungen im feministischen Denken sehr gut ablesen. Viele Stichworte sind weggefallen, wie zum Beispiel «Findelkinder», «venerische Krankheiten» oder «offene Ehe». Neue Stichworte sind zum Beispiel «Leihmutterschaft», «Straßenverbot», «Frauennetzwerke» und «Ausreißerinnen». Einige neue Begriffe verweisen auf alte, «Karriere» ist neu und verweist auf das Stichwort «Frauenarbeit»; «Männerhaß», neu, fällt interessanterweise unter «Frauenpsychologie». Und nun mein Fund. Das Stichwort «Liebe». Neu. «Liebe, siehe Sexualverhalten». Wie das? Hat sich die Frauenbewegung früher denn nur mit Prostitution und der offenen Ehe befaßt, nicht aber mit Liebe? Und kommen moderne Feministinnen erst jetzt dahinter, daß Liebe, neben «Von Sozialhilfe lebende Mutter» und dem «klitoralen Orgasmus», ein Thema ist? Bekommt dieser Brunt doch noch recht? Waren Shulamith Firestone und ich die einzigen, die sich mit der Liebe befaßten, und das nur für kurze Zeit, bis wir uns eines Besseren besannen, uns von den Männern abwandten und nie mehr darüber sprachen?

Es sieht so aus, als habe sich das Thema «Liebe» hinter dem, was jetzt so gewählt als feministischer Diskurs bezeichnet wird, versteckt. Wir haben uns mit allem befaßt: mit der Aufteilung der Hausarbeit, der Verantwortung für die Kinder, der Sexualität, der unterschiedlichen Sozialisation von Mann und Frau, mit «Männlichkeit» und «Weiblichkeit» als sozialen Konstruktionen, aber dem Wort «Liebe» sind wir in feministischen Schriften eigentlich nur noch dann begegnet, wenn es um die Liebe zwischen Frauen ging. Und wie sah es in der Praxis aus? Stimmte das Bild, daß echte Feministinnen die Männer vor lauter Verzweiflung, Abscheu oder Gleichgültigkeit aufgegeben haben? Nicht ganz. Ende der achtziger

Jahre führte die größte feministische Monatszeitschrift *Opzij* eine Untersuchung unter ihren Leserinnen durch, der Gruppe von Frauen, die man grob als «Frauenbewegung» betrachten kann, und siehe da, achtzig Prozent taten es noch, oder wieder, mit einem Mann. Und da es sich bei dieser Gruppe von Leserinnen im Durchschnitt um Frauen mit einem gewissen Drang nach Selbständigkeit und meist eigenem Einkommen handelt, taten sie es sicherlich nicht nur aus ökonomischer Notwendigkeit. Die (Hetero-)Liebe spielt in vielen Frauenleben eine Rolle, freilich eine, von der wir kaum noch sprechen oder zumindest nicht explizit. Vielleicht reden wir über «Beziehungen», aber nicht über «Liebe». Warum?

Ich denke, das hat verschiedene Gründe. Zum Beispiel einen historischen:

Liebe ist für Frauen immer gefährlicher gewesen als für Männer. Auf jeden Fall in früheren Jahrhunderten: Von Sex konnte man schwanger werden, und viele Frauen starben früher oder später im Wochenbett oder an illegalen Abtreibungen. Wurde man außerhalb einer Ehe schwanger, war man eine «gefallene Frau», war man als Dienstmädchen den Nachstellungen des Hausherrn oder dessen Sohnes erlegen, war man außerdem seine Stelle los, hatte man sich mit einem verheirateten Mann eingelassen, besaß man keinerlei Recht auf Schutz für sich und das Kind, und da es für «unzüchtige» Frauen kaum Arbeit gab außer der Prostitution, sah die Zukunft düster aus. Schutz erhielten verheiratete Frauen schon. Aber Liebe? Für verheiratete Männer, die sich das leisten konnten, gab es stets Möglichkeiten außerhalb des eigenen Hauses, wenn die Angetraute sie zu langweilen begann. Frauen, die sich einen Fehltritt erlaubten, gingen immer ein weit größeres Risiko ein. Mit Ausnahme der Frauen mit eigenem Vermögen konnte fast keine es sich leisten, ohne die finanzielle Unterstützung eines Mannes zu leben. Es ist daher keine Prüderie, die die überwiegende Mehrheit der Feministinnen in der frühen Frauenbewegung zu der Forderung veranlaßte, Männer müßten sich denselben Einschränkungen beugen, die sie von den Frauen forderten. Es war eine realistische Einschätzung, daß sich die Frauen, die noch keine adäquaten Mittel zur Geburtenregelung und kein eigenes Einkommen besaßen, die sexuelle Freiheit nicht leisten konnten, die die Männer für sich in Anspruch nahmen. Die kleine Gruppe der Feministinnen, die den Spieß umdrehten und für sich dieselbe Freiheit verlangten wie die Männer, Alexandra Kollontai und Emma Goldman zum Beispiel, um nur zwei Namen zu nennen, waren Frauen, die einen entsprechenden gesellschaftlichen Status und ein ausreichendes eigenes Einkommen besaßen, beziehungsweise bereit waren, sich in den Randbezirken der bürgerlichen Gesellschaft zu bewegen, um sich nicht von der Zustimmung der Männer abhängig zu machen.[3] Und sie wußten, was sie taten.

Das war früher. Inzwischen hat sich das Leben der Frau gründlich verändert. Wir haben die Pille und sichere Methoden des Schwangerschaftsabbruchs. Wir haben die Sozialhilfe, ein garantiertes Mindesteinkommen und dazu mehr Möglichkeiten, auf dem Arbeitsmarkt unser eigenes Geld zu verdienen. Damit haben sich auch unsere Erwartungen sehr schnell verändert. Während es die emanzipierten Frauen aus der frühen Frauenbewegung zum überwiegenden Teil noch als gegeben hinnahmen, daß man sich als Frau nun einmal zwischen Karriere und Beruf oder Familie, Kindern und Mann entscheiden müsse, gehen moderne Frauen davon aus, daß beides miteinander vereinbar sein muß. Arbeit *und* Liebe, Beruf *und* ein schönes Privatleben. Warum nicht? Für Männer ist das doch schließlich auch selbstverständlich. Die Voraussetzungen für gleichwertige Beziehungen waren damit unserer Meinung nach vorhanden. Jane Eyre hatte ihre Erbschaft, aber wir können heute unser eigenes Geld verdienen. Unsere Erotik brauchen wir nicht mehr zu unterdrücken, teilweise deshalb, weil Sex nicht mehr so gefährlich ist, aber auch, weil wir ihn nicht mehr als Ware einzusetzen brauchen. Wir müssen unsere Jungfräulichkeit nicht mehr im Tausch für eine gesicherte Position als Ehegattin anbieten – oder gegen Stücklohn auf dem freien Markt als Prostituierte –, wenn wir das nicht wollen. Wir können zum erstenmal in der Geschichte weitgehend den lieben, den wir uns selbst aussuchen.

Doch wie steht es unterdessen mit Rochester? Nicht zum besten. Der moderne Rochester hatte ebenfalls Lust auf freie Liebe, sofern das nicht den Verlust der traditionellen Dienstleistungen bedeutete, die er gelernt hatte, von Frauen zu erwarten. Der moderne Rochester, entdeckten wir während der sogenannten sexuellen Revolution, fand diese neuen Frauen mit all ihren Forderungen, ihrer Freiheit und ihrer Selbständigkeit einfach gräßlich. Der moderne Rochester hatte eigentlich doch lieber ein Frauchen, auf das er zärtlich herabblicken und dem er sich angenehm überlegen fühlen konnte – lieber jedenfalls als eine Frau seines Formats.

Das ist der Grund dafür, daß der Begriff Liebe in der Versenkung verschwunden ist: Wir sind – viele von uns sind in unseren Idealen von einer gleichrangigen Liebe enttäuscht worden. Denn von wirklicher Gleichrangigkeit kann noch immer keine Rede sein, weshalb sich die Diskussion auf die Voraussetzungen für eine solche Gleichrangigkeit verlagert hat: auf die Verfügungsgewalt über unseren eigenen Körper, auf eine selbstdefinierte Sexualität. Vor allem aber formulierten wir, was wir *nicht* mehr wollten: keine sexuelle Gewalt, keine Mißhandlung, keine schlechtere Position auf dem Arbeitsmarkt und nicht mehr mit den Kindern in einem Haushalt eingesperrt zu werden.

Und noch etwas kommt hinzu. Was an feministischen Themen letztendlich die Öffentlichkeit erreichte, wurde auch von deren Durchsetzbarkeit bestimmt, denn was wir *fordern* konnten, ließ sich leichter sagen als das, was wir uns *wünschten*. So konnten wir fordern, daß Frauen in dem, was fälschlicherweise *Volks*vertretung heißt, besser repräsentiert sind, daß mehr Frauen in führende Positionen aufsteigen können, daß wir besser bezahlt werden. Schwieriger wird es schon, wenn der Kampfplatz sich auf den privaten Bereich verlagert. Wir können uns zwar wünschen, daß Männer ihren Teil an Verantwortung für den Haushalt und die Kinder übernehmen, aber tun sie es dann auch? Das ist offensichtlich so schwer zu erreichen, daß dieser Wunsch oft in die Forderung nach besserer staatlicher Kinderbetreuung umformuliert wird. Inwieweit können wir die Männer unter Druck setzen, damit sie das Ihre zu einer gleichwertigen Beziehung beisteuern? Manchen Frauen gelingt das, ohne daß die Beziehung dabei in die Brüche geht, viele lassen sich scheiden, weil sie des ewigen Kampfes überdrüssig sind, andere kapitulieren und finden sich damit ab. Und es gibt Frauen, die schlichtweg darauf verzichten, die nicht mit einem Mann zusammenleben, kein Kind bekommen, obwohl sie das unter anderen Voraussetzungen vielleicht gern täten. Und damit kommen wir zum schwächsten Punkt im Kampf um die Emanzipation, dem Punkt, über den wir am liebsten nicht mehr sprechen, weil er so schmerzlich ist. Gleichen Lohn können wir fordern, wir können sogar, obwohl das schwieriger ist, fordern, daß er nicht nur allein fertig wird, sondern auch etwas Interesse für unseren Orgasmus aufbringt, aber können wir fordern, daß er uns dabei auch noch liebt? Ich kann doch nicht mit einem Transparent losziehen, auf dem steht: «Hab mich lieb»!

Teil I
Heterosexuelle Partnerwahl und der Mythos der Gleichwertigkeit

1 Jung und alt

Die Zeiten, in denen Frauen von ihrem Mann sagten: «Ich darf nicht klagen, er trinkt nicht, er schlägt mich nicht, er bringt sein Geld nach Hause», scheinen endgültig vorbei. Heutzutage brauchen wir uns den Partner nicht mehr nach wirtschaftlichen Gründen auszusuchen – meinen wir. Aber ganz so ist es bei näherer Betrachtung doch nicht. Noch immer kann ein großer Teil der Frauen es sich nicht leisten, einen Mann nur deshalb zu lieben, weil er ihr gefällt. Bei einem Großteil der weiblichen Bevölkerung hängt der Lebensstandard noch immer stärker vom Einkommen des Mannes ab, mit dem die Frau zusammenlebt, als von ihrem eigenen Einkommen, und die moderne Armut nimmt vor allem unter Frauen zu, die ohne Unterstützung eines Mannes leben müssen: ältere alleinstehende Frauen, junge alleinerziehende Mütter. Bei einer Scheidung sinkt der Lebensstandard der Frau, während der des Mannes im Durchschnitt steigt, allen Mythen zum Trotz, die davon berichten, wie Männer wegen des Unterhalts für Frau und Kinder an den Rand des Existenzminimums getrieben werden. Gewiß haben nicht nur Frauen ein ökonomisches Interesse am richtigen Partner, sondern auch Männer. Es hat sich inzwischen herumgesprochen, daß eine Ehefrau für ausschließlich Kost und Logis Dienstleistungen erbringt, die für ihren Mann teurer wären, wenn er sie auf dem freien Markt kaufen müßte. Mag die Ehe den Mann auch einiges kosten, das Leben als Single mit Wäscherei, Restaurants, Putzfrauen und Nutten ist teurer, und es wird nicht nur Liebe allein sein, die so viele Männer dazu treibt, nach einer Scheidung wieder zu heiraten, und kein Zufall, daß die freiwilligen Junggesellen vor allem in den höheren Einkommensschichten zu finden sind. Eine Frau ist teuer, aber keine Frau zu haben, ist noch teurer.

Doch über die materiellen Seiten der heterosexuellen Partnerwahl sprechen wir nicht mehr gern. Obwohl Männer, die in einer Kontaktanzeige durchblicken lassen, daß sie nicht unbemittelt sind, mehr Zuschriften bekommen als Männer, die wenig zu bieten haben, wollen wir im Grunde nicht wahrhaben, daß das Einkommen bei der Liebe immer noch eine Rolle spielt.

Aber würde die Partnerwahl bei Frauen und Männern wesentlich anders aussehen, wenn keine ökonomischen Motive mitspielten? Das ist die Frage.

Bei der normalen heterosexuellen Partnerwahl kommt ein Paar zustande, bei dem der Mann älter und größer ist und einen höheren gesellschaftlichen Status besitzt, das heißt: eine bessere Ausbildung, eine höher eingestufte Arbeit und ein höheres Einkommen. Mindestens zwei dieser Faktoren müssen gegeben sein, sonst ist in den Augen der Umwelt etwas verkehrt. Nun sind Frauen im Durchschnitt tatsächlich kleiner als Männer, aber eben nur im *Durchschnitt*. Würden wir Männer und Frauen willkürlich zu Paaren zusammenstellen, so gäbe es viel mehr Paare, bei denen sie größer ist als er. Ist der Unterschied nicht groß genug, muß der Natur etwas nachgeholfen werden. Lady Di darf keine hohen Absätze tragen, und als mein Hochzeitsfoto gemacht wurde, bat man mich freundlich, mich eine Stufe tiefer zu stellen als er, damit ich liebreizend zu ihm aufblicken konnte (was ich damals auch noch tat). Ist er der Kleinere von beiden, muß das wenigstens durch einen der anderen Faktoren kompensiert werden: daß er sehr viel Geld verdient oder daß er sehr berühmt ist. Mickey Rooney bekam Ava Gardner, aber Mickey Rooney war ein populärer und sehr gut verdienender Filmstar. Sehr große Frauen haben es bei der Partnerwahl also schwer, kleine Männer auch, es sei denn, sie gelangen auf andere Weise in den Besitz von Statuserhöhern und Penisverlängerern.

Das Alter ist ein noch interessanterer Faktor. Bei Erstpartnerschaften ist der Mann durchschnittlich 2,5 Jahre älter als die Frau, was damit zusammenhängt, daß Erstpartner sich oft noch auf der Schule oder an der Universität kennengelernt haben, wo viele Gleichaltrige zusammentreffen. Bei späteren Beziehungen ist der Altersunterschied dagegen bereits auf zehn Jahre gestiegen.[4] Offenbar suchen Männer, die sich das leisten können, immer jüngere Partnerinnen.

Liebe ist spontan, glauben wir, über Geschmack, auch erotischen Geschmack, läßt sich nicht streiten. Verliebtheit überkommt uns einfach so, und viel Einfluß haben wir darauf nicht. Wenn ich Männer zu ihrer Partnerwahl befrage, vor allem, warum ihre Frau oder Freundin jünger ist oder einen geringeren Bildungsgrad besitzt, bekomme ich meist entrüstete Reaktionen («daß sie jünger ist, spielt überhaupt keine Rolle, mir gefiel Els einfach gleich») oder Rationalisierungen zu hören («daß Monique eine halbe Stelle hat und ich eine ganze, ergab sich zufällig so, aber das bedeutet nicht, daß ich mich jetzt überlegen fühle, wir fühlen uns völlig ebenbürtig»).

Das Wort «zufällig» ist in solchen Gesprächen auffällig oft zu hören. Und doch sind manche offenbar durchaus bereit, dem Zufall etwas nachzuhelfen, um Cupido mehr Chancen zu geben. An Hand der Kontaktanzeigen, die regelmäßig in Tages- und Wochenzeitungen erscheinen, läßt sich genau ermitteln, welchen Vorstellungen Männer bzw. Frauen entsprechen müssen, bevor die Liebe spontan zuschlagen darf.

Ich habe dazu zwei willkürlich gewählte Samstagsausgaben genommen, *de Volkskrant* vom 7. April 1990 und den *NRC* vom 14. April. *De Volkskrant* ist eine recht populäre Morgenzeitung, die von Lehrern, Sozialarbeitern und «Alternativen» viel gelesen wird; der *NRC* ist ein «seriöses» Blatt mit Börsenberichten und gehobener Kultur.

In *de Volkskrant* suchen in der Rubrik Bekanntschaften 44 Frauen einen Mann und 111 Männer eine Frau, zweieinhalbmal so viel also. Im *NRC* liegt das Verhältnis anders: 25 Frauen suchen einen Mann, 23 Männer suchen eine Frau, etwa gleich viel. (Alle Homoanzeigen, tolerante Ehepaare auf der Suche nach anderen toleranten Ehepaaren oder nach einer bisexuellen Frau für einen flotten Dreier habe ich außer Betracht gelassen).

Interessant ist schon, daß das Verhältnis zwischen suchenden Männern und suchenden Frauen in beiden Zeitungen unterschiedlich ist. Dafür habe ich eine hypothetische Erklärung. Wenn es stimmt, daß Männer im Durchschnitt lieber eine Frau wollen, der sie sich ein wenig überlegen fühlen können, die also kleiner und jünger ist und eine geringere Bildung genossen hat, so hat das Folgen für die «Marktsituation»; ich komme darauf noch ausführlich zurück. Dann haben gebildetere Frauen es schwerer, einen Partner zu finden, als Frauen mit geringerer Bildung. Und wenn wir davon ausgehen, daß das durchschnittliche Bildungsniveau von *NRC*-Lesern und -Leserinnen höher ist als bei denen der *Volkskrant*, so stimmt es genau: Dann liegt das Verhältnis kontaktsuchender Frauen zu Männern beim *NRC* zweieinhalbmal so hoch wie bei *de Volkskrant.*[5] Die Folgen dieses unterschwelligen Wunsches nach Ungleichheit für den «Markt» wollen wir jedoch erst etwas später untersuchen, zunächst schauen wir uns die beiderseitigen Wünsche in bezug auf das Alter an, und hier bieten *de Volkskrant* und der *NRC* das gleiche Bild.

De Volkskrant. In den meisten Anzeigen wird neben den Interessen und Hobbys das Alter genannt, genau oder angedeutet, darüber hinaus wird in einem Drittel bis der Hälfte aller Fälle angegeben, welcher Altersgruppe der Partner angehören sollte. Die Unterschiede zwischen Frauen und Männern sind auffallend. Die meisten Frauen suchen jemanden, der ungefähr gleichaltrig ist, beziehungsweise etwas älter oder etwas jünger. Nur drei Frauen wollen gern einen gleichaltrigen oder älteren Partner, keinesfalls aber einen jüngeren, und keine Frau legt Wert auf einen Mann, der mehr als sieben Jahre älter ist als sie. Eine Frau wünscht sich ausdrücklich einen mindestens acht Zentimeter größeren Mann: nach dem Alter ist die Größe einer der Faktoren, die häufig genannt werden.

Bei den Männern zeigt sich ein völlig anderes Bild. Von denen, die sowohl ihr eigenes Alter angeben als auch ihre diesbezüglichen Wünsche äußern, will nicht einmal jeder Fünfte eine gleichaltrige Frau und schon gar keine ältere. Mehrere Männer, die selbst mittleren Alters sind, suchen eine «jugendliche Freundin» oder ein «junges Mädchen», und wir dürfen wohl annehmen, daß damit kein junges Mädchen von 45 gemeint ist. Die anderen Männer, die Altersangaben machen, sind sehr präzise: Sie wollen keine Frau, die etwas jünger ist, sondern eine, die *wesentlich* jünger ist, und dieser Unterschied kann bis zu 12, 15 und 20 Jahre betragen. Drei Männer geben an, eine Frau müsse *mindestens* zehn Jahre jünger sein, um in Frage zu kommen, und nennen keinerlei Untergrenze. Ein Mann in den Sechzigern, der eine zehn bis fünfzehn Jahre jüngere Frau sucht, erwähnt, daß er sich wie 55 *fühlt*. Daß eine sechzigjährige Frau sich auch zehn Jahre jünger *fühlen* kann, scheint keine Rolle zu spielen. Einer der Männer preist sich als frauenfreundlicher Fünfziger an und stellt gemeinsames Kochen und gemeinsame Hausarbeit in Aussicht, aber auch er will seine «egalitäre» Beziehung mit einer zehn bis fünfzehn Jahre jüngeren Frau. Zwei Afrikaner würden auch eine zehn Jahre ältere Frau nehmen, was die interessante Frage aufwirft, inwieweit diese hartnäckige Abneigung gegen ältere Frauen ein kulturelles Problem ist. Die kleine Minderheit, die auf der Suche nach «reiferen» Frauen ist, hat im allgemeinen anderes im Sinn als eine Beziehung oder Ehe. Ein Mann, dem nach eigenen Angaben das Alter nicht so wichtig ist, sucht eigentlich ein Zimmer. Und etwa sechs Männer scheinen nicht an erster Stelle an Waldspaziergängen, guten Gesprächen am Kamin oder einer engen Freundschaft mit der Möglichkeit einer dauerhaften Beziehung interessiert zu sein. Ein Mann sucht eine Frau um die 52, mit hohen Absätzen, großen Brüsten und tiefem Dekolleté, ein anderer eine sehr unterwürfige Frau bis etwa vierzig, die schicke, aufregende Kleidung liebt, und ein dritter will eine bis 45, wenn sie dominant ist, vollschlank und möglichst schwarz. Die reifere Frau ist bei einer kleinen Minderheit also wohl gefragt, wenngleich nicht wegen ihrer Intelligenz und nicht für eine dauerhafte Beziehung. Und wo Männer auf einen Größenunterschied Wert legen, muß selbstverständlich er etwa zehn Zentimeter größer sein.

Im *NRC* das gleiche Bild, wenngleich hier das akademische Niveau etwas häufiger erwähnt wird. Etwa ein Drittel bis die Hälfte gibt an, wie alt der/die gesuchte Partner/in sein sollte, und auch hier sind es die Frauen, die jemanden suchen, der gleich alt ist, etwas jünger darf er oft sein, etwas älter auch, aber nicht zu alt, während die Männer überwiegend eine Frau suchen, die – bis zu zwanzig Jahre – jünger ist als sie selbst. Ein Mann, dem das Alter nach eigenen Angaben nicht wichtig ist, sucht keine Partnerin, sondern einen Nebenverdienst, er bietet sich als Gesellschafter an.

Das Bild, das ich hier an Hand meiner Mini-Untersuchung skizziert habe, wird inzwischen durch eine wesentlich eingehendere Studie bestätigt: Wil Zeegers' *Langs deze mij onsympathieke weg.* Auch Zeegers bemerkt die Altersunterschiede, aber noch mehr: Während Frauen sich zunehmend unter Angabe ihres Berufs «anbieten», interessiert das die Männer offenbar nie, sie scheinen davon auszugehen, daß alle Frauen in erster Linie Hausfrau sind oder werden wollen. Auch in bezug auf die Bildung sind Unterschiede festzustellen: Frauen wünschen sich schon ein bestimmtes Bildungsniveau beim Mann, Männern scheint es gleichgültig zu sein, ob die Frau etwas gelernt hat; wenn überhaupt danach gefragt wird, dann in Formulierungen wie ein *gewisses* Niveau oder *ein bißchen* Bildung. Viele Männer äußern den Wunsch nach einer «weiblichen» Frau, und mitunter scheint das ein Synonym für «kein Emanzentyp» zu sein oder sogar für «nicht infiziert vom Emanzipationsdrang». «Weiblichkeit» und «Emanzipation» scheinen sich für diese Männer auszuschließen. Umgekehrt wünschen sich Frauen fast nie einen «männlichen» Mann, der ist offenbar vor allem bei homosexuellen Männern gefragt.

Der interessanteste Teil der Zeegers-Untersuchung ist für mich der Vergleich zwischen den Kontaktanzeigen aus der Zeit zwischen dem Ende des Zweiten Weltkriegs und dem Beginn des Feminismus, 1945–1970, und der Zeit danach, weil dieser Vergleich sowohl etwas über den Einfluß des Emanzipationsdenkens auf die Partnerwahl aussagt als auch über den künftigen Trend. Die Tatsachen sind beredt genug. Nicht nur der Inhalt der Kontaktanzeigen und ihre Sprache haben sich verändert. Während früher wie selbstverständlich nach einem Ehepartner gesucht wurde, ist heute eine ganze Skala von Beziehungsarten gefragt, die von ganz freibleibend bis fest und monogam reicht, und anstatt mit einem «soliden» Mann bzw. einer «soliden» Frau haben wir es jetzt mit Menschen zu tun, die «mit sich selbst etwas anzufangen wissen» und jemanden für die «schönen Dinge» des Lebens suchen. Am auffallendsten aber ist, wie sich die gewünschten Altersunterschiede verschoben haben. Bis zu der Zeit, als die Frauenbewegung begann, schienen Männer und Frauen größtenteils noch die gleichen Wünsche zu haben: Frauen suchten jemanden, der etwas älter war als sie selbst, Männer jemanden, der etwas jünger war, die Wünsche deckten sich also. Das ist inzwischen immer seltener der Fall. Junge Frauen denken in dieser Hinsicht noch ziemlich traditionell, sie wollen noch immer einen Mann, der älter ist, wohingegen Frauen über 35 auch durchaus einen etwas jüngeren nehmen würden. Dagegen finden junge Männer es noch akzeptabel, wenn die Frau ein paar Jahre älter ist, aber über 35 ist das rigoros vorbei, dann wollen sie eine Frau, die nicht nur ein wenig, sondern wesentlich jünger ist, und diese Differenz wächst mit dem eigenen Alter. Die Folge davon ist, daß sich die Wünsche von über 35jährigen Männern und Frauen überhaupt nicht mehr decken. Die Frauen sind progressiver geworden, die Männer traditioneller, und diese Kluft wird größer, ist im Grunde bereits so groß, daß diese Inserenten zwar einen Partner suchen, sich aber gewiß nicht intensiv miteinander einlassen wollen.

Natürlich dürfen wir diejenigen, die Kontaktanzeigen aufgeben, nicht mit der Bevölkerung insgesamt gleichsetzen. Es sind Menschen, die einen Partner suchen, nicht solche, die (momentan) einen haben. Zeegers geht in seinen Schlußfolgerungen nicht so weit, aber ich meine, seine Studie weist auf ein neues Phänomen hin: Für emanzipierte Frauen, die einen Partner suchen, ist es schwieriger geworden, zumal wenn sie «ein gewisses Alter» erreicht und eine gute Ausbildung genossen haben, während es auf der anderen Seite vor allem die traditionell denkenden Männer sind, solche, die einer Frau unbedingt überlegen sein wollen, die nur schwer eine Frau finden. Aus Zeegers' Untersuchung wird deutlich, daß Männer mehr Chancen haben, über eine Anzeige einen Partner zu finden, als Frauen.

Das gleiche gilt für Ehevermittlungen. Eine Frau, die ich kenne, beschloß, es dort einmal zu versuchen. Sie war 41 und gebildet, ihr Heiratswunsch rührte nicht von dem Wunsch her, sich versorgt zu wissen, da sie sich selbst ernähren konnte. Sie hatte eine kleine Tochter. Bei der Ehevermittlung nahm man sie nicht einmal in die Kartei auf: nicht vermittelbar. Wenn sie jünger gewesen wäre oder weniger gebildet oder wenn sie kein Kind gehabt hätte, ja, dann vielleicht. Ein Mann von 41, mit guter Ausbildung, kann auch mit einem kleinen Kind eine Reihe von Anträgen erwarten.

Wenn man Männer fragt, warum sie unbedingt eine jüngere Frau wollen, ist die Reaktion entweder ein Achselzucken – wie kann man mit dem Verstand begründen, wen man attraktiv findet, das läßt sich doch nicht erklären –, oder man bekommt die Klischeeantwort zu hören: Junge Frauen sind nun einmal sexuell attraktiver als alte, schade, aber nicht zu ändern. Ob ich es einem Mann verbieten wolle, es noch einmal mit einer Jungen zu versuchen, wenn seine Beziehung verschlissen sei? Äh, nein, aber damit ist die Frage im Grunde nicht beantwortet. Wenn Jüngere attraktiver sind als Ältere, dann gilt das auch für Männer, auch sie haben ein schlaffes

Kinn, Schwabbelfett um die Mitte, knackende Knie, schnaufen schon nach einer halben Treppe, auch bei ihnen wirken die Gesetze der Schwerkraft auf verheerende Weise, und zu alledem bekommen sie auch noch eine Glatze. Und abgesehen von einigen wenigen Frauen wie Germaine Greer, die behauptet, jede kultivierte Frau ziehe einen jungen Mann vor: «Sie sind schöner, männlicher, sie haben mehr Sperma und gehen sorgloser damit um» [6] (die Sorglosigkeit, mit der mit Sperma umgesprungen wird, halte ich nun nicht gerade für das Schönste an jungen Männern), stelle ich bei Frauen diese Voreingenommenheit gegenüber dem Alter viel seltener fest. Es scheint ein zahlenmäßig kleiner, provozierender Trend vor allem bei weiblichen Berühmtheiten zu sein, sich einen jüngeren Lover zuzulegen – Jane Fonda, Tina Turner, Cher, auch der Mann von Shere Hite ist viel jünger –, aber wollen wir ehrlich sein, das sind Frauen, die von Berufs wegen schön sein müssen, und es waren Unmengen an Schönheitsreparaturen nötig, damit sie nicht aussehen wie Frauen von fünfzig.

Fragt man junge Männer und Frauen danach, was sie bei ihrem zukünftigen Partner suchen, so sind die Unterschiede gar nicht so groß: ein ansprechendes Äußeres, ein freundliches Wesen, Intelligenz ist das, was beide Geschlechter nennen. Sie wollen Zeit miteinander verbingen, sie legen Wert auf Vertrautheit und Unterstützung.[7] Ein traditioneller Unterschied ist noch, daß Männer Sex wichtiger finden als Liebe und Frauen Liebe wichtiger als Sex, aber groß ist dieser Unterschied nicht. Welche Rolle das Aussehen spielt, geht weniger aus dem hervor, was gesagt, als aus dem, was getan wird. Es gibt eine Untersuchung darüber, wie Männer und Frauen tatsächlich auf einen potentiellen Partner reagieren. Dabei zeigt sich, daß Frauen einen Mann auch dann noch als möglichen Partner betrachten, wenn er nicht so gut aussieht, statt dessen aber andere Vorzüge hat wie Intelligenz, ein freundliches Wesen, auch gesellschaftlichen Status, wohingegen diese Art von Trümpfen einer Frau absolut nicht helfen, wenn sie nicht an erster Stelle als attraktiv empfunden wird, und attraktiv heißt in dieser Gesellschaft vor allem jugendlich. Wir halten es für so selbstverständlich, daß eine Frau jünger auszusehen hat als ihr Mann, daß es auffällt, wenn das nicht der Fall ist. Simone Signoret sagte einmal: «Montand ist an meiner Seite gereift, ich bin an seiner alt geworden», und daher finden wir es noch ganz anständig vom alten Yves, daß er mit der Beziehung zu einer um viele Jahre jüngeren Frau gewartet hat, bis seine alte tot war. Dann hat er in dem Alter, in dem andere Männer längst Großvater sind, noch ein Kind gezeugt. Genauso wie der englische Schriftsteller John Mortimer, der aussieht wie eine Schildkröte, aber nichtsdestotrotz zum x-tenmal verheiratet ist und inzwischen ein siebtes Kind hat. Das genieße er sehr, erzählte er dem niederländischen Talkmaster Adriaan van Dis, denn für dieses Kind habe er endlich Zeit. Ich hoffe, daß den Kindern aus seinen früheren Ehen diese Äußerung nicht zu Ohren gekommen ist, denn so etwas muß weh tun.

Vielleicht stimmt es, daß Frauen das gleiche täten, wenn sie die Chance bekämen, ihren Alten gegen ein neues Modell einzutauschen, aber ich glaube es eigentlich nicht. Frauen ist Jugendlichkeit im allgemeinen weniger wichtig als Männern, was man auch außerhalb des heterosexuellen Marktes sieht. Es gibt viel mehr homosexuelle Männer, die sich über die eigene Jugendlichkeit und die der anderen den Kopf zerbrechen, als lesbische Frauen. Ich kenne einige homosexuelle Männer, für die Älterwerden ein Problem ist, weil sie nur auf jungen Männer stehen, während die jungen Männer, die sie attraktiv finden, nicht gerade auf ältere fliegen. Und ich kenne keine lesbischen Frauen, die ab fünfzig nur noch zwanzigjährige Weibchen wollen, obgleich es das wahrscheinlich auch gibt. In der Regel sehe ich Frauen und nicht Männer, die nach gleichrangigen Beziehungen suchen, auch was das Alter anbelangt.[8]

Das bedarf einer Erklärung. Die konventionelle liegt auf der Hand. Was eine Frau in eine Beziehung einbringt, sind vor allem ihre Jugend und ihre Schönheit, was ein Mann einbringt, ist sein Status. Und so bedauerlich das ist – es ist nun einmal so: Frauen werden nicht jünger und schöner, während Männer in der Regel einen immer höheren Status erlangen. So gesehen haben Frauen also einfach Pech, sie müssen sich damit abfinden, daß sie eine kürzere Blütezeit haben, und versuchen, auf andere Weise einen Mann an sich zu binden, und sie müssen eben ein Auge zudrücken, wenn er in seiner Midlife-crisis fremdgeht, denn so sind Männer nun mal.

Soziobiologen haben für ungefähr alles eine simple Erklärung, so auch für das Phänomen des Altersunterschieds.[9] Frauen gebären die Kinder, und das nur während einer bestimmten Phase ihres Lebens. Nach den Wechseljahren ist es damit vorbei. Männer dagegen sind auch noch in viel höherem Alter fähig, Kinder zu zeugen. So sei unsere Natur nun mal, Frauen seien biologisch stärker motiviert, bei ihren Kindern zu bleiben, denn Kinder sind lange Zeit auf ihre Fürsorge angewiesen; Männer dagegen hätten den Trieb in sich, sich möglichst schnell aus dem Staub zu machen, um anderswo noch ein Nest zu bauen. Daher seien Frauen monogam veranlagt und Männer nicht, und daher versuchten Frauen, einen Mann an sich zu binden, damit er sie und ihre Jungen beschütze, während die Männer alles dransetzten, sich davonzumachen. Eine simple Erklärung und zugleich eine schöne Rationalisierung verbreiteten männlichen Verhaltens: Daß er unter seinem dreiteiligen Anzug im Grunde nur ein geiler alter Affe ist, dafür kann er nichts.

Wir wissen in der Tat nicht genau, wieviel von unserem Verhalten noch von alten Trieben gesteuert wird, dafür wissen wir aber, daß sich männliches wie weibliches Verhalten erheblich verändert, wenn sich die äußeren Bedingungen ändern: Unser Verhalten ist zu einem großen Teil kulturell bestimmt.[10] Wir haben uns weitgehend von unseren Hormonen emanzipiert, was sich auch in der Tatsache zeigt, daß Sex keine saisonale Aktivität mehr ist wie bei fast allen Tierarten. Es gibt keine Beziehung zwischen dem Fortpflanzungsbedürfnis und dem männlichen Bedürfnis nach einer jüngeren Gefährtin, von einzelnen Fällen abgesehen. Es ist selten geplant, daß die Freundin, die ein Mann nebenbei noch hat, schwanger wird, meist ist dies ein Schlag ins Kontor, und zu den Nutten geht er auch nicht, um Nachkommen zu zeugen. Aber auch mit der Monogamie der Frauen ist es nicht weit her. Die Kluft zwischen der Zahl der fremdgehenden Männer und der Zahl der Frauen, die eine Affäre haben, schließt sich in jüngster Zeit rasch.[11] Wenn die Fortpflanzung das einzige wäre, was uns beschäftigte, könnte das eine schöne Erklärung für den Altersunterschied liefern. In anderer Hinsicht ist das jedoch äußerst unlogisch. Man nehme nur den Sex, wenn unser Triebleben schon herhalten muß. Bei Männern liegt der Höhepunkt der sexuellen Aktivität um das siebzehnte Lebensjahr und nimmt danach konstant ab. Bei Frauen tritt der Höhepunkt später ein, viele Frauen sind um die Vierzig erst so richtig in Gang, genau in dem Alter also, in dem ihre Männer, zumal wenn sie älter sind, allmählich das Handtuch werfen.

Nun kennen wir von früher noch die Frauen, die erleichtert waren, daß ihr Mann nicht mehr so oft wollte, doch heutzutage haben wir es mit einer ganzen Generation von

Frauen mit lebhaftem Interesse an Sex zu tun, sofern es guter Sex ist. Diese Frauen stehen, wenn sie sich auf heterosexuelle Kreise beschränken, je älter sie werden immer mehr im Regen. (In Lesbenkreisen können sie länger mithalten, aber dafür muß man veranlagt sein.) Und noch etwas. Wenn wir davon ausgehen, daß Menschen nicht nur Sex beieinander suchen, sondern auch Gesellschaft, Geborgenheit, und daß dieses Bedürfnis mit zunehmendem Alter nicht abnimmt, dann ist der allgemein übliche Altersunterschied sogar von großem Nachteil.

Eine Bekannte von mir, inzwischen fünfzig, suchte einen Partner. Nicht in erster Linie wegen des Sex, denn den bekommt man auf unverbindlicher Basis noch durchaus, sagte sie, speziell mit verheirateten Männern. Aber sie fände es schön, mit jemandem zusammen alt zu werden. Mit diesem Wunsch geht sie nicht hausieren, denn das hat schnell etwas Demütigendes an sich, das Bild von der schmachtenden alten Jungfer ist rasch bei der Hand. Also antwortete sie ab und an auf Kontaktanzeigen und machte die gleiche Entdeckung wie Zeegers in seiner Untersuchung. Die Männer, die im Prinzip nicht abgeneigt waren, waren wesentlich älter als sie, mindestens in den Sechzigern, manchmal in den Siebzigern. Nun war das Problem nicht, daß sie ältere Männer an sich unattraktiv fand (obwohl der Mann, der bei ihrer ersten Begegnung seine Zahnprothese neben den Teller legte, bei ihr durchfiel), das Problem war, daß sie noch ein aktives Leben führte, einen Job hatte, während diese Männer bereits pensioniert waren und ihre Frau daheim haben wollten. Und außerdem konnte sie bei einem wesentlich älteren Mann nicht damit rechnen, Gesellschaft zu haben, wenn *sie* einmal in Pension gehen würde.

Männer sterben im Durchschnitt etwa sieben Jahre früher als Frauen. Zählt man einen Altersunterschied von zehn oder mehr Jahren dazu, so bleibt man als Frau noch einen großen

Teil des Lebens allein. Etwa sechzig Prozent der sechzigjährigen Frauen leben allein, und dieser Prozentsatz steigt noch mit zunehmendem Alter.[12]

Logisch ist das nicht.

Es sei denn, wir gehen davon aus, daß Alter nicht nur eine Frage der Attraktivität ist, sondern auch mit Rollenmustern und Machtüberlegenheit zu tun hat. Oder, anders gesagt: daß Männer im Durchschnitt Frauen, bei denen die Überlegenheit schon auf Grund des höheren Alters gewährleistet ist, attraktiver finden als Frauen, bei denen das nicht der Fall ist.

Sehen wir uns doch mal die Durchschnittsehe an.

2 Geben und nehmen: das ganz gewöhnliche Machtungleichgewicht in der ganz gewöhnlichen Ehe

So altmodisch sind wir heute doch nicht mehr, denken die meisten. Vielleicht gibt es noch Unterschiede zwischen dem, was Frauen tun, und dem, was Männer tun, aber das heißt doch nicht zwangsläufig, daß er der Herr im Haus ist. Kann man es nicht am besten so formulieren, daß er außerhalb des Hauses das Sagen hat, sie dafür aber im Haus bestimmt, was getan wird? Neuere Untersuchungen zeigen meist eine langsame Verschiebung: War es früher öfter der Mann, der Ernährer, der die wichtigen Entscheidungen traf, so geben in moderneren Ehen die Ehepartner häufiger an, daß sie die wichtigsten Entscheidungen gemeinsam treffen, beziehungsweise jeder die Entscheidungen in seinem «eigenen» Bereich.

Ganz kommentarlos kann diese Äußerung nicht hingenommen werden. Zunächst einmal ist das Gewicht der Entscheidungen, die er oder sie treffen, ziemlich ungleich: Beide halten es oft für selbstverständlich, daß der Mann über seinen künftigen Job entscheidet, schließlich ist das ein großer Teil seines Lebens, und seine Einkünfte sind wichtig für die Familie, und ebenso selbstverständlich finden beide es, daß er ein gewichtiges Wörtchen bei der Frage mitzureden hat, ob sie arbeiten «darf»: Schließlich hat er ein Recht auf ihre Unterstützung, die Kinder brauchen sie, ihre Arbeit darf nicht zu Lasten ihrer Aufgabe als Frau gehen. Hat sie sich nicht selbst für Ehe und Kinder entschieden? Na also.

Daß Männer im Durchschnitt eine höhere soziale Position haben als die Frauen, mit denen sie verheiratet sind, und daß der Unterschied im Laufe einer Ehe gewöhnlich größer wird, ist auch der Sozialpsychologin Aafke Komter aufgefallen, die die Machtverhältnisse in der heutigen Ehe eingehend erforscht hat.[13] Ihrer Auffassung nach läßt sich die Macht in der Ehe nicht einfach an Hand von Fragen messen, wer welche Entscheidungen trifft. «Macht» ist etwas Komplizierteres. Gerade die Seite, die sich als weniger mächtig empfindet, wird es nicht oft auf Konflikte ankommen lassen, wenn sie (das weibliche Personalpronomen ist in diesem Fall kein Zufall) erwartet, daß sie doch nicht gewinnen wird, im Gegenteil, daß Krach ihre Position nur noch verschlechtert. Ob und wie sie ihre Wünsche äußert, ob sie Forderungen zu stellen wagt oder ihre Unzufriedenheit mit der Situation nicht einmal wahrhaben will, hängt von den bereits bestehenden Machtverhältnissen ab. Und, so weist Komter überzeugend nach, in fast allen «innerhäuslichen» Lebensbereichen, auch auf den Gebieten, bei denen wir meist annehmen, daß sie das Sagen hat, hat er mehr Möglichkeiten, seine Wünsche durchzusetzen oder auch, sich Veränderungen zu widersetzen.

Die Ehepaare, die Komter untersucht hat, sind ganz normale Ehepaare aus unteren und höheren Schichten, Ehepaare, die angeben, durchweg zufrieden zu sein, keine Paare mit «Problemen». Erst bei subtilem Hinterfragen stellt sich heraus, daß die Frauen in der Regel weniger zufrieden sind als die Männer, im Widerspruch zu der gängigen Vorstellung, daß die Ehe vor allem besteht, weil die Frau es so will. Viele Männer geben an, sie hätten anfänglich befürchtet, daß die Ehe sie zu sehr in ihrer Freiheit einschränken werde, mußten aber zugeben, daß sich das als weniger schlimm herausgestellt habe. Die Frauen dagegen, die diese Angst in wesentlich geringerem Maße äußerten, müssen sich eingestehen, daß ihre Freiheit erheblich eingeschränkt ist, vor allem, wenn Kinder da sind. Von den verheirateten Männern geben zwei Drittel an, es sei ihnen gelungen, ihre außerhäuslichen Ambitionen und Zukunftspläne zu verwirklichen. Bei den Frauen ist es nur ein Drittel, und das, obwohl ihre Ambitionen wesentlich bescheidener waren als die der Männer. Auch die Erwartungen in bezug auf die Ehe selbst erfüllen sich bei Männern häufiger als bei Frauen: Männer geben an, mit dem Maß an Behaglichkeit, Entspannung, Unterstützung zufrieden zu sein, das sie im Austausch gegen den relativen Verzicht auf Freiheit erhalten, letztendlich legen sie doch Wert auf ein geregeltes Leben. Die Frauen sind häufiger enttäuscht, fühlen sich oft unterbewertet, isoliert, erhalten nicht immer die erhoffte Unterstützung – finden sich aber häufig damit ab, weil es nun mal so ist. Mehr Frauen als Männer würden ihr Leben anders gestalten, wenn sie die Gelegenheit dazu bekämen, jede fünfte Mutter würde keine Kinder mehr haben wollen, während fast keiner der Männer das erwähnt.

Heutzutage sind die meisten Männer selbst auch der Meinung, sie könnten im Haushalt und mit den Kindern helfen – nur, daraus wird in der Praxis oft nichts.[14] Männer überschätzen ihren Anteil an der Hausarbeit grundsätzlich, während sie die Arbeit ihrer Frauen unterschätzen. Sie finden Hausarbeit nicht angenehm, was ihnen vor allem dann auffällt, wenn sie tatsächlich mal mit anpacken, denn in der Regel vertreten die Männer, die am wenigsten tun, die positivsten Ansichten über häusliche Pflichten. Die Hälfte der Frauen aus den unteren Schichten und drei Viertel der Frauen aus den oberen sähen es gern, daß ihr Mann mehr täte. Es sind keine übertriebenen Forderungen, eher Wünsche wie der, daß er seine eigene Unordnung etwas häufiger beseitigt, sonntags mal kocht oder pünktlicher zum Essen kommt. Doch daraus wird nichts: Er sieht es einfach nicht, er ist so ungeschickt, oder er hält es nicht für nötig, feste Vereinbarungen zu treffen. Was zur Folge hat, daß sie ihn immer wieder bitten muß und Angst hat, eine «Nörglerin» zu werden. Die Frage, ob Männer mehr im Haushalt mithelfen, seit Frauen häufiger außer Hause arbeiten, ist breit diskutiert worden. Die eine Untersuchung meint, der Anteil der mithelfenden Männer sei gestiegen, die andere, daß Männer noch immer genausowenig tun. Das scheint sich gegenseitig auszuschließen (auch Komter kommt zu keinem eindeutigen Schluß), bis wir die Ergebnisse einer noch neueren Untersuchung daneben stellen.

Männer tun mehr als ihre Väter seinerzeit, wenngleich noch immer viel weniger als Frauen, aber es gibt keinen Zusammenhang zwischen der Stundenzahl, die er dem Haushalt widmet, und der Frage, ob seine Frau berufstätig ist oder nicht. Daß es *scheint*, als täte er mehr, wenn sie ebenfalls einer außerhäuslichen Arbeit nachgeht, hängt damit zusammen, daß sie dann weniger tut (manchmal, weil eine Putzfrau genommen oder die Wäsche fortgegeben oder öfter eine Pizza geholt wird) und sein Anteil gegenüber dem ihren relativ steigt.[15] Im Grunde hat er immer ein Argument, um sich nicht zu überanstrengen: Wenn sie nicht berufstätig ist, hat sie schließlich genug Zeit, und wenn sie berufstätig ist, so ist es ihre freie Entscheidung, die er ihr wohlwollend zugesteht, solange er nicht darunter zu leiden hat.

Auch in anderen Bereichen als dem des Haushalts wünschen sich Frauen Veränderungen. Sie hätten gern, daß er ihr etwas mehr Zuwendung schenkt, daß sie ihn nicht immer darum zu bitten braucht. Männer geben an, daß sie gern etwas mehr sexuelle Bereitschaft bei ihrer Frau sähen, sind in der Regel aber doch nicht ganz unzufrieden mit ihrem Sexualleben. Für Frauen ist das problematischer: Wenn er öfter auf ihre Wünsche, ihr Bedürfnis nach Nähe und Vertrautheit eingehen würde, meinen sie, dann hätten sie häufiger Lust, aber sie meinen auch, daß sie auf diesem Gebiet Verpflichtungen hätten und sich nicht allzuoft verweigern könnten. Männer glauben oft, daß sie die Verantwortung für die Kinder mit ihren Frauen teilten. Bei näherem Hinsehen zeigt sich, daß sie darunter vor allem verstehen, daß Entscheidungen über die Kinder gemeinsam getroffen werden, über die Wahl der Schule zum Beispiel oder notwendige Anschaffungen. Die Verantwortung, die Männer übernehmen, erstreckt sich viel weniger auf die tatsächliche Erfüllung von Pflichten, meist sind es die Frauen, die aufstehen, wenn ein Kind nachts weint, die dafür sorgen, daß immer genug Windeln im Haus sind, die den Babysitter organisieren, an neue Kleidung denken. Kein einziger Mann in der Untersuchung sagt, daß er der Kinder wegen nicht genug zu sich selbst komme, er entscheidet selbst, ob er Zeit für die Kinder hat oder nicht.

Einige Männer finden schon, daß sie eigentlich etwas mehr «helfen» könnten, aber in der Regel unterschätzen sie den Wunsch nach Veränderung bei ihrer Frau. Das liegt zum Teil daran, daß sie die Signale nicht auffangen, zum Teil aber auch daran, daß die meisten Frauen es nicht gern auf offene Konflikte ankommen lassen. Berufstätige Frauen gehen Auseinandersetzungen sogar noch mehr aus dem Wege als Nur-Hausfrauen. Dahinter steckt häufig die Erfahrung, daß man sich letztendlich nur ins eigene Fleisch schneidet. So gibt eine

Frau in der Untersuchung von Komter an, daß ihr Mann einmal zu ihr sagte: «So wie du jetzt bist, will ich dich nicht mehr», und wie sie das erschreckt hat. Eine andere Frau sagt: «Wenn ich zu sehr Druck mache, geht alles zwischen uns kaputt.» Die ausgesprochene oder unausgesprochene Drohung, er könne sich ja auch eine andere suchen, ist für viele Frauen offenbar Grund genug, dafür zu sorgen, daß er sexuell auf seine Kosten kommt, auch wenn sie nicht sonderlich viel Lust hat. So gehen Frauen meist außerordentlich vorsichtig vor, mit wenig Erfolg. Zu subtile Andeutungen kommen nicht an, schlägt sie dagegen wirklich Krach, so landet das wie ein Bumerang wieder bei ihr, macht sie ihm emotionale Szenen, so zieht er sich zurück oder verschließt sich. Viele Frauen, jedenfalls diejenigen, die verheiratet bleiben wollen, finden sich mehr oder weniger damit ab, zucken mit den Achseln, das sei nun mal «seine Natur», meckern herum oder entwickeln psychosomatische Beschwerden.

Dies ist die Macht der Selbstverständlichkeit, sagt Komter. Vom ersten Tag einer Ehe an ist das Verhältnis asymmetrisch: Er hat mehr Ausbildung, Status, gesellschaftlich relevantes Wissen, den besseren Job, nicht zuletzt dadurch, weil er älter ist und damit einen Vorsprung erlangt hat, sie sind in eine Kultur hineingeboren, in der dieser Geschlechtsunterschied so selbstverständlich ist, daß man nicht darüber redet, sondern ihn entweder hinter einer Ideologie versteckt, deren Kernsatz lautet: «Eine Ehe bedeutet nun mal geben und nehmen», oder sogar hinter der moderneren Gleichwertigkeitsideologie.

Auch andere Forscher haben ein subtiles und verschleiertes Machtgefälle nachgewiesen. Manchmal fast zufällig. Pamela Fishman untersuchte die Muster bei häuslichen Streitigkeiten zwischen heterosexuellen Paaren und fragte mehrere zusammenlebende Paare, ob sie ein Tonbandgerät bei ihnen aufstellen dürfe, um ihre Gespräche aufzunehmen.[16] Es waren Freunde, die sich selbst für modern und progressiv hielten, jedenfalls sahen sie sich nicht als Vertreter eines traditionellen Mann-Frau-Musters. Als sie die Bänder abhörte, machte sie eine Entdeckung, mit der sie überhaupt nicht gerechnet hatte. Es waren viel öfter die Männer, die bestimmten, worüber geredet wurde, und sie bestimmten auch, wann das Gespräch wieder beendet war. Das taten sie manchmal, indem sie das Tonbandgerät ausschalteten, häufiger jedoch dadurch, daß sie einfach nicht reagierten, wenn die Frauen irgendein Problem ansprachen. Die Frauen hatten sich angewöhnt, ihre Bemerkungen öfter in Frageform zu kleiden und mit einem «findest du nicht?» zu beenden. Die Männer hatten das nicht nötig, sie waren sich ziemlich sicher, daß ihre Frau zuhören würde. Während der Gespräche hörte man die ganze Zeit, wie die Frauen ermutigende Laute von sich gaben. Männer taten das viel seltener, sie brummten oft geistesabwesend oder mißbilligend oder taten nichts. Fishmans Schlußfolgerung lautet, daß Frauen sich ungefähr um ein Dreifaches mehr anstrengen, die Kommunikation in Gang zu halten, als Männer, und daß Männern auch verbal viel mehr Freiraum von den Frauen zugestanden wird als umgekehrt. Mit dem jeweiligen Gesprächsthema hatte das nichts zu tun, es war keineswegs so, daß die Frauen über triviale Dinge redeten, während die Männer gewichtige Themen aufs Tapet brachten. Die Macht der Männer hat verschiedene Komponenten, die zum Teil sichtbar sind, während man andere erst bei genauerem Hinschauen entdeckt. Physische Überlegenheit kann man sehen, die Zahl der von ihm getroffenen Entscheidungen kann man zählen, aber nicht sichtbar ist, inwieweit die Frau seine Überlegenheit oder sein Bedürfnis nach Überlegenheit dadurch antizipiert, daß sie ihre Wünsche gar nicht erst äußert. Ein Beispiel: Männer, die ihrer Frau das Gefühl geben, sie sei austauschbar, er könne auch eine andere bekommen, während sie das Gefühl hat, speziell diesen Mann zu wollen, besitzen automatisch ein Übergewicht. Die Angst der Frau, ihn zu verlieren, wenn sie zu weit geht, kann genau das sein, was sie zurückhält. Oder ein anderes Beispiel:

Berufstätige Frauen sind in der Regel zufriedener als Frauen, die nur zu Hause arbeiten, sie beziehen ein höheres Selbstwertgefühl aus ihrer Arbeit, sind weniger isoliert. Eines jedoch kann dieser Zufriedenheit Abbruch tun. Frauen können es schlecht ertragen, wenn ihr Mann unglücklich ist, sie nehmen sich das zu Herzen, haben oft das Gefühl, sie seien verantwortlich für sein Wohlbefinden. Umgekehrt merkt er es oft nicht, wenn sie unglücklich ist, und wenn er es merkt, so hat er wesentlich weniger schnell das Gefühl, es sei seine Aufgabe, Abhilfe zu schaffen. So gesehen ist es logisch, daß Frauen schneller nachgeben als Männer, wobei sie sich dessen oft gar nicht bewußt sind. Sie tun es nicht nur um seines, sondern auch um ihres eigenen Glückes willen.[17]

In jeder Ehe scheint es eine nahezu unsichtbare Grenzlinie zu geben, eine «tension-line»[18], die nicht überschritten werden darf, da es sonst Ärger gibt. Es sind häufiger die Frauen, die gelernt haben, auf diese Linie zu achten, die den Mann daraufhin beobachten, ob er's noch verkraftet, ob sie nicht zu weit geht.

Was Komter uns hier vermittelt, ist das traurige Bild einer fast unsichtbaren Macht: Brutale Gewalt ist selten im Spiel (obgleich wir inzwischen wissen, daß auch sie häufiger vorkommt, als wir früher für möglich gehalten hätten), oft fällt kaum ein böses Wort, und sofern Frauen überhaupt sagen, sie hätten sich die Sache anders vorgestellt, tun sie das in der Regel ziemlich schüchtern und wenig effektiv. Es ist ein Machtungleichgewicht, das vor allem dadurch bestärkt wird, daß nicht darüber gesprochen wird. Und so gibt es normalerweise heftige Reaktionen, wenn dieses Stillhalteabkommen durchbrochen wird, nicht nur innerhalb der Ehe, sondern, als wäre die Gesellschaft *eine* große Ehe, auch in der Öffentlichkeit. Piet Vroon, ein populärer Wissenschaftler mit äußerst konservativen Ansichten, urteilte über Komters Buch mit Injurien wie «Kauderwelsch», «der Feminismus verordnet mit schöner Regelmäßigkeit Unsinn», «Abc-Schützensprache», «orakelt unsere junge Doktorin», er versuchte zudem, das Buch zu bagatellisieren[19], eine Art und Weise des Vorgehens, wie wir es auch in den Rezensionen der Untersuchungen von Nel Drayer zum Inzest und von Renee Römkens zur Gewalt gegen Frauen erleben konnten[20]: Wenn man die Botschaft nicht hören will, muß die Überbringerin der Botschaft einen Kopf kleiner gemacht werden, indem man nicht darauf eingeht, *was* sie sagt, sondern *wie* sie es sagt, zumindest zweifelt man rundweg die Wissenschaftlichkeit einer Untersuchung an. Andere versuchen, das Stillschweigen einfach fortzusetzen, wie Männer das in der Ehe auch tun, indem sie auf nichts eingehen. Kürzlich erschien ein Buch über die Ehe, von drei Männern geschrieben – Kampschuur, Buunk und Schaap –, in dem viel niederländisches Untersuchungsmaterial herangezogen wurde, nicht aber das Buch von Komter.[21] Und wieder wird darin der Mythos der mittlerweile fast gleichrangigen Ehe breit ausgewalzt: Die Partner unterschieden sich altersmäßig «nur» um vier Jahre – daß fast immer die Männer die Älteren sind, scheint nicht relevant zu sein –, natürlich gebe es bestimmte Unterschiede, aber «man» halte doch am meisten von einer modernen partnerschaftlichen Ehe, in der die Partner viel gemeinsam unternehmen und trotzdem auch ein eigenes Leben führen würden. Die überwiegende Mehrzahl der Verheirateten beschrieb ihre Ehe als sehr glücklich oder als glücklich, die

Frauen bekämen mehr Orgasmen, und wenn es doch einmal Konflikte gebe, tja, die Ehe sei eben ein Lernprozeß, und zum Glück gebe es heute Ehetherapeuten. Die gehen – und Kampschuur, Buunk und Schaap zollen dem Beifall – nach dem Prinzip der Gegenseitigkeit in der Ehe vor. Will Ans, daß Johan ihr gelegentlich hilft, wenn die Kinder lästig sind, so verlangt Johan dafür, daß Ans aufs sonntägliche Ausschlafen verzichtet.

Ein bißchen Geben und Nehmen nennen wir das, wir nennen das Gegenseitigkeit, von ungleicher Machtverteilung sprechen wir nicht.

3 Wenn Frauen mehr Erfolg haben als Männer

Gleich und gleich gesellt sich gern, sagen wir, und in gewisser Weise trifft das zu. Die meisten Menschen suchen sich einen Partner zum Heiraten, der aus etwa dem gleichen Milieu kommt; bis hierhin stimmt die Theorie von Kampschuur, Buunk und Schaap. Sehr große Unterschiede zwischen Ehepartnern sind selten, ausgenommen ihre Zugehörigkeit zu verschiedenen Geschlechtern. (Ich fand den Ausdruck «Mischehe» schon immer sehr bizarr. Ehen sind grundsätzlich gemischt, Menschen gleichen Geschlechts dürfen nicht heiraten.) Ein Professor wird eher mit einer Frau verheiratet sein, die ebenfalls studiert hat, eine Lehrerin sucht meist einen Partner mit etwa gleichem – oder etwas höherem – Bildungsniveau, ein Mann mit geringer Ausbildung wird meist mit einer Frau zusammenleben, die ebenfalls nicht viele Diplome besitzt. Auch bei der Partnerwahl neigt das Klassensystem dazu, sich selbst zu reproduzieren.[22] Doch auch wenn man in der Regel seiner Herkunft treu bleibt und der Unterschied in bezug auf soziales Milieu, Status und Bildung nicht sehr groß ist, so gibt es meist doch einen gewissen Unterschied, und der schlägt normalerweise zum Vorteil des Mannes aus. Er verdient mehr, hat den höheren beruflichen Status, und dieser Unterschied vergrößert sich meist im Verlauf der Ehe und wird in Zweit- oder Drittbeziehungen noch größer.

Zwischen dem Altersunterschied und dem höheren beruflichen Status der Männer besteht ein Zusammenhang. Meist hat er bereits ein paar Jahre Vorsprung beim Finden einer Stelle oder der Beendigung des Studiums. Wird geheiratet, so neigt die Frau, die ja auch den Haushalt versorgen muß, eher dazu, eine Halbtagsstelle zu suchen, die weniger Aufstiegschancen bietet. Kann er irgendwo einen besseren Job bekommen, so gibt selbstverständlich sie ihre Arbeit auf, die ohnehin weniger Geld einbringt, und versucht, am neuen Ort einen anderen Job zu finden. Der größte Bruch entsteht, wenn Kinder kommen. War sie nicht schon ohnehin teilzeitbeschäftigt, so ist dies der Zeitpunkt, an dem sie es wird oder ihren Job ganz aufgibt, oft mit dem Gedanken, sich wieder eine Stelle zu suchen, wenn die Kinder groß sind. Daß sie zurücksteckt, hängt mit alten Vorstellungen vom Elternsein zusammen, wonach ein Kind die Mutter angeblich mehr braucht als den Vater, aber es gibt auch noch einen ökonomischen Grund. Wenn man Kinder hat, braucht man mehr Geld, er verdient mit seiner Arbeit mehr als sie, daher ist es logisch, daß er weiterhin ganztags arbeitet. Gerade in der Zeit, in der die Kinder klein sind, arbeiten die Väter im Durchschnitt am längsten außer Haus. Wenn die Mutter wieder berufstätig sein möchte, stellt sich das als unerwartet schwierig heraus. Falls sie überhaupt Arbeit findet, muß sie sich oft mit einer geringeren Entlohnung begnügen als der, die sie zuletzt erhielt, bevor sie zu arbeiten aufhörte. Ihre Arbeit daheim zählt nicht als Berufserfahrung. In derselben Zeit ist sein Gehalt gestiegen. Die Kluft ist größer geworden und läßt sich fast nicht mehr überbrücken.

Bei keinem von beiden braucht Absicht dahinterzustekken, es ist einfach die fast unausweichliche Folge einer Kombination aus Altersunterschied, schlechter Arbeitsmarktposition für Frauen und eingefahrener Ansichten über Vater- und Mutterrolle.

Die meisten Ehepaare werden steif und fest behaupten, es spiele keine Rolle, wer das Geld verdiene, es gehöre ihnen beiden, es sei für die Familie. Doch neben dieser Ideologie der Gleichrangigkeit spielen noch andere Emotionen eine Rolle. Männer beziehen im allgemeinen doch ein Gefühl der Überlegenheit aus der Tatsache, daß sie mehr verdienen. Es gibt ihnen gefühlsmäßig ein Recht auf Extra-Service, ein Recht darauf, geschont zu werden, wenn sie das Bedürfnis danach verspüren. Es gibt ihnen auch mehr Gewicht, wenn über große Anschaffungen entschieden werden muß. Und es sind nicht nur konkrete Vorteile, die mit dem höheren Gehalt verbunden sind. Lillian Rubin beschreibt in *Pijn en moeite* und in *Intieme vrienden*, wie stark das Selbstwertgefühl bei Männern mit der alten Vorstellung verbunden ist, ein Mann müsse eine Frau ernähren können, und wie viele Männer Angst davor haben, ihre Frau würde auf einmal «große Töne spukken» oder sie sogar verlassen, wenn sie zu selbständig werde. Womit sie im übrigen gar nicht so unrecht haben: Frauen lassen sich tatsächlich in dem Maße häufiger scheiden, wie sie finanziell unabhängiger werden, stellt auch Rubin fest.

Daß er das Geld, das er nach Hause bringt, im Grunde seines Herzens als *sein* Geld betrachtet, das *er* verdient und von dem *sie* die Nutznießerin ist, wird deutlich, wenn es schiefgeht. Bei einer Trennung zeigt sich, daß er große Schwierigkeiten damit hat, für den Unterhalt der Kinder oder sogar für ihren Unterhalt noch aufkommen zu müssen, wenn dem keine Dienstleistung mehr gegenübersteht. Wenn sie sich bei der Eheschließung nicht entsprechend abgesichert hat, zählt ihr Beitrag zum gemeinsam erworbenen Besitz nicht.

Auch zu anderen Zeitpunkten kann deutlich werden, was er aus der Höhe seines Einkommens ableitet. Das zeigt sich vor allem in den Ausnahmefällen, in denen sie mehr verdient als er. «Real men don't earn less than their wives» lautet die Überschrift eines Artikels, und das trifft offenbar teilweise auch auf Männer zu, die stolz auf ihre eigene Fortschrittlichkeit sind und nichts dagegen haben, daß ihre Frau «auch» arbeitet.[23]

Es gibt inzwischen viele Untersuchungen über «dual-career families» oder Doppelverdiener, aber noch sehr wenige über Paare, bei denen sie mehr verdient als er. Daß darüber so wenig bekannt ist, liegt zum Teil daran, daß das so selten vorkommt. Susan McRae schätzt die Zahl der Ehepaare, bei denen die Frau den höheren beruflichen Status und das höhere Einkommen hat, auf 5 Prozent.[24] Zum Teil liegt es aber auch daran, daß es meist als peinlich gilt, wenn die Frau mehr verdient, und daß vor allem Männer nicht gern darüber reden. Wer das untersuchen will, wird mit Ehepaaren mit Konflikten konfrontiert, die nicht so schnell einen Interviewer ins Haus lassen, und eine signifikante Zahl von Paaren ist inzwischen kein Paar mehr. Die Wahrscheinlichkeit einer Scheidung steigt mit der Höhe *ihres* Einkommens und steigt noch mehr, je geringer die Differenz zwischen ihrem und seinem Einkommen ist.[25]

Auf zwei Untersuchungen will ich hier eingehen. Einmal die bereits erwähnte Studie von McRae, *Cross-Class Families*, die Ehepaare zum Gegenstand hat, bei denen der Mann meist eine geringere berufliche Qualifikation aufweist und die Frau Krankenschwester, Lehrerin oder Verkaufsleiterin ist, und zum anderen die Untersuchung von Atkinson und Boles über Mittelschichtpaare[26], die nicht von einem *Job* sprechen, sondern von ihrer *Laufbahn*, Paare, bei denen die Frau nicht nur des Geldes wegen eine Karriere verfolgt, sondern auch aus dem Gefühl heraus, sie habe ein Recht auf eigene Entfaltung. Vor allem in diesen Schichten ist das Phänomen der «Karrierefrau» unter dem Einfluß des Emanzipationsprozesses verbreitet, und es ist nicht immer gesagt, daß sie mit ihrer Karriere hinter der seinen zurückbleibt. Wie gehen beide damit um, wenn die Konvention durchbrochen wird und sie mehr verdient als er? Nicht problemlos, wie sich zeigt.

Bei McRaes Paaren, dreißig an der Zahl, war es meist nicht so geplant gewesen. Nur bei sieben der dreißig Paare war von vornherein klar, daß sie die bessere Ausbildung und den besseren Job hatte als er. Bei den anderen hatte es sich zufällig so ergeben, zum Teil, weil sie sich weiterentwickelte, zum Teil, weil er «abstieg»: Er verlor seine Stelle oder wurde erwerbsunfähig. Ein einziger Mann schied freiwillig aus dem Erwerbsleben aus und übernahm die Rolle des «Hausmanns» für seine Frau, die Architektin wurde. Er ist mit seiner Position zufrieden, doch bei den weitaus meisten Paaren ergeben sich durch die Ungleichheit Probleme, wenn nicht zwischen den Eheleuten, so doch mit der Außenwelt, die es nicht erträgt, daß eine Stationsschwester mit einem Klempner verheiratet ist oder eine Lehrerin mit einem Milchmann. Einige Männer bemühen sich, mit der Situation zurechtzukommen. Ein erwerbsunfähiger Mann gibt an, der Beruf seiner Frau bedeute, daß er sich keine Sorgen zu machen brauche, ein anderer räumt ein, daß seine Frau nun einmal ehrgeiziger sei als er. Doch meist sind die Konflikte und Spannungen fast mit Händen zu greifen, und das Paar steht kurz vor der Trennung. Meist ist es die Frau, die zu leugnen oder zu verbergen sucht, daß die Dinge so liegen. Da gibt es eine Reihe von Tricks. Zum Beispiel das Spielchen: «Draußen bin ich der

Boss, daheim ist er es.» Eine Frau sagt: «Ich habe das Gefühl, daß ich der Ernährer bin. Aber ich lasse es ihn nicht wissen, daß ich so darüber denke. Ich spiele das hilflose Weibchen, weil ich glaube, daß er das möchte. Ich wünschte mir, daß es normaler wäre, vielleicht, weil ich glaube, daß es sich so gehört. Aber dann würde ich mir Sorgen darüber machen, ob die Rechnungen auch bezahlt würden. Was die Finanzen angeht, bin ich in gewisser Weise erwachsener als er. Ich wünschte, es wäre anders.» Oder eine andere:

«Ich bezahle alle Rechnungen, schreibe die Briefe und so, kümmere mich um alles. Das einzige, was er zu tun braucht, ist, seinen Verdienst nach Hause zu bringen. Den Rest erledige ich. Ich organisiere unseren Urlaub, alles. Ich fände es herrlich, wenn mir das mal abgenommen würde. Er hat es sehr nötig, daß sein Ego aufgepäppelt wird. Er weiß, daß ich furchtbar ungeschickt bin, also bitte ich ihn oft, etwas zu reparieren. Das funktioniert meist. Er glaubt, er sei der Boss daheim, dabei bin ich diejenige, die dafür sorgt, daß alles läuft. Ich lasse ihn bei seinem Glauben, er sei der Boss.»

Einige Frauen gehen erstaunlich weit, damit er nicht das Gefühl hat, daß ihre Arbeit wichtiger ist als die seine, sie sorgen dafür, daß er so wenig wie möglich davon mitbekommt, vermeiden es tunlichst, Überstunden zu machen, sind daheim eine «normale» Hausfrau. Das bleibt nicht ohne Folgen für die Aufteilung der häuslichen Pflichten und die Kinderversorgung, oder, besser gesagt, es bleibt ohne Folgen für ihn, denn egal, wie anstrengend die Arbeit der Frau ist, und egal, wie wenig er zu tun hat, in den meisten Fällen leistet sie wie eh und je den Löwenanteil der Hausarbeit. Manche Männer helfen ein wenig, wenn man sie fragt, doch in den meisten Haushalten steht das Maß, in dem der Ehemann «mithilft», in keinem Verhältnis zur beruflichen Belastung der Frau. Von den wenigen Männern einmal abgesehen, die sich mit dem Rollentausch abgefunden haben und freiwillig «Hausmann» geworden sind, hüten sich die meisten davor, die Rolle der Frau zu übernehmen.

Einige sehr traditionell denkende Männer weigern sich ostentativ, «Frauenarbeit» zu leisten, und übernehmen nur Männeraufgaben wie Gartenarbeit, Auto und Reparaturen im Haus. Andere lassen sich nur durch sanften Zwang dazu bringen. Daß die berufliche Position der Frau in der Regel keinerlei Einfluß auf die Aufgabenverteilung zu Hause hat, liegt allerdings nicht nur daran, daß die Männer nicht wollen: In vielen Fällen sind es die Frauen, die Angst davor haben, das ohnehin schon prekäre Gleichgewicht zu stören, so daß sie ihn nicht einmal um Hilfe bitten. Viele Frauen, die die bessere Berufsposition haben, fühlen sich deswegen schuldig und finden alle möglichen Rationalisierungen, um diesen Unterschied zu leugnen: Zum Beispiel heben sie die Fähigkeiten und Leistungen ihrer Männer in den Himmel. Er sei zwar Klempner, aber ein sehr guter, sehr gefragter, mit viel mehr technischem Wissen, als sie es als Lehrerin in ihrem Fach habe, oder er trage als Feuerwehrmann viel mehr Verantwortung als sie. Schließlich könne man als Lehrerin Fehler machen, während es bei einem Feuerwehrmann um Leben oder Tod gehe. Manche Frauen haben das Gleichgewicht dadurch wiederhergestellt, daß sie nicht voll arbeiten, andere überlassen ihren Männern bewußt einen Teil der Verantwortung, überlassen ihm die Finanzen, auch wenn ihr Gehalt höher ist als das seine. Einfach stolz auf ihre Leistung ist fast keine Frau. Es ist, als müsse sie sich entschuldigen, als müsse sie ihre Leistung leugnen, als müsse sie sich zusätzlich zu ihrer Doppelbelastung noch besonders bemühen, daheim eine «richtige Frau» zu sein und dafür zu sorgen, daß er sich weiterhin als «richtiger Mann» fühlt. Kein Wunder also, daß bei vielen Ehepaaren Groll, Enttäuschung und Unsicherheit dicht unter der Oberfläche zu spüren sind und daß einige der Männer es rundweg ablehnten, mit der Interviewerin zu sprechen.

Ist es bei Ehepaaren aus der Mittelschicht anders?

Das ist die Frage. Barbara Ehrenreich, die eine Studie über die Mittelschicht in den Vereinigten Staaten, *Fear of Falling*, verfaßt hat, sagt, es werde für Menschen mit guter Ausbildung, aber ohne ererbtes Geld oder Besitz, für diejenigen also, die von ihrer Arbeit leben müssen, immer schwieriger, den Status zu erlangen, den sie ihrer Ansicht nach beanspruchen könnten. Sie schätzt diese Bevölkerungsgruppe auf 20 Prozent, und es sind die Angehörigen dieser Schicht, die nicht mehr genug verdienen, um ein Haus zu kaufen, sich zwei Autos vor die Tür zu stellen und ihren Kindern eine teure Ausbildung zu bezahlen. Die Reaktion darauf zeigt sich im «yuppie life style», dem Versuch, so schnell wie möglich möglichst viel Geld zu verdienen und das nicht für bleibende Dinge auszugeben, sondern für kurzlebige Statussymbole – Nahrung, Kleidung, alles von der richtigen Marke. In dieser Schicht reicht nur *ein* Gehalt nicht mehr aus, und das könnte der Grund dafür sein, weshalb man hier scheinbar gleichrangige Beziehungen vorfindet: Die Männer wollen eine Frau, die nicht nur hübsch ist, sondern auch gut verdient, und sie wollen keine Kinder. Und doch fragt man sich, wie gleichrangig diese Beziehungen tatsächlich sind.

Der Familiensoziologe Scanzoni hat einmal eine Typologie von Ehepaaren aufgestellt.[27] Es gibt drei Ehemodelle, sagt er. Beim ersten ist der Mann das Familienoberhaupt und der alleinige Ernährer, seine Frau spielt die komplementäre Rolle der Hausfrau. Zweitens gibt es die Ehe, bei der die Frau als Juniorpartnerin betrachtet werden kann, sie hat zwar einen Job, paßt sich aber, wo nötig, den Arbeitsbedingungen ihres Mannes an. Und dann gibt es noch eine dritte Möglichkeit: Mann und Frau haben beide ihre eigene Arbeit, betrachten den Job des anderen als gleichwertig, und ihre Beziehung ist im Prinzip egalitär. Daß es noch eine vierte Möglichkeit geben könnte, Ehepaare, bei denen die Frau den wichtigeren Job hat und der Mann sich anpaßt, war bis vor kurzem noch so ungewöhnlich, daß sie in dieser Typologie nicht einmal erwähnt wird.

Atkinson und Boles untersuchten 26 Paare, die eine sogenannte WASP-Ehe führen: Wives As Senior Partners. Dabei haben die Frauen den «männlichen» Job, sie sind Professorin oder Managerin, und die Männer haben in der Regel eine flexible Arbeit, das heißt, sie sind Entertainer, kleine Selbständige, haben einen eigenen kleinen Betrieb oder manchmal auch gar keine Arbeit, weil sie schon älter sind oder invalide. Bei diesen Paaren sind die Kinder bereits aus dem Haus, oder sie haben nie Kinder gehabt.

In diesen Fällen war es häufiger von vornherein klar, daß die Frau den wichtigeren Job haben und ihre Karriere ernst nehmen würde, die Männer fanden sich mehr oder weniger damit ab. Aber auch wenn sie im Prinzip damit einverstanden sind, gibt es Konflikte, nicht zuletzt auf Grund der Reaktionen ihrer Umgebung.

Die Frauen werden häufig als Drachen gesehen, als dominant, die Männer als Versager, als Schlappschwänze, als Pantoffelhelden. Intern teilen die Männer diese Ansicht nicht unbedingt, einige von ihnen sehen durchaus die Vorteile dieser Regelung, vor allem, daß sie selbst nicht so hart zu arbeiten brauchen oder daß sie in Ruhe ihren eigenen kleinen Betrieb aufbauen können, weil ihre Frau für das feste Einkommen sorgt, aber nach außen hin müssen sie sich alle gegen den Druck der Umwelt zur Wehr setzen. Manche Paare verkehren dann eben nicht mehr in den Kreisen, in denen sie sich nicht akzeptiert fühlen, oder sie versuchen zu verbergen, daß *ihr* Job der wichtigere ist. Manchmal, indem sie in bezug auf die Bedeutung ihrer Arbeit schlichtweg lügen oder verschweigen, daß er arbeitslos ist. Vor allem die Frauen klagen über Müdigkeit und Schuldgefühle, sie fragen sich oft, ob sie ihrem Mann wohl eine gute Ehefrau seien, und kompensieren das, indem sie besonders auf ihn eingehen und sich bemühen, ihm alles recht zu machen. Sie versuchen, sexuell attraktiv zu bleiben, verweigern sich sexuell nie, sorgen mit romantischen kleinen Essen bei Kerzenlicht dafür, daß es zu Hause besonders gemütlich ist. Die Männer sind mit diesem Aspekt ihrer Ehe äußerst zufrieden. Sie haben selten das Gefühl, überflüssig zu sein, ihre Frauen sorgen schon dafür, daß sie dieses Gefühl nicht bekommen, sie loben ihre Männer für deren Unterstützung in den Himmel, helfen ihnen nach Kräften bei der Arbeit, erzählen ihnen regelmäßig, wie gut sie alles finden, was sie tun. Daheim sind diese Männer also Paschas. Obwohl sie mehr Zeit haben als ihre Frauen, achten diese darauf, daß ihre Männer sich von der Hausarbeit nicht überlastet fühlen. Wie eh und je leisten die Frauen den Löwenanteil der häuslichen Arbeit, tragen die Hauptverantwortung und überlassen ihren Männern nur die Dinge, die für sie akzeptabel sind – Reparaturen sowie Pflege von Garten und Auto. Lediglich die älteren Frauen machten nicht so viel Aufhebens um ihren Mann, sie hatten häufiger das Gefühl, er habe seine Chance bereits gehabt und jetzt seien sie an der Reihe.

Von außen sieht eine solche Ehe also aus, als wären die Rollen vertauscht. Intern jedoch ist sie konventioneller als je zuvor. Während bei Ehen, in denen der Mann eine zeitraubende Karriere verfolgt, die Gefahr darin besteht, daß er seine Frau so vernachlässigt, daß sie sich zu guter Letzt scheiden läßt, ist den Frauen in diesen Ehen so sehr bewußt, daß ihre Männer nicht unter ihren Ambitionen leiden dürfen, daß sie alles tun, damit er sich nicht vernachlässigt fühlt oder in seinem männlichen Selbstwertgefühl verletzt wird. Daher kann hier von *Rollentausch* keine Rede sein, sondern im Gegenteil von *Rollenverdoppelung*: Die Frau übernimmt eine neue Rolle zusätzlich zur herkömmlichen. Die Männer in dieser Studie sagen, sie seien sehr zufrieden, und die Frauen, sie seien stolz darauf, daß es ihnen gelinge, Ehe und Karriere unter einen Hut zu bringen. Allerdings seien sie oft sehr müde.

Diese Männer waren Ausnahmeerscheinungen. Sie akzeptierten nicht nur, daß ihre Frauen *ebenfalls* einen Beruf hatten, sie akzeptierten sogar, daß dieser Beruf der wichtigere war, und erkannten die Vorteile dieses Arrangements, vor allem solange ihre Frauen sich bemühten, es ihnen in allem recht zu machen. Die meisten Männer empfinden es als bedrohlich, wenn Frauen ihre Arbeit ernst nehmen, selbst dann – und das ist ein schmerzlicher Punkt –, wenn die Verbindung ursprünglich mit dem schönen Ideal beiderseitiger Arbeit begonnen hatte. Einige der Frauen solcher Männer kommen in *Begint het leven echt bij de veertig?* von Anneke van Luyk zu Wort: Zum Beispiel Yolande, in den Vierzigern, Mutter von Kindern, die mittlerweile nicht mehr ständig umsorgt werden müssen: «Es mußte was passieren. Ich habe ein sehr eingehendes Gespräch mit Peter geführt. Ich habe ihm von meiner Langeweile erzählt, von dem Gefühl der Einsamkeit. Er hat nichts kapiert. Mehr vorzuschlagen als ‹dann geh doch Golf spielen oder reiten› hatte er nicht. Das war eine gewaltige Enttäuschung. Als ich sagte, ich würde gern wieder arbeiten, antwortete er, die Frau eines bekannten Gynäkologen könne es sich nicht leisten, Verkäuferin in einer Boutique oder beim Metzger zu spielen. Das war für mich wie ein Schlag ins Gesicht. Ich war wütend und habe wirklich daran gedacht, meine Koffer zu packen. Aber im selben Moment kam mir der Gedanke, daß er auch nichts dafür kann. Ich hatte dazu beigetragen, daß er so über unser Leben dachte. Ich hatte selbst daran mitgewirkt.»

Yolande nahm an einem Maklerlehrgang teil und begann trotz des Widerstandes ihres Mannes zu arbeiten. Aber leicht war es nicht. «Er glaubt nicht an meinen Erfolg. Und das ist etwas, was ich von Peter nie gedacht hätte. Je besser das Geschäft läuft, desto mehr beklagt er sich darüber, daß ich viel fort bin und nicht mehr ständig zu seiner Verfügung stehe. Ich finde das unglaublich und fühle mich sogar schuldig, weil ich ihn zu so einem Mann gemacht habe. Schließlich war er früher derjenige, der mir zuredete, mein Studium fortzusetzen, der gemeinsam mit mir für die Kinder sorgen wollte. Ich habe mich damals dafür entschieden, für ihn zur Verfügung zu stehen, seine Karriere zu unterstützen – und jetzt so eine Reaktion. Er ist sogar so kindisch, wenn ich in Frankreich bin und abends anrufe, nicht ans Telefon zu gehen. Von den Kindern weiß ich, daß er abends zu Hause ist, aber mir gegenüber will er so tun, als sei er aus gewesen. Um mich eifersüchtig zu machen und zu verunsichern.»

Yolande ist nicht die einzige. Auch andere Frauen berichten, ihr Mann oder Freund ertrage es nicht, daß sie Erfolg im Beruf hätten. «Steven ist ein phantastischer Mann, aber er ist ein unglaublicher Macho. Er sagt zwar, er fände es toll, was ich alles täte, aber insgeheim findet er es schrecklich. (...) Als sich mir vor ein paar Jahren die Chance bot, habe ich ein Headhunter-Büro gegründet. Es läuft sehr gut, aber wenn ich daheim von meinen Erfolgen spreche, dann fängt Steven an zu lachen. Und je größer mein Erfolg wird, desto mehr versucht er, mich in anderen Bereichen zu verunsichern. Ein dankbares Thema ist meine Figur, da packt er mich dann.»

Und noch ein Paar, das mit großen Idealen eine gleichrangige Beziehung begann. Beide wollten weiterarbeiten und sich gemeinsam um die Kinder kümmern. Das lief problemlos, bis sie beruflich aufsteigen konnte. Die Kinder waren bereits elf und dreizehn, sie brauchten keine ständige Betreuung mehr, sie hatten nichts dagegen, waren im Gegenteil stolz auf ihre Mutter. Nicht aber der Ehemann.

«Mein Mann hat gleich so reagiert: Du kannst nicht erwarten, daß ich dreimal in der Woche früh nach Hause komme. Es geht einfach nicht, daß ich während einer Besprechung sage, ich muß wegen der Kinder nach Hause. Außerdem kannst du nicht von mir erwarten, daß ich mich nach einem anstrengenden Tag auch noch um das Essen kümmere. Ich spürte schon damals, daß meine Beförderung meinem Mann gegen den Strich ging. Er war nicht gewillt, etwas für meine Karriere zu tun.» Was folgte, waren Vorwürfe, Sabotage, Ausbrüche. «Wenn ich mal früh weg mußte, blieb mein Mann seelenruhig im Bett liegen, so daß die Kinder allein frühstücken mußten. Er rührte keinen Finger im Haushalt, beschwerte sich, wenn es unordentlich war oder wenn ich der Bequemlichkeit halber Essen vom Chinesen mitbrachte oder wenn es nur Brötchen und Suppe zum Abendessen gab.»

Sie ist es, die sich bemüht, «daß die Stimmung zwischen uns gut bleibt», organisiert sich halb krank und fühlt sich immer gehetzter. Und dann die blöden Bemerkungen gegenüber Freunden, daß sein Frauchen das ja unbedingt so wolle und daß er ständig für die Kinder dasein müsse. Ihre Nerven spielten nicht mehr mit, sie klappte zusammen, verlor ihren Job und wurde für arbeitsunfähig erklärt. «Es klingt abscheulich, aber ich hatte das Gefühl, daß mein Mann mich endlich da hatte, wo er mich haben wollte: ganz ans Haus gefesselt, ganz von ihm abhängig. (...) Ich habe einmal versucht, es ihm zu erklären, ihm klarzumachen, daß ich fände, ich hätte auch ein Recht zu arbeiten, ein Recht auf Karriere.

Seine einzige Reaktion darauf war, daß ich mir mein Leben dann hätte anders einrichten müssen. Und damit meinte er, daß ich mir dann keine Kinder hätte zulegen dürfen.»

Die Frauen, die versuchen, sich neben dem Beruf ihres Mannes eine eigene Karriere aufzubauen, müssen das oft büßen. Den Frauen, die ihrem Mann zuliebe darauf verzichten, ergeht es nicht anders. Viele Männer wollen aus der Tatsache, daß sie diejenigen sind, die das Geld nach Hause bringen, ganz eindeutig eine Machtposition ableiten. «Mein Mann ist derjenige, der bei uns die Brötchen verdient, und er hat die Neigung, mich von Zeit zu Zeit daran zu erinnern. Ich habe ziemlich viele Hunde (...) und er hält mir fast täglich vor, daß er das Futter für sie bezahlen muß.» Und dann gibt es natürlich auch noch die Frauen, die auf ihre Ehe verzichtet oder ihren Mann verloren haben. Manchmal, weil sie sich zu sehr für seine Karriere eingesetzt hatten und er später knackigeren, interessanteren (und jüngeren) Frauen begegnete. Manchmal, weil sie sich zuwenig für seine Karriere eingesetzt hatten und so egoistisch gewesen waren, selbst auch beruflich vorankommen zu wollen. Alleinlebende Frauen müssen zumindest nicht unter Sabotage, versteckten Vorwürfen oder Schuldgefühlen leiden. Aber unterstützt werden sie natürlich auch nicht. «Ich finde die sechzig Stunden, die ich pro Woche arbeite, mehr als genug. Die Kerle, die noch mehr Stunden abreißen, können das, weil sie eine Frau haben, die sie versorgt. Die pflegt die sozialen Kontakte, hält das Haus in Ordnung und kümmert sich auch um den Rest. Ich muß das alles allein tun, und das kostet Zeit.»

In ihrem Buch über Karrierefrauen, das auf englisch vielsagend *Successful Women, Angry Men* heißt, beschreibt Bebe Moore Campbell diesen «husband backlash», Männer, die zur Erschütterung ihrer Frauen und vielleicht auch zu ihrer eigenen Erschütterung anfangen, ihre Frauen zu unterminieren und deren Arbeit zu sabotieren. Dafür gibt es eine ganze Reihe von Verhaltensvarianten: Manche Männer fangen an, subtil oder weniger subtil über mangelnde Fürsorge zu klagen: Meine Hemden sind nicht gebügelt, früher hast du dir mehr Mühe mit dem Essen gegeben, mußt du schon wieder weg, willst du nicht ein bißchen mehr für deine Figur tun oder für deine Haare. Manche Männer setzen die Arbeit ihrer Frauen in Gegenwart anderer herab oder bringen es nicht über sich, sich über eine von ihr erbrachte Leistung zu freuen, tun absolut nichts mehr in puncto Kinderbetreuung, werden sexuell gleichgültig beziehungsweise versuchen übermäßige Forderungen zu stellen oder gehen fremd. Nun hängt alles davon ab, wie sie reagiert. Gibt sie nach, opfert sie einen Teil ihrer Arbeit, fällt sie in die alte Rolle zurück oder gelingt es ihr, beide Rollen unter einen Hut zu bringen – draußen die tüchtige berufstätige Frau zu sein und daheim die Frau, die alles in Ordnung hält, damit er umsorgt ist und seine Bedürfnisse befriedigt werden –, so besteht die Chance, daß sich die Ehe retten läßt. Aber viele Frauen werden böse. So hatten wir nicht gewettet!

Heutzutage sind es öfter die Frauen, die die Scheidung einreichen. In den Niederlanden endet jede dritte Ehe mit einer Scheidung. In den Vereinigten Staaten jede zweite. Und was zeigt sich – die Männer heiraten als erste wieder. Oft hatten sie bereits ein Verhältnis mit einer anderen Frau, als ihre Ehe auf der Kippe stand. Es heiraten mehr Männer ein zweites Mal als Frauen. Und meist eine Frau, die jünger ist als die erste, manchmal erheblich jünger. Es ist nicht gesagt, daß seine Probleme damit ein Ende haben. Auch jüngere Frauen haben die unangenehme Neigung, sich emanzipieren zu wollen, und die Männer, die in die nächste Beziehung gestolpert sind, ohne darüber nachzudenken, was eigentlich in der ersten schiefging, neigen dazu, die Muster zu wiederholen. Bei

Zweit- und Drittehen sind die Erfolgsaussichten noch geringer als bei Erstehen.[28] Aber manche Männer brauchen nicht über ihren eigenen Anteil am Scheitern einer Beziehung nachzudenken und brauchen sich auch nicht einzugestehen, daß die Schere zwischen ihren fortschrittlichen Ansichten über partnerschaftliche Beziehungen und ihrem tatsächlichen Verhalten und ihren emotionalen Bedürfnissen weit auseinanderklafft. Diese Männer brauchen nicht zuzugeben, wie bedroht sie sich von Frauen fühlen, die wirklich selbständig werden, denn diese Männer wissen, woran das liegt: an den modernen Frauen, diesen Feministinnen, die nicht mehr wissen, was Liebe ist, die das Lieben verlernt haben.

4 Der Markt der Heterosexualität und andere Probleme

Partnerwahl ist eine Privatangelegenheit und sollte das auch bleiben. Während sich früher ganze Familien um eine Heirat kümmerten und es noch gar nicht so lange her ist, daß ein angehender Ehemann beim Vater seiner Zukünftigen um deren Hand anhalten mußte, ist es heute immer mehr zu einer Angelegenheit zwischen zwei Menschen geworden. Es ist inzwischen auch immer mehr eine Sache dieser beiden geworden, ob sie wieder auseinandergehen. Vor einer Generation war es noch so gut wie unmöglich, eine Ehe aufzulösen, wenn einer der beiden nicht einwilligte. Es mußten schon extreme Umstände angeführt werden, um eine Scheidung einseitig durchzusetzen: schwere Mißhandlung, erwiesene Untreue oder mutwilliges Verlassen. Seit 1972 ist das in den Niederlanden erheblich einfacher geworden, und abgesehen von wirklich konservativen Menschen kenne ich wenige, die diese größere Freiheit beklagen. Es paßt nicht mehr in diese

Zeit, Menschen dazu zu zwingen, beieinander zu bleiben, die das nicht – oder nicht mehr – wollen.

Wir sehen es als selbstverständlich an, daß Frauen und Männer die gleiche Freiheit besitzen, eine Verbindung einzugehen oder wieder zu lösen. Doch es geschieht etwas Merkwürdiges, wenn diese Gleichheit mit einer bewußten oder unbewußten Ungleichheit bei der Partnerwahl einhergeht. Daß Männer Frauen suchen, die jünger sind und einen niedrigeren beruflichen Status besitzen, hat Konsequenzen, und nicht nur für die einzelnen Individuen. Man sehe sich nur einmal, zynisch ausgedrückt, den heterosexuellen «Markt» an.

Männer und Frauen suchen einander beim erstenmal also so aus, daß er meist ein wenig älter ist. Gehen sie wieder auseinander, so suchen sich die Männer eine noch jüngere Partnerin. Das hat weitreichende demographische Folgen. Es bedeutet, daß sich für geschiedene Frauen, je älter sie werden und, wichtiger noch, je mehr sie verdienen und je bessere Jobs sie haben, immer weniger Männer als potentielle Partner finden. Daß geschiedene Frauen weniger schnell und weniger häufig wieder heiraten, kann daran liegen, daß manchen einfach der Sinn nicht mehr danach steht, aber sicher ist das für eine Reihe von ihnen auch darauf zurückzuführen, daß die Auswahl an Partnern für Frauen wesentlich geringer ist. In den Vereinigten Staaten hat das zu der Situation geführt, daß eine unverheiratete Frau über fünfundzwanzig, zumal mit guter Berufsausbildung, kaum mehr eine Chance hat, einen Partner zu finden.[29] 1985 standen für jeweils zehn Frauen zwischen vierzig und fünfzig mit hohem Bildungsniveau gerade noch drei unverheiratete Männer zur Auswahl, die älter waren und eine höhere oder gleich hohe Berufsausbildung nachweisen konnten. Für Männer zwischen fünfundzwanzig und fünfundvierzig ist die Chance für eine

Wiederverheiratung doppelt so groß wie für Frauen, für Männer zwischen fünfundvierzig und fünfundsechzig sogar viermal so groß. Frauen, die um die Vierzig Single werden, bleiben es also vermutlich auch.[30]

Das Leben fängt mit vierzig an, heißt es heutzutage so schön, aber es bleibt zu fragen, was für ein Leben und für wen. Vielleicht waren Frauen über vierzig früher etablierter als heute, vielleicht fanden sie sich leichter damit ab, daß sie in die Jahre gekommen waren, widmeten sich ihrer Mutter- und, in den noch verbleibenden Jahren, ihrer Großmutterrolle. Für die moderneren Frauen ist das Leben im Prinzip noch keineswegs vorbei, wir haben noch die Hälfte vor uns. Sofern wir Kinder haben, gehen sie jetzt aus dem Haus. Wir sind viel gesünder und fitter als je zuvor, wir werden älter, sehr viele Frauen haben den Spaß am Sex noch keineswegs verloren, bei vielen ist er sogar noch nie so groß gewesen, und nie waren ältere Frauen so attraktiv, und, verdammt, Rochester macht sich aus dem Staub und sucht, wie eine frisch verlassene Frau zynisch sagte, sein Heil bei so einer jungen Mieze. Die ungleiche Partnerwahl hat also eine totale Fehlentwicklung zur Folge. Einerseits gibt es sehr viele ältere und beruflich hochqualifizierte Frauen, die keinen männlichen Partner mehr finden können, und andererseits eine Gruppe junger, schlecht ausgebildeter Männer, die mit ansehen müssen, wie ihre potentiellen Partnerinnen von älteren und höherqualifizierten Männern in Beschlag genommen werden – am Rande sei allerdings bemerkt, daß Jungsein sich von alleine gibt und daß ihre Chancen mit zunehmendem Alter erheblich steigen.

Diese asymmetrische Marktsituation hat weitreichende Konsequenzen für das Leben von Frauen, für das Machtgleichgewicht in heterosexuellen Beziehungen, für die berufliche Position von Frauen und damit, insgesamt, für ihren Emanzipationsprozeß.

All denjenigen, die sich fragten, wie es trotz der Tatsache, daß Frauen formal alle Rechte haben, die Männer auch haben – das Recht auf Ausbildung, auf Arbeit, auf eigenen Besitz, auf politische Mitsprache –, dennoch möglich sei, daß Frauen weniger verdienen, weniger schnell Karriere machen, weniger Spitzen- und Machtpositionen einnehmen, sei als Antwort ein entscheidender Grund genannt: die ungleiche Partnerwahl. Sie ist zudem etwas, gegen das sich kaum etwas tun läßt, denn wir können niemandem verbieten, nach eigener Wahl eine Verbindung einzugehen.

Früher wurde die Ehe als eine Art Lebensversicherung betrachtet. Ein Mann hatte die Pflicht, für seine Frau und seine Kinder zu sorgen, auch wenn die Ehe aufgelöst wurde, und die Höhe seines Unterhaltsbeitrags wurde zum Verhandlungspunkt: Wenn er sie lossein wollte, um eine andere heiraten zu können, mußte er eine Gegenleistung erbringen. Heutzutage meinen wir, daß das nicht mehr zum Emanzipationsgedanken und zur Gleichheitsideologie paßt. Immer mehr Männer wehren sich gegen die Vorstellung, weiterhin zahlen zu müssen, wenn dem keine Gegenleistung mehr gegenübersteht, keine Versorgung, kein Sex, keine Haushaltsführung. Frauen sind jetzt doch emanzipiert, sollen sie doch für sich selbst aufkommen. Und viele Frauen finden es erniedrigend, auch nach der Scheidung noch abhängig zu sein, es paßt nicht zu ihrem Selbstbild. Die Folgen der liberaleren Scheidungsgesetze sind – auch wenn es immer mehr Frauen werden, die sich scheiden lassen wollen – für Frauen und Männer äußerst unterschiedlich.

Nehmen wir als Beispiel die Frau, die ihren Beruf aufgab, als Kinder kamen. Wenn die Ehe scheitert, ist sie auf dem Arbeitsmarkt nicht mehr gefragt. Ihre Ausbildung ist überholt, sie hat nicht genug Erfahrung, wenn sie sich bewirbt, sie ist zu alt und damit zu teuer. Je länger sie aus dem Arbeitsprozeß ausgeschieden war, um so schwieriger ist es, sich wieder einzugliedern. Nach grober Schätzung verdienen Frauen, die für ein paar Jahre, solange die Kinder klein sind, aufhören zu arbeiten, im Vergleich zu den Frauen, die nie aufgehört haben, etwa ein Viertel weniger, wenn sie wieder anfangen zu arbeiten, und dabei liegt der durchschnittliche Frauenlohn ohnehin schon unter dem der Männer. Und Frauen, die sehr lange nicht berufstätig waren, müssen sich oft mit einem Verdienst begnügen, der sehr weit unter ihrem letzten Lohn oder Gehalt liegt.

Einer der Mythen unserer Zeit lautet, wie gesagt, geschiedene Männer müßten für ihre Ex-Frau und die Kinder bis an den Rand des eigenen Existenzminimums zahlen, und das, ohne etwas davon zu haben. Er arbeitet sich zu Tode, sie kann es sich leisten, sich mit seinem Geld einen schönen Lenz zu machen. Berichte in den Klatschspalten über die gigantischen Summen, die Millionäre und Filmstars hinblättern müssen, um ihre frühere Frau loszuwerden, bestätigen diese Ansicht. In Wirklichkeit bekommt nur ein Teil aller Frauen regelmäßig einen Unterhaltsbeitrag für die Kinder, und noch weniger Frauen bekommen für sich selbst Unterhalt.[31] Aus eigener Erfahrung weiß ich, daß ein Mann, der absolut keine Lust hat, Wege finden kann, um für die Kinder nicht zahlen zu müssen. Den mir zustehenden Betrag (das waren vor rund zwanzig Jahren 50 Gulden pro Monat, was auch damals nicht im entferntesten ausreichte, um ein Kind zu ernähren und zu kleiden) bekam ich nicht. Das Jugendamt intervenierte zwar und versuchte, das Geld bei meinem Ex-Mann einzutreiben, so daß ich mich nicht selbst darum kümmern mußte, aber wenn das nicht klappt, hat man eben Pech gehabt. Immerhin bekam ich regelmäßig nette Briefe, in denen mir *exakt* mitgeteilt wurde, um wieviel der Betrag, den ich *nicht* erhielt, angehoben worden war – in den achtziger Jahren auf 75 Gulden im Monat. Ich war jung, als ich mich scheiden ließ. Ich mußte meine berufliche Laufbahn erst noch beginnen und gehörte schließlich zu den, sagen wir, zehn Prozent Frauen, die wirklich so viel verdienen, daß sie sich selbst und die Kinder davon ernähren können. Aber ich bin mir dessen sehr wohl bewußt, daß das noch immer keineswegs für alle Frauen gilt.

In *A Lesser Life* beschreibt Sylvia Ann Hewlett die harte Realität, vor der Millionen geschiedener Frauen in Amerika stehen, die Opfer der «Divorce Revolution».[32] Im Gegensatz zum Mythos der ausgebeuteten Männer und faulen Frauen sieht die Realität so aus, daß der Lebensstandard der Frauen nach einer Scheidung im Durchschnitt um 73 Prozent sinkt, während die Männer 42 Prozent mehr zu ihrer freien Verfügung haben. Sein Einkommen fließt einfach weiter, und mit dem freiwerdenden Geld kann er eine neue Verbindung eingehen. Aber nicht nur die meisten Ex-Frauen müssen zuschauen, wie sie über die Runden kommen, auch die Kinder sind häufig die Leidtragenden. Hewlett hat herausgefunden, daß nur 20 Prozent der Mütter vom Vater einen Beitrag zum Unterhalt der Kinder erhalten, und auch das häufig nur ein paar Jahre lang, und ohnehin ist es viel zuwenig, um ein Kind davon großzuziehen. Fast die Hälfte der Väter verschwindet einfach und läßt sich bei den Kindern nie mehr blicken. Das bedeutet für sehr viele Frauen, daß sie auf irgendeine Weise zusehen müssen, wie sie neben der Kinderversorgung auch noch genügend Geld verdienen, und das in einer Gesellschaft, in der eine berufstätige Frau im Durchschnitt nur 64 Cent bekommt, wenn ein Mann einen Dollar erhält. (Ein Cent mehr als 1939, wahrlich ein gewaltiger Fortschritt.) Hewlett vergleicht diese Situation mit der in Europa, die ihrer Ansicht nach wesentlich günstiger für Frauen und Kinder ist. Günstiger mag sie in den Niederlanden zwar sein, aber gut ist sie noch lange nicht. In den Niederlanden hat sich die Kluft zwischen dem durchschnittlichen Frauen- und Männerverdienst verringert (71 Cent gegenüber einem Gulden), aber dafür gibt es viel weniger Arbeitsplätze als Frauen, die arbeiten wollen. Wir haben die Sozialhilfe, was immerhin bedeutet, daß man mit seinen Kindern nicht verhungern muß, wenn Papa keine Lust mehr hat, für die Kinder zu zahlen. Tausende alleinstehender Mütter in den Niederlanden leben in versteckter Armut: ewig sparen, nicht in Urlaub fahren können, nicht auf Geburtstage gehen können, weil man kein Geschenk kaufen kann, verschlissene Möbel nicht ersetzen können, kein Fleisch essen, wenn neue Schuhe gebraucht werden, und die Wutausbrüche des Kindes ertragen, das sehr wohl merkt, daß seine Freunde die neuesten Turnschuhe anhaben und es selber nicht. Die «neue Armut» hat vor allem unter Frauen zugenommen, und hier besonders unter älteren alleinstehenden Frauen und jüngeren alleinstehenden Müttern.[34]

Die älteren Frauen sind deswegen häufig verbittert. Eigentlich haben sie oft genau das getan, was von ihnen erwartet wurde. Sie hörten bei der Heirat auf zu arbeiten oder stammten noch aus der Zeit, als man bei der Heirat einfach entlassen wurde. Die jüngeren Frauen, die jetzt kleine Kinder haben, verloren ihren Platz auf dem Arbeitsmarkt häufig, weil es sich als unmöglich erwies, Beruf und Kinder unter einen Hut zu bringen, oder weil ihr Mann es schöner fand, wenn sie sich ihm und der Familie mehr widmete. Diese Frauen haben jetzt das Nachsehen.[35]

Immer mehr Frauen, die dieses Problem auf sich zukommen sehen, geben ihren Beruf folglich nicht auf, wenn sie heiraten oder Kinder bekommen. Das bedeutet in der Praxis eine erhebliche Überbelastung, wenn man bedenkt, daß Männer auch dann kaum mehr im Haushalt oder für die Kinder tun, wenn die Frau ebenfalls arbeitet. Die Frauen, die das durchhalten, haben bei einer Scheidung zumindest weniger finanzielle Probleme, aber die Wahrscheinlichkeit einer Scheidung wächst in dem Maße, in dem sie ihre Arbeit ernst nehmen. So oder so ziehen Frauen den kürzeren, allen Emanzipationsprozessen zum Trotz. Immer mehr Frauen verzichten daher auf Kinder, was verschiedenen Regierungen Westeuropas allmählich Sorgen bereitet.[36]

Wir sehen uns also mit einem Wust von Faktoren konfrontiert: einer Arbeitsmarktsituation, die für Frauen ungünstiger ist als für Männer, einem chronischen Mangel an Kinderbetreuungsmöglichkeiten, einer ungleichen Rollenverteilung daheim, so daß die Frau im Durchschnitt eine wesentlich härtere Arbeitswoche hat als der Mann, was zu Konflikten in der Beziehung führen kann. Wobei im Falle eines Bruchs die Männer, die ja, wie wir gesehen haben, jugendliche Partnerinnen suchen, oft Frauen noch ohne Kinder, eine weit größere Chance haben, jemanden zu finden, als Frauen. Ein Teufelskreis.

Trotz dieses düsteren Bildes wollen wir aber nicht verkennen, daß es auch Beziehungen gibt, die halten. Ein außerordentlich kleiner Teil dieser Beziehungen läßt sich tatsächlich als egalitär beschreiben, obwohl auch das bei näherer Betrachtung oft ganz anders aussehen kann. In letzter Zeit ist viel über die «neuen Väter» geschrieben worden. Der Trend verschiebt sich von Männern, die ihre Kinder eigentlich nur am Wochenende erlebten und ihre Aufgabe als Vater hauptsächlich im Herbeischaffen des Haushaltsgelds, dem Organisieren von Wochenendausflügen und dem Bestrafen sahen (warte nur, bis Vater nach Hause kommt, ist ein Ausdruck, den ich als Kind oft zu hören bekam), hin zu Vätern, die bei der Geburt dabei sind, sich nicht mehr schämen, mit ihren Kindern zu spielen oder sie auf dem Arm herumzutragen.

Die *Einstellung* der Männer zu ihrem Vatersein hat sich geändert, viele Männer wollen zu ihren Kindern eine bessere Beziehung aufbauen, als sie sie selbst zu ihrem Vater hatten.[37] Aber es fragt sich, ob diese sich wandelnden Ansichten die Praxis wesentlich verändern. Zumindest läßt sich das kaum für die Zeit sagen, die Männer mit ihren Kindern verbringen: die liegt momentan bei 19 Minuten pro Tag und konzentriert sich noch immer hauptsächlich auf das Wochenende.[38] Männer machen mit Kindern in erster Linie das, was ihnen Spaß macht, während Mütter noch immer tun, was getan werden muß.[39] Es sind die Frauen, die die undankbaren Aufgaben übernehmen wie Aufräumen, Windeln wechseln, Essen zubereiten und füttern, Kinder zum Zahnarzt bringen. Die meisten Männer haben dafür eine plausible Entschuldigung: Ihre Arbeit erlaubt es ihnen nicht. Nun erlaubt auch die Arbeit der Frauen es diesen oft nicht, aber Mütter organisieren dann eben wieder irgend etwas, häufig auf Kosten ihres Berufs. Die Zeit, in der Väter scharenweise Initiativen ergreifen, um ihre berufliche Situation so zu verändern, daß sie sich mit einer verantwortungsbewußten Vaterschaft vereinbaren läßt, ist noch nicht gekommen. Ich sehe auch nicht, daß die Gewerkschaften sich dafür stark machen. Es gibt zwar Väter, die es in Angriff nehmen, aber ich sehe nur einige wenige. Ich glaube eigentlich, es paßt den Männern ganz gut in den Kram, diese «rationale» Entschuldigung weiterhin parat zu haben.

Auch wenn keine Kinder da sind und es einfacher ist, sich der Aufgabenverteilung wegen nicht zu streiten, muß man wirkliche Gleichheit oft lange suchen. Selbst wenn ein Paar denkt, es träfe gemeinsam Entscheidungen, ließe einander gleich viel Freiraum, schenke einander gleich viel Aufmerksamkeit, stellt sich doch oft heraus, daß der Mann bei der tatsächlichen Machtverteilung besser wegkommt.

Nora Ephron beschreibt in *Heartburn*, wie der alltägliche Kampf um Haushaltsdetails gewöhnlich abläuft: «Das geschah in Tausenden von Haushalten, mit gleichem Ergebnis: Tausende von Ehemännern waren damit einverstanden, den Tisch abzuräumen. Sie räumten den Tisch ab, und dann blickten sie um sich, als hätten sie einen Orden verdient. Sie räumten den Tisch ab und hofften, daß man sie nie wieder bitten würde, noch etwas zu tun. Sie räumten den Tisch ab und hofften, daß die ganze Geschichte damit erledigt sei. Sie war es.»[40] Männer tragen nicht nur wenig zur täglichen Arbeit bei, sie kosten auch noch mehr Zeit, als sie beitragen. Die Soziologin Heidi Hartmann schätzt, daß die Anwesenheit eines Mannes im Haushalt, acht Stunden Dienstleistung pro Woche, mehr Zeit *kostet* als *einspart*.[41] Die Frage lautet, weshalb sich Männer so kategorisch weigern, ihren Anteil zu übernehmen, auch in Situationen, in denen Frauen genausowenig Zeit haben und häufig sichtlich überlastet sind. Ein Machtproblem, könnte man denken. Derjenige, der dominant ist, läßt den anderen für sich arbeiten. Konvention, könnte man denken, stereotype Bilder von Männlichkeit und Weiblichkeit, die bewirken, daß Männer es als Angriff auf ihr Selbstwertgefühl empfinden, wenn sie «Frauenarbeit» verrichten müssen. Einfach auch Mangel an Übung, sagt mein Freund, ihr unterschätzt, wie lange ihr dafür gebraucht habt zu lernen, wie man einen Haushalt führt. Die Therapeuten Barry Gordon und Richard Meth haben noch eine andere Begründung.[42] «Die Weigerung des Ehemannes, sich in der Ehe die Arbeit wirklich zu teilen, wird häufig als eine der Eigenschaften eines rigiden Macho-Charakters gesehen. Es kann jedoch auch durchaus das versteckte Bedürfnis sein, abhängig sein zu dürfen, sich an jemanden anlehnen zu können und von dem starken Druck der Verantwortung befreit zu werden, den Männer mit sich herumtragen. Es ist leichter für

Männer zu glauben, daß ihre harte Arbeit ihnen das Recht auf Ruhe gibt, das Recht, sich hinzusetzen und sich bedienen zu lassen, als öffentlich zugeben zu müssen, wie sehr sie es brauchen, umsorgt zu werden. Darum bitten zu müssen, offenbart ihre Verletzlichkeit und Angst, ohne Hilfe nicht alles zu schaffen, etwas, was Männer als wichtiges Kriterium für ihre Männlichkeit betrachten.»

Unter der Macht versteckt sich Abhängigkeit, ein Thema, auf das ich in Teil III noch zurückkomme.

Viele Frauen finden sich damit ab, daß sich die Beziehung nicht wirklich gleichwertig gestalten läßt, sie geben es auf, sich wegen allem zu streiten.

Zumindest sieht ihre Beziehung besser aus als die der Nachbarn, besser auch als die Beziehung zwischen ihrem Vater und ihrer Mutter. Hinzu kommt noch, daß vielen Frauen bewußt oder unbewußt klar ist, daß ihre Chancen auf eine bessere Beziehung, wenn er oder sie die Nase voll hat, erheblich geringer sind als seine.

Viele Frauen spüren intuitiv, wie weit sie gehen dürfen, ohne die Beziehung zu gefährden, wie oft sie ihrer eigenen Wege gehen können, wie weit sie sich entwickeln können, ohne daß ihr Mann sich bedroht fühlt: ein Phänomen, das ich in allen Schichten beobachtet habe. Auch in der «Offenen Schule», in die Frauen gingen, die durch irgendwelche Umstände ihren Hauptschulabschluß nicht machen konnten, oder in der «Mütter-Realschule» begegneten mir viele Frauen, die sich nicht weiter entfalten wollten, weil sie dann zuviel Krach mit ihrem Mann bekommen hätten. Frauen, die ganz genau spürten, wie weit sie ihre Arbeit ernst nehmen konnten, ohne daß er das Gefühl hatte, zu kurz zu kommen. Die ungleiche Machtsituation hat also nicht nur für die Paare Folgen, die auseinandergehen: Zu wissen, daß man im Falle eines Scheiterns der Beziehung wahrscheinlich allein dastehen wird, während er wohl jemanden findet, macht viele Frauen ängstlicher und bereit, weiterhin auf dem schmalen Grat zu balancieren, der ihnen zugestanden wird. Es bremst die Emanzipationsbemühungen von Frauen effektiv, wenn sie großen Wert auf eine Beziehung zu einem Mann legen. Während zu Betty Friedans Zeiten, den fünfziger Jahren, die Frauen depressiv wurden, weil sie trotz ihrer schönen Diplome nichts anderes taten als Rezepte zu sammeln und neue Gardinen zu nähen, besteht der heutige Konflikt für viele Frauen darin, wie sie mit der Kluft zwischen dem neuen Emanzipationsideal – der Frau, die Beruf und Privatleben mühelos zu vereinbaren versteht – und dem, was in der Realität davon übrigbleibt und wieviel sie das kostet, fertig werden. Carol Baker beschreibt diese neuen Konflikte in *Het verborgen drama* sehr anschaulich, aber sie beschreibt sie in erster Linie als intrapsychischen Vorgang – Bilder, die in uns um die Vorherrschaft kämpfen: Wie läßt sich das Bild der selbständigen, selbstsicheren, unabhängigen Frau mit dem noch genauso vorhandenen Bedürfnis vereinen, attraktiv zu sein, für «weiblich» und liebenswert gehalten zu werden, für andere verfügbar zu sein. Ich denke, sie hat insofern recht, daß es sich dabei nicht nur um einen Kampf zwischen Frau und Mann handelt, sondern auch um das, was sich in uns selbst abspielt: der Kampf zwischen einem modernen Bild unserer selbst und der alten Sozialisation. Aber ich meine, sie übersieht dabei, daß es nicht darum geht, mit uns selber ins reine zu kommen und nicht länger von uns zu verlangen, daß wir eine Superfrau werden, die alles kann, und das auch noch ohne einen Fleck auf der Kleidung, ohne eine Falte im Gesicht und ohne eine Delle im Selbstvertrauen. Mir scheint, mit Therapievorschlägen allein – etwa Netzwerke von Freundinnen und der Suche nach positiven Rollenmodellen bei anderen Frauen – ist uns nicht geholfen. Denn was sie übersieht, ist, daß diese Konflikte durch eine ungleiche Marktsituation und eine ungleiche Partnerwahl ständig genährt und verstärkt werden. Während so viele Frauen mit diesen neuen Aufgaben kämpfen, schauen die meisten Männer weg, tun, als sähen sie nichts, und wollen einfach nicht begreifen, worüber wir uns so aufregen. Wir seien jetzt doch emanzipiert! Wir hätten jetzt doch, was wir wollten!

Der Kampf spielt sich überdies nicht nur zwischen Frauen und Männern ab, sondern auch unter den Frauen selbst. Vor allem die Frauen, die die Ehe als Lebensversicherung betrachteten und längst gemerkt hatten, daß ihnen mehr Geld zur Verfügung stand, wenn sie sich von ihrem Mann unterhalten ließen, als wenn sie versuchten, es selbst zu verdienen, fühlten sich bedroht, und nicht ganz zu Unrecht. Diese Frauen erheben jetzt den Finger anschuldigend gegen die Feministinnen, auch Hewlett, die Autorin von *A Lesser Life*, tut dies.[43] Mit dem Emanzipationsprozeß haben Frauen auf eine Reihe von alten Sicherheiten verzichtet, ohne daß alle sofort neue dafür erhalten hätten. All diese emanzipierten Frauen machen es den Männern viel zu leicht, sich vor ihren traditionellen Pflichten zu drücken, ist die Überlegung, die beim Widerstand gegen den Feminismus mitschwingt. Wo eine Frau früher noch verhandeln konnte: Wenn du fortwillst, mußt du mich und die Kinder unterhalten, haben wir das heute verspielt. Die Drohung, daß sie für den Rest ihres Lebens zahlen müßten, hat viele Männer von einer Scheidung abgehalten, die Tatsache, daß die Frau ihre eigene Arbeit aufgegeben hatte, um für ihn und die Kinder zu sorgen, war ein weiterer Trumpf, gab ihr das moralische Recht, von ihm zu fordern, daß er sich seinerseits auch für sie opfern und seine Familie nicht im Stich lassen sollte.

Im Grunde, sagen viele traditionell denkende Frauen, machen wir es den Männern viel zu einfach, ihre Frau wie ein gebrauchtes Auto gegen ein neues Modell einzutauschen. Auch die Abwehr gegen allzu freien Sex muß unter diesem Aspekt gesehen werden. Eine meiner künftigen Schwiegermütter, die es dann doch nicht wurde, sagte zu mir, als sie merkte, daß ich mit ihrem Sohn ins Bett ging: Aber was hast du dann noch, wenn du heiratest? Sex war eines der wenigen Machtmittel, die Frauen besaßen, um einen Mann zu halten. Und wie hält man ihn, wenn er überall Sex bekommen kann, ohne zu heiraten?

Natürlich sagen traditionsgebundene Frauen es selten mit diesen Worten. Die an die Adresse der emanzipierten Frauen gerichtete Beschuldigung lautet häufiger, wir seien gegen die Männer, gegen die Familie, gegen Hausfrauen und damit auch gegen die wechselseitige Fürsorge. Feministinnen werden als Frauen dargestellt, die wie Männer sein wollen, ebenso egoistisch, Frauen, die nur an sich selbst denken, die, und hier hören wir Herrn Brunts Echo, nicht mehr fähig sind zu lieben. Aber hinter dieser Rhetorik spielt sich ein anderer Kampf ab, der Kampf um Geld und existentielle Sicherheit. Feministinnen gelten als Männerhasserinnen. Im Grunde sind es die traditionell denkenden Frauen, die eine viel geringere Meinung von Männern und, wenn es darauf ankommt, vielleicht sogar eine realistischere Einschätzung der geringen Veränderungsbereitschaft der Männer haben. Natürlich wirft jeder Mann gelegentlich ein Auge auf eine jüngere Frau, meinen diese Frauen, so sind sie nun einmal, im Grunde bleiben sie kleine Jungen, aber solange die Familie vorgeht, besteht kein Grund zur Panik. Ein großer Teil der verheirateten Männer geht in den Puff, aber das können wir übersehen, solange er sein Haushaltsgeld abliefert, wir können die Augen davor verschließen und so tun, als wäre nur der Nachbar zu so etwas imstande, jedenfalls brauchen wir es ihm nicht zu leicht zu machen, hinter einem neuen Weibsbild herzurennen und die Familie im Stich zu lassen, zumindest nicht, ohne daß ihn das ordentlich was kostet.

Was wir als rein individuelle Frage sehen, die Wahl des Partners, wirkt sich also nicht nur auf unser Privatleben aus. Die ungleiche Partnerwahl hat Folgen für die Aufgabenverteilung daheim und damit für die Position der Frau auf dem Arbeitsmarkt; die Angst, eines Tages allein dazustehen und außerdem noch finanzielle Einbußen hinnehmen zu müssen, kann Frauen davon abhalten, etwas für ihre Entwicklung zu tun, weil dies ihre Beziehung bedroht. Daß sie sich oft ihrer Ehe zuliebe oder weil sie der Doppelbelastung nicht gewachsen war, zurückgehalten hat, verschlechtert ihre Position auf dem Arbeitsmarkt. Ein Teufelskreis, bei dem das erklärende Glied – die ungleiche Partnerwahl – in den meisten Analysen übersehen wird, eben weil wir das als Privatangelegenheit betrachten und nicht als politische Frage. Und damit wird deutlich, daß wirkliche Gleichheit von Frau und Mann nicht nur eine Frage höherer Löhne für Frauen und entschiedener Kampagnen ist, um mehr Frauen in höhere Positionen zu bekommen – wenngleich das schon helfen würde –, sie ist auch nicht nur eine Frage individueller Bemühungen seitens der Frauen, selbstsicherer und selbständiger zu werden – wenngleich auch das nie verkehrt ist.

Natürlich hat die Situation, wie ich sie hier skizziert habe, nicht für alle Frauen gleich verheerende Folgen. Einer kleinen Gruppe von Frauen ist es in den letzten zwanzig Jahren gelungen, eine angenehme und befriedigende Arbeit zu finden, von der sie gut leben können, und eine Reihe dieser Frauen hat vielleicht kein Bedürfnis nach einer festen Beziehung, nimmt Liebe und Sex mit, wenn sich die Gelegenheit bietet, ohne allzu fest damit zu rechnen. Eine signifikante Zahl von Frauen beschließt darüber hinaus, nicht auf den Märchenprinzen zu warten und trotzdem Kinder zu bekommen, aber ohne Vater, und natürlich hat es schon immer Frauen gegeben, die sowieso nicht viel von Männern halten und denen es nicht schwerfällt, ohne sie auszukommen. Manchen Frauen gelingt es, eine gute Beziehung zu einem Mann aufrechtzuerhalten, die vielleicht nicht ganz gleichrangig ist, aber doch fast. Es gibt auch Männer, die es spannender und befriedigender finden, mit Frauen zu tun zu haben, die sie wirklich als ebenbürtig betrachten können. Aber es sind nicht sehr viele. Andere Frauen halten an ihrer Ehe fest, auch wenn ihnen manches daran nicht paßt, und suchen ihr Glück anderweitig, genauso wie Männer das schon immer getan haben.

Viele Frauen, denen eine Liebesbeziehung oder Sex doch wichtig sind, gehen Beziehungen zu verheirateten Männern ein. Früher waren es häufiger unverheiratete Frauen, die das taten, heute sind es auch Ehefrauen. Was wir immer noch so gern als Abweichung von der Norm sähen, hat sich zum normalen Muster entwickelt: In den achtziger Jahren gaben 40 bis 50 Prozent der amerikanischen Ehemänner an, sie hätten eine außereheliche Beziehung, und in den höheren Einkommensschichten ging dieser Prozentsatz sogar bis zu 70 Prozent. Die überwiegende Mehrheit der heute jungen Männer geht davon aus, daß sie als Ehemänner gelegentlich fremdgehen werden.[44]

Einige jener «anderen Frauen», der unverheirateten, geben an, daß die Beziehung zu einem verheirateten Mann genau das ist, was sie wollen: Romantik, Sex, Prickeln, ohne die Abnutzungsschlacht einer Ehe, ohne daß er sie in ihrer Bewegungsfreiheit einschränken kann, ohne daß er sich in ihre Arbeit einmischen oder von ihr erwarten kann, daß sie ihre Ambitionen für ihn und die Kinder beiseite schiebt; trotzdem ist eine Affäre mit einem verheirateten Mann für die meisten Frauen eine Abnutzungsschlacht ganz eigener Art.[45] Man weiß nie, woran man ist, in Zeiten, in denen man vielleicht am meisten Bedürfnis nach seiner Gegenwart verspürt, an Wochenenden, im Urlaub, kann man nicht mit ihm rechnen, man muß warten, bis er sich meldet, weil er zu Hause nicht zu erreichen ist, und gleichzeitig besteht jederzeit die Möglichkeit, daß die Beziehung abgebrochen wird, weil sie zu wichtig wird. Auf der anderen Seite stehen die – nichts oder vielleicht doch etwas ahnenden – Ehefrauen, die inzwischen gelernt haben, ein Auge zuzudrücken und vor allem nicht gleich das Schlimmste zu vermuten, wenn er wieder einmal Überstunden machen muß oder von seinen Geschäftsreisen besonders gutgelaunt zurückkommt. Die Vorteile dieser demographischen Fehlentwicklung für die Männer liegen auf der Hand: Sie haben wesentlich mehr Auswahl, und vielen Männern gelingt es, täglich von einer Frau versorgt zu werden, die sich während seiner Abwesenheit um die Kinder kümmert, und sich nebenbei noch die Freiheit zu gönnen, die das Leben erst spannend macht: ein kleines Abenteuer zur rechten Zeit. Die Frage, weshalb Frauen, die in einer solchen Rolle gelandet sind, das schlucken, ist zum Teil schon beantwortet: Unverheiratete Frauen haben kaum eine andere Wahl, die meisten «freien» Männer sind nicht gerade die ansehnlichsten Exemplare, und den verheirateten Frauen ist vielleicht nur allzu bewußt, daß die Chance, noch einen anderen Partner zu finden, wenn die Ehe zerbricht, für sie wesentlich geringer ist als für ihn. Natürlich akzeptieren Frauen das heutzutage nicht mehr ganz widerstandslos, und Shere Hite berichtet in ihrem Buch, daß 70 Prozent der Frauen, die ihren Fragebogen ausfüllten und verheiratet sind, jetzt selbst eine außereheliche Beziehung haben.[46]

Annette Lawson, die eine umfangreiche Studie über Ehebruch verfaßt hat, *Adultery*, schätzt diesen Prozentsatz niedriger ein, aber auch sie stellt fest, daß die Frauen allmählich aufholen. Noch immer haben Frauen seltener Affären als Männer, sofern sie überhaupt zum Fremdgehen tendieren, aber die Zahl der Frauen, die diesen Schritt früher oder später doch tun, ist inzwischen fast so groß wie die der Männer. Vor allem dieses «früher oder später» ist interessant. Lawson nennt das die «fidelity span», die Zeit, die Männer und Frauen nach der Eheschließung mit dem ersten Seitensprung warten. Bei Männern waren dies früher im Durchschnitt elf Jahre, bei Frauen fast fünfzehn. Heutzutage geht es schneller. Männer warten im Durchschnitt nur noch fünf Jahre, sind aber von den Frauen überholt worden, die nur noch vier Jahre treu sind, bevor sie sich den ersten Liebhaber nehmen.

Der Sturm der Entrüstung, den Hites Studie auslöste, die übermäßig heftige Kritik, wird in nicht geringem Maße mit dieser unangenehmen Botschaft zusammenhängen: Zunehmend beanspruchen Frauen die gleiche Freiheit wie Männer. Man hört inzwischen nicht mehr nur die Klischees, mit denen sich Ehemänner über ihre Frauen daheim beklagen, daß sie sich gehenließen, nicht mehr lieb oder sexy seien – jetzt sind es die Frauen, die mit derlei Klagen kommen. Ihre Männer daheim seien nicht mehr interessant, ihre Liebhaber dagegen wüßten noch, was Romantik ist, strengten sich noch an, liebten viel feuriger und besser. Was merkwürdig ist, wenn wir bedenken, daß diese Liebhaber im Prinzip die Ehemänner sind, über die die eigene Frau sich beklagt.

Welches Interesse Männer an der Erhaltung des bestehenden Machtungleichgewichts haben, ist inzwischen wohl klar. Männer als Individuen behalten sowohl zu Hause als auch außerhalb ihre Machtüberlegenheit, das heißt, die Möglichkeit, ihre Wünsche eher befriedigt zu bekommen als Frauen die ihren, weil diese jünger und beruflich weniger qualifiziert sind und eine weniger gute Stelle haben. Und auch wenn Männern als Individuen das selten bewußt ist, es erhält auch den Männern als Gruppe die Machtpositionen. Frauen müssen sich sowohl innerhalb als auch außerhalb der Familie gewaltig anstrengen, um daran etwas zu ändern.

Aber damit ist noch nicht alles gesagt.

Mich interessiert dabei noch folgendes: an erster Stelle, weshalb so viele Frauen mitspielen. Wie gesagt: Die Partnerwahl ist im Prinzip frei, bei jeder Ehe, auch bei jeder anderen Beziehung müssen zwei Menschen ja sagen. Und außerdem glaube ich auch nicht, daß es nur darum geht, daß Männer bewußt an der Macht festhalten. Mein Problem besteht gerade darin, daß ich viele Männer kenne, die selbst felsenfest davon überzeugt sind, daß sie für gleichrangige Beziehungen eintreten. Manchmal einfach aus einem Gerechtigkeitsgefühl heraus, manchmal, weil sie Frauen, die ebensoviel einzubringen haben, interessanter finden, manchmal, weil sie nicht so wie ihre Väter sein wollen und das Bild des Patriarchen, der sich bedienen läßt, nicht zu dem progressiven Bild paßt, das sie von sich selbst haben, manchmal, weil es nicht mehr «in» ist, den Macho rauszuhängen, manchmal, weil es ihnen ohnehin nicht gelang, diesem Männerbild zu entsprechen. Und trotzdem: Daß ein Mann nicht von gestern sein will, garantiert noch keineswegs, daß er das Seine dazu tun wird, die Beziehung egalitär zu gestalten. Zwischen Ansichten und Verhalten macht sich eine breite Kluft bemerkbar, vielleicht auch zwischen Ansichten und Gefühlen. Bekanntlich haben wir auf unsere tiefer liegenden Motive nicht immer den Einfluß, den wir gern hätten. Im Teil III möchte ich auf die tiefer liegenden Motive eingehen, die es bei Männern und Frauen geben kann, um gerade in der Liebe, durch die Liebe, die bestehende Ungleichheit zwischen Frau und Mann zu zementieren. Doch zunächst möchte ich auf etwas anderes zu sprechen kommen. Bislang habe ich in erster Linie über durchschnittliche heterosexuelle Paare geschrieben und im Fall von Paaren, bei denen die Frau die bessere Position hat als der Mann, von etwas weniger durchschnittlichen, aber immer noch anonymen, gesichtslosen. Doch es gibt mehr Material, das uns etwas über Ungleichheit und Liebe sagen kann, es hat in der Geschichte auch schon andere Frauen gegeben und auch Männer, die ebenbürtige Beziehungen wollten, die wie Jane Eyre und Rochester an die Liebe auf der Grundlage der Gleichrangigkeit glaubten. Das Ideal, als Ideal, ist kein Produkt dieses Jahrhunderts oder der heutigen Frauenbewegung. Unter unkonventionellen Menschen, unter Künstlern, Dichtern, Schriftstellern, hat es das schon viel länger gegeben.

Teil II
Das Schicksal der begabten Frau

1 Verschwendetes Talent, verschwendete Liebe

Am 31. Oktober 1925 traf die russische Dichterin Marina Zwetajewa mit ihrem Mann Seryosha, einer zwölfjährigen Tochter und einem neun Monate alten Sohn in Paris ein. Die Familie war völlig mittellos. Sie hausten zu viert in einem Zimmer. Seryosha war nicht in der Lage, eine Arbeit zu finden, mit der er die Familie hätte ernähren können. Marina schämte sich für die alten Kleider, die sie tragen mußte, und sie mußte ihre ganze Energie aufwenden, Essen herbeizuschaffen, aus fast nichts etwas zu kochen. Zum Gedichteschreiben kam sie nicht mehr. An eine Freundin schreibt sie: «Bald ist Weihnachten. Ich bin, um die Wahrheit zu sagen, so abgehetzt vom Leben, daß ich nichts fühle. Bei mir ist im Laufe der Jahre (1917–1927) nicht der Verstand, sondern die Seele abgestumpft. Erstaunliche Beobachtung: Gerade Gefühle brauchen Zeit, nicht Gedanken. Der Gedanke ist ein Blitz, das Gefühl ein Strahl vom entferntesten Stern. Das Gefühl braucht Muße, in Angst gedeiht es nicht. Ein einfaches Beispiel: Wenn ich 1½ Kilo kleiner Fische in Mehl wälze, kann ich denken, fühlen nicht: der Geruch stört! Es stören der Geruch, die klebrigen Hände, das spritzende Öl, der *Fisch* stört – jeder einzelne und alle 1½ Kilo zusammen.»

Die Wende für Zwetajewa und ihre Familie kommt, als die russischen Emigranten in Paris entdecken, daß sie eine Dichterin in ihrer Mitte haben, und sie eingeladen wird, in ihrem Kreis vorzulesen. Von diesem Augenblick an hat sie das Gefühl, ihre Identität wiedergefunden zu haben, und sie kann, was fast noch wichtiger ist, ab und an etwas Geld verdienen. Aber nun leidet ihre Ehe. Seryosha erträgt es nicht, daß ihr gelingt, was er nicht schafft, er hält es nicht aus, als der weniger wichtige Ehemann der bekannten Dichterin Marina Zwetajewa betrachtet zu werden. Im Grunde kann sie von diesem Augenblick an nicht mehr mit seiner Unterstützung rechnen, sie steht allein.

Margaret Mead, die später weltberühmte Anthropologin, eine der ersten Frauen, die sich allein auf die Suche nach fremden Völkern machte, um deren Leben zu erforschen, glaubte, in ihrem dritten Ehemann, Gregory Bateson, einen Weggefährten gefunden zu haben. Es schien eine ideale Ehe zu sein. Wie sie war auch er Anthropologe. Jetzt konnten sie gemeinsam reisen, sich gegenseitig bei ihren Forschungen inspirieren, und voller Begeisterung wählten sie zusammen die Völker aus, die sie aufsuchen wollten. Mead besaß eine unbändige Energie, publizierte mühelos, und innerhalb kürzester Zeit war sie berühmter als Bateson. Das konnte er kaum ertragen, er fand es schrecklich, in ihrem Schatten stehen zu müssen und zu erleben, daß an erster Stelle sie eingeladen wurde und er nur die Kulisse abgab. Mead betrachtete ihre Ehe als Verbindung zweier Gleicher, es gab oft heftige Diskussionen und Meinungsverschiedenheiten über ihre Arbeit, und Mead sah nicht ein, weshalb sie den Mund halten sollte, wenn sie anderer Ansicht war. Daß sie anderer Ansicht war, gab sie folglich auch zu erkennen, wenn Bateson Vorlesungen hielt. Dieser fing aus einem Gefühl heraus, von ihr immer mehr in die Enge getrieben zu werden, verschiedene Affären mit jüngeren Frauen an. Mead litt sehr darunter, wollte Bateson jedoch nicht verlieren, sie liebte ihn zu sehr und versuchte, die Affären hinzunehmen. Doch schließlich zog *er* nach einigen Jahren den Schlußstrich und heiratete eine andere Frau, die jünger und nicht bekannt war und sich nicht so in den Vordergrund stellte. Mead versuchte, sich tapfer zu halten, aber im Grunde gelang es ihr nie mehr, über ihre Verletztheit hinwegzukommen.

In den siebziger Jahren erlebte Margaret Mead den Aufschwung des Feminismus noch mit: Er lieferte ihr den Interpretationsrahmen für das, was mit ihr geschehen war. Treffend sagte sie: «Each step forward as a successful American means a step back as a woman» – je mehr sie als bekannte Amerikanerin betrachtet wurde, desto weniger galt sie als *Frau*, als ob Erfolg und Weiblichkeit einander erklärtermaßen ausschlössen.

Beide Frauen haben wenig miteinander gemein außer ihrem Geschlecht und der Tatsache, daß sie beide Kinder hatten. Sie lebten in verschiedenen Zeiten, in verschiedenen Ländern, nur die für Frauen unübliche Eigenschaft, ihre Arbeit ernst zu nehmen, verbindet sie. Wie selbstverständlich erkämpften sie sich ihre Autonomie, aber beide hätten ihr Leben gern mit einem anderen autonomen Menschen geteilt. Beide waren nicht in der Lage, nicht einmal, als es sie schließlich ihre Beziehungen kostete, das Wichtigste in ihrem Leben aufzugeben – Mead das Reisen und Publizieren, Zwetajewa das Dichten. Beide waren aber zugleich auch leidenschaftliche Frauen, die sich nach einem Partner sehnten, und beide wurden in der Liebe enttäuscht. Keiner der beiden Männer ertrug es, daß seine Frau mehr gesellschaftliches Ansehen erlangte als er. Margaret Meads Leben endete nicht so tragisch. Sie war nüchtern und robust, nie so extrem einsam wie Zwetajewa. Wahrscheinlich war sie bisexuell, zumindest hatte sie immer auch Freundinnen. Zwetajewa beendete ihr Leben in völliger, unerträglicher Isolation. Sie erhängte sich 1941.

Wenn ich ihre Biographien lese, frage ich mich, ob ich die beiden gemocht hätte. Vielleicht nicht. Vielleicht hatten sie wirklich wenig Gespür für die Bedürfnisse der Menschen in ihrer Umgebung. Sehr mütterlich waren sie beide nicht, auch wenn sie Kinder hatten. Die Tochter von Margaret Mead empfand Respekt für ihre Mutter, doch zwischen den Zeilen kann man lesen, wie gern sie etwas mehr Zuwendung von ihr gehabt hätte. Zwetajewas Beziehung zu ihrer Tochter war außerordentlich schlecht, und ihr Sohn, den sie vergötterte, wandte sich später gegen die Mutter: einer der Gründe, weshalb sie das Leben nicht länger ertrug. Vielleicht gelang es diesen beiden Frauen nur dadurch, an ihrem Lebensziel festzuhalten, daß sie sich sehr selbstsüchtig verhielten. Margaret Meads Biographin Groskurth kann es sich zumindest nicht verkneifen, ihrem Studienobjekt posthum strafend ins Gewissen zu reden: Daß all ihre Beziehungen zu Männern zum Scheitern verurteilt waren, käme daher, daß Mead es nicht lassen konnte, eine dominante Rolle zu spielen, schreibt sie. Aber wäre Margaret Mead denn Margaret Mead geworden, wenn sie sich, wie es sich für Frauen gehört, in den Hintergrund gestellt, wenn sie sich zurückgehalten hätte und nicht an Bateson vorbeigegangen wäre? Hätten wir dann je von ihr gehört? Hätten wir ihre Bücher lesen können, hätten wir ein Buch über sie lesen können? Hätte Zwetajewa ihre Ehe retten können, wenn sie das Dichten gelassen hätte, hätte sie dann länger gelebt? Und wieviel mehr solcher Frauen hätten wir gehabt, Dichterinnen, die uns auch heute noch etwas zu sagen hätten, Forscherinnen, Komponistinnen, Künstlerinnen, an deren Kunst wir uns heute noch erfreuen könnten, wenn sie nur etwas härter und selbstsüchtiger gewesen wären?

Dies ist das Dilemma, in dem sich viele begabte und leidenschaftliche Frauen Jahrhunderte hindurch befanden: sich entscheiden zu müssen zwischen der Rolle als Frau, was bedeutet, daß man in erster Linie für andere da ist, und den eigenen Ambitionen, die fordern, daß man sich konzentriert, sich den Bedürfnissen anderer verschließt. Kennen Männer dieses Dilemma denn nicht? Manchmal schon, aber selten in solch krasser Form. Obwohl das «Männlichkeits»-Bild im Laufe der Jahrhunderte schwankte, stand es nie im Gegensatz zu männlicher Arbeit und Autonomie. Manche Männer hatten Schwierigkeiten, dem traditionellen Bild des Ernährers zu entsprechen und gleichzeitig ihr Talent zu entfalten, zumal wenn es ein Talent war, mit dem sich nicht viel Geld verdienen ließ, und es gibt auch Männer, die auf ein Familienleben verzichtet haben, um dichten oder komponieren zu können, aber ungeliebt waren sie selten. Kafka schreckte jedesmal wieder zurück, wenn es ans Heiraten gehen sollte, aber es hat immer Frauen gegeben, die ihn liebten und bewunderten. Marx hatte Sorgen, wie er seine Familie ernähren sollte. Doch letztlich konnte er sein Lebenswerk verfassen, umsorgt von seiner Frau Jenny, seiner Haushälterin Lenchen (mit der er zudem ein Kind hatte – seine Frau und seine Töchter durften allerdings nicht wissen, daß er der Vater des kleinen Freddy war, dafür mußte sein Freund Engels herhalten) und seinen drei Töchtern, während Friedrich Engels beschloß, die Familie Marx mit zu unterhalten.

Freud hatte ebenfalls häufig Geldsorgen, er arbeitete bis ins hohe Alter und viele Stunden am Tag, um genug zu verdienen, damit der gutbürgerliche Haushalt in Wien existieren konnte. Aber auch er hatte mehrere Frauen zur Verfügung, die ihm die kleinen Alltagssorgen vom Leib hielten: seine Frau, deren Schwester, Hauspersonal, später seine Tochter Anna.[47] Freud beschäftigte sich kaum mit seinen Kindern, bis sie laufen und sprechen konnten (was dazu beigetragen hat, daß er die allererste Periode der menschlichen Entwicklung in seiner Theorie vernachlässigte; er interessierte sich mehr für die frühkindlichen Erinnerungen seiner Patienten als für seine eigenen Kinder), und alles war für ihn geregelt, damit er seiner Arbeit nachgehen konnte – bis hin zu der Zahnbürste mit Zahnpasta, die jeden Morgen für ihn bereitlag.

Das Bild vom einsamen Genie scheint unausrottbar. Wir stellen uns den großen Schriftsteller, den Wissenschaftler, den Komponisten gern einsam in seinem Atelier oder Studierzimmer vor, und so stellen sich die Genies selbst auch gern dar. Doch bei näherem Hinsehen steht hinter fast jedem kreativen und erfolgreichen Menschen mindestens eine Person, manchmal ein ganzes Netzwerk von Menschen, die unterstützen, versorgen, «bemuttern», die helfen, ihm den Rücken frei zu halten für seine Arbeit. Im praktischen Bereich geschieht das, indem sie ihm eine aufdringliche Welt mit banalen Problemen vom Hals halten, indem sie die Sorge um Geld, Nahrung, Kleidung, Kontakte zur Außenwelt auf sich nehmen, indem sie ihm nach seiner Arbeit Gesellschaft leisten, ihn ermutigen, ihm zuhören, ihn bewundern und auf ihn eingehen, indem sie bedingungsloses Vertrauen in die Bedeutung seiner Arbeit zeigen und ihm ein manchmal kritisches, aber immer warmherziges Ohr leihen. In *Mothering the Mind* beschreiben Ruth Perry und Martine Brownley, wie die Genies von Ehefrauen, Geliebten, Müttern, Haushälterinnen, platonischen Freundinnen umringt sind. Meist also von Frauen, gelegentlich auch von Männern. Aber die unsichtbare Arbeit wurde meist von Frauen geleistet, und es waren in erster Linie Männer, die davon profitierten. Die außergewöhnlichen Frauen, die heute noch Bedeutung für uns haben, deren Werk überliefert oder wieder neu aufgetaucht ist, waren tatsächlich Ausnahmeerscheinungen. Viele von ihnen waren unverheiratet oder hatten keine Kinder.[48] Einige waren von Stand und hatten auch, wenn sie nicht heirateten, einen geregelten Haushalt zu ihrer Verfügung. Belle van Zuylen (1740–1805) war adlig, und sie heiratete nicht ihre große Liebe, die ihr als Muse diente, sondern schließlich einen ziemlich unbedeutenden Mann, der ihre Selbständigkeit nicht bedrohte.

Sie schrieb ihre Romane auf französisch, der Sprache der Oberschicht; sie war eine frühe Feministin: «Die Unterschiede zwischen Mann und Frau werden weniger von der Natur, sondern vielmehr von der Gesellschaft auferlegt.»

Weshalb Belle van Zuylen Constant d'Hermenches nicht geheiratet hat, war für viele ein Rätsel. Er war zwar noch verheiratet, hätte sich aber scheiden lassen können und hat es später auch getan. Beide haben es in Betracht gezogen, und Belle hat auch mit der Überlegung gespielt, eine Affäre mit ihm anzufangen statt ihn zu heiraten, da sie ohnehin keine große Lust hatte, einen der anderen in Frage kommenden Kandidaten zu ehelichen. Belle van Zuylen kritisierte die Kultur, die von Frauen Keuschheit oder tugendhaftes Benehmen verlangte: «Wenn der Ruf einer Frau ihr kostbarster Besitz ist, glücklich die Frauen, die kein Herz haben.» Belle van Zuylen jedoch hatte ein Herz. «Wenn ich de Bellegarde nicht heirate (einen Freund von d'Hermenches und der aussichtsreichste Kandidat), werde ich ganz auf eine Heirat verzichten, und wer wird sich dann noch für meine Keuschheit, diese sogenannte Tugend, interessieren? Werde ich dann nicht frei sein? (...) Dann wäre, wer nicht mein Gatte werden kann, mein Geliebter, wenn er wollte.» Dazu ist es nicht gekommen. Beide schienen jedesmal im entscheidenden

Moment davor zurückzuschrecken. Greetje van den Bergh schreibt in ihrem Nachwort zu *Ik heb geen talent voor ondergeschiktheid*, daß Belle und d'Hermenches eigentlich in ihrem Briefwechsel bereits den Grund nannten, weshalb sie ihre Liebe nie vollzogen: D'Hermenches schrak davor zurück, weil er erkannte, daß sie ihm geistig überlegen war und daß er dies nicht ertragen würde, und auch Belle sah ein, daß ihre Begabung im Hinblick auf eine eventuelle Heirat eher eine Belastung als ein Vorteil wäre: «Es gibt nur wenig Männer, die dadurch nicht abgeschreckt werden, und noch weniger, die einer Frau gefallen, die diese Gaben besitzt.» Sie fürchtete, daß seine Bewunderung für ihre Intelligenz und ihren unabhängigen Geist im Alltag verlorengehen könnte. Belle, die ohnehin um jeden Preis ihr Elternhaus verlassen wollte, löste das Problem, indem sie einen Mann heiratete, der ihr eindeutig unterlegen war. In ihrer Umgebung sprach man von einer «Mesalliance»: Es war ein Mann, der sie liebte, ihre Bedeutung jedoch bei weitem nicht erkannte und sich daher auch nicht durch sie bedroht fühlte.

Ganz selten finden wir, daß begabte Frauen die Unterstützung finden, die für so viele Männer fast selbstverständlich ist. Gertrude Stein hatte Alice B. Toklas, mit der sie in einer harmonischen Beziehung lebte, die am ehesten noch einer guten Ehe mit fester Rollenverteilung glich: Stein schrieb, Toklas tippte, übernahm den Schreibkram, kochte, las alles, was ihre Frau schrieb, äußerte sich dazu und spielte die Gastgeberin für die Frauen und Freundinnen der Künstler, die kamen, um sich mit Stein zu unterhalten. Es gibt auch ein paar Beispiele von Paaren, bei denen sowohl der Mann als auch die Frau schöpferisch tätig waren: Elizabeth Barrett und Robert Browning, Leonard und Virginia Woolf zum Beispiel, oder näher an unserer Zeit: Sartre und de Beauvoir. So außergewöhnlich sind solche Paare und so sehr beflügeln sie unsere

Phantasie, daß immer wieder neue Bücher über sie geschrieben werden.

Wahres Talent setzt sich immer durch, soll der bekannte niederländische Schriftsteller Harry Mulisch einmal gesagt haben. Das ist eine Lüge. Wahres Talent muß gehegt werden, wenn es zur Blüte gelangen will, und die Frage ist, wer hegt, wenn dieses Talent eine Frau ist.

Intermezzo: Die Funktion des Klatsches

Klatsch. Mich haben Lebensbeschreibungen schon immer brennend interessiert, und das geht nicht nur mir so. Biographien und Autobiographien sind populäre Literatur. Ich lese besonders gern über das Leben von Frauen, die sie selbst wurden, Frauen, die sich verwirklicht haben. Ich lese nicht nur «niveauvolle» Lebensbeschreibungen, wie über George Sand, Belle van Zuylen, Annie Romein-Verschoor, Emma Goldman, Alexandra Kollontai, Gertrude Stein, Alma Mahler, Simone de Beauvoir, Mary McCarthy, Clara Schumann, Margaret Mead, Marina Zwetajewa, Frida Kahlo, Virginia Woolf, Colette, Sylvia Plath, Emily Dickinson. Ich lese nicht nur die Lebensbeschreibungen überhaupt aller Schriftstellerinnen, die ich auftreiben kann, aller früheren Feministinnen, ich bin nicht nur in den Geschichten berühmter Männer auf der Suche nach den Frauen hinter und neben ihnen, den Frauen von Picasso, Hemingway, Scott Fitzgerald, D. H. Lawrence, Brecht, Freud, Marx, ich lese alles über Bessie Smith, Billie Holiday und Maria Callas, und wenn ich beim Italiener auf meine Pizza warte, nehme ich mir noch die privaten Klatschgeschichten vor. Ich weiß alles über die unglücklichen Lieben von Romy Schneider, Marilyn Monroe, Elizabeth Taylor und Brigitte Bardot. Ich bin ein Junkie, ich bin süchtig nach wahren Liebesgeschichten und Untersuchungen über Glück und Unglück in der Ehe. Mein Interesse an Büchern der ersten Kategorie, den «gehobenen» Büchern, kann ich noch als literarisches Interesse oder Geschichtsbewußtsein verkaufen. Daß ich nicht nur sämtliche Männer von Alma Mahler aufzählen kann, sondern auch die von Romy Schneider, ist schon etwas peinlicher. Nun weiß jedermann, daß Frauen sich mehr als Männer für das Liebesleben anderer interessieren, und unser Interesse an «Groschenromanen» und «Frauenzeitschriften» wurde uns immer schon ein bißchen als Charakterschwäche ausgelegt, Frauen sind nun einmal romantisch, sentimental und ein wenig oberflächlich, ganz anders als Männer mit ihrem ernsthaften Interesse an Kriegsfilmen, Western und Pornos.

Der Grund für dieses unterschiedliche Interesse liegt auf der Hand: Für Frauen, zumal für ambitionierte Frauen, ist die Liebe, die heterosexuelle Liebe, ein Problem. Ambitionierte Männer werden im allgemeinen ganz selbstverständlich geliebt, selbst wenn sie so häßlich sind wie Sartre. Die brauchen darüber keine Bücher zu lesen. Frauen, die sich selbst nicht kleiner machen wollen, als sie sind, oder die in der Welt etwas erreichen wollen, haben es im allgemeinen schwerer, es sei denn, sie sind lesbisch, oder sie sind bereit, auf Lieben und Geliebtwerden zu verzichten. *Wir* wissen, daß diese stereotype Aufteilung in blutleere, trockene intellektuelle Blaustrümpfe auf der einen und sexy, «weibliche», aber servile Weibchen auf der anderen Seite nicht stimmt, aber es nützt uns wenig, daß wir das wissen. Auch Simone de Beauvoir, der feministische Blaustrumpf schlechthin, war eine leidenschaftliche Liebhaberin.

Wie stellen diese anderen Frauen es an, wie vereinen sie zwei Leidenschaften miteinander, die sich gegenseitig schon deswegen auszuschließen scheinen, weil sie Frauen sind? Lassen sie die Liebe Liebe sein? Welchen Preis zahlen sie für ihre Ambitionen? Sogar wunderschöne Frauen, super-«weibliche» Frauen wie die Schneider, die Monroe und die Bardot schafften es nicht oder nur zeitweise. Beruhigt es uns, daß auch Frauen, die auf Männer so attraktiv wirkten, immer wieder todunglücklich waren, oder enttäuscht uns das?

Zum Teil hat man das weibliche Interesse an Liebesgeschichten und Lebensbeschreibungen mit dem Bedürfnis nach einer Flucht aus der Wirklichkeit erklärt. Das Durchschnittsleben ist mitunter ein bißchen langweilig, und wir verschaffen uns ersatzweise Aufregung, indem wir uns in das Leben von Frauen vertiefen, das etwas bewegter verlief. Andere Abenteuer als die in der Liebe erleben Frauen in der Literatur kaum. Und natürlich fällt der Blick dann auf die Frauen, die sowohl Unglück als auch Glück in der Liebe kannten: Mit einer bis zum Lebensende glücklichen Ehe kann kein Schriftsteller mehr als zehn Seiten füllen.

Diese Sucht nach Lebensbeschreibungen anderer Frauen als Eskapismus abzutun, ist mir freilich zu billig. Dafür haben wir schließlich die Arztromane, die im Gegensatz zu wahren Geschichten ein Happy-End garantieren, das es im wirklichen Leben selten gibt.

Unterstützung für diese Ansicht finde ich bei Phyllis Rose, die mit *Parallele Leben* ein faszinierendes Buch über fünf viktorianische Ehen geschrieben hat. «Wir neigen dazu, locker über die Ehen anderer Leute zu sprechen und unser Reden als Klatsch abzuwerten. Aber Klatsch kann auch der Beginn moralischen Fragens sein, das untere Ende der platonischen Leiter, die zum Selbst-Verständnis führt. Wir hungern geradezu nach Informationen darüber, wie andere Menschen leben, weil wir wissen möchten, wie wir selbst leben sollen, und doch lehrt man uns, diese Sehnsucht als unzulässige Form von Schnüffelei zu betrachten. Wenn die Ehe, wie Mill meint, eine politische Erfahrung ist, dann sollte eigentlich eine Diskussion darüber so ernst genommen werden wie jede nationale Wahl.»

Als ich das las, begriff ich meine eigene Sucht etwas besser. Ich bin endlos auf der Suche danach, wie andere Frauen diesen Grundkonflikt im Frauenleben lösen: Wie vereinen sie den Wunsch nach Selbständigkeit mit dem Bedürfnis nach Liebe, wie bringen sie ihre Ambitionen und ihre Erotik auf einen Nenner, wie schaffen sie es, eine wirklich gleichrangige Beziehung zu einem Mann aufrechtzuerhalten, wenn sie, wie ich, davon ausgehen, daß diese Gleichrangigkeit die einzige Basis für wirkliche Liebe ist, für *dauerhafte*, nichtdestruktive Liebe? Daß dies fast keiner Frau gelingt, hält meine Neugier wach, und die Suche geht mit einem ganzen Spektrum widersprüchlicher Gefühle einher: Hoffnung, daß jemand mir Beispiel sein kann, Neid, wenn es den Anschein hat, so zu sein, Enttäuschung, wenn auch ideale Beziehungen wie die zwischen Simone de Beauvoir und Jean-Paul Sartre sich als doch nicht so ideal erweisen, Beruhigung, daß es auch für andere Frauen nicht einfach war: Wie werden wir es uns selbst übelnehmen, wenn es niemandem wirklich gelingt. Ich vertiefe mich in das Leben anderer Frauen, als würden wir, Jahrhunderte überspringend, eine Gesprächsgruppe starker Frauen mit vergleichbaren Erfahrungen bilden, und ich lese ihre Geschichten mit stellvertretender Trauer und Wut über soviel verschwendetes Talent und soviel verschwendete Liebe.

2 Begabte Frauen, begabte Männer

Clara Wieck wurde von ihrem tyrannischen Vater von frühester Jugend an musikalisch ausgebildet. Sie wurde nicht nur eine der virtuosesten Pianistinnen ihrer Zeit, sondern komponierte auch selbst. Die ideale Frau für Robert Schumann. Als sie noch nicht verheiratet waren, schrieb er über eine ihrer Kompositionen: «An Deiner Romanze hab' ich nun abermals von Neuem gehört, daß wir Mann und Frau werden müßen. Du vervollständigst mich als Componisten, wie ich Dich. Jeder Deiner Gedanken kömmt aus meiner Seele, wie ich ja meine ganze Musik Dir zu verdanken habe.» Er erkundigt sich regelmäßig besorgt, ob sein Clärchen auch fleißig weiterkomponiere. Sie scheinen ein ideales Paar zu sein: zwei derart begabte Menschen, die sich so in der Musik verlieren können und soviel Achtung vor dem Talent des anderen haben. Aber noch bevor sie verheiratet sind, kommt es zu den ersten Konflikten. Clara ist sehr gefragt als Pianistin, und einmal, als sie ein Konzert gibt, Roberts funkelnden Verlobungsring am Finger, merkt er, wie schlecht er es erträgt, daß all diese Leute seiner Clara lauschen, wie ausgeschlossen er sich dabei fühlt. Clara solle zwar weiterkomponieren und -spielen, findet er, aber doch lieber für ihn als für ein Publikum. Er beginnt, Clara darauf vorzubereiten, daß sie, wenn sie verheiratet seien, doch an erster Stelle Hausfrau sein werde und erst an zweiter Künstlerin. Was mache es schon, so reagiert er auf ihre Angst, man werde sie als Künstlerin vergessen, was mache es schon, wenn sie als Künstlerin nicht mehr berühmt sei, wenn sie statt dessen als Frau geliebt werde. Was Robert dabei übersieht, ist, daß Clara ohne Musik nicht leben kann, daß sie spielen muß, nicht nur für ihn, sondern vor einem Publikum. Sie heiraten, bekommen acht Kinder, und natürlich ist es Clara, die den Haushalt organisiert. Zum Komponieren kommt sie nur noch selten, und manchmal gelingt es ihr sogar, ihr Klavierspiel viele Monate lang zu vernachlässigen. Es gibt nur ein Klavier im Haus. In der Zeit, wenn Robert komponiert, kann sie höchstens eine Stunde am Tag spielen, am späten Nachmittag, wenn er im Wirtshaus sein Bier trinkt. Robert hält es für selbstverständlich, daß seine Arbeit vorgeht. «Kl.[ara] sieht doch auch ein, daß ich ein Talent zu pflegen habe, und daß ich jetzt in der schönsten Kraft bin und die Jugend noch nützen muß. Nur so geht es in Künstlerehen; es kann nicht Alles beieinander sein, und die Hauptsache ist doch immer das übrige Glück und recht glücklich sind wir gewiß...» Für Clara bringt das große Spannungen, aber sie beklagt sich nicht, auch sie ist der Meinung, sie sei in erster Linie Mutter und Gattin. Aber trotzdem will sie ihr Künstlertum nicht aufgeben. Robert ist kein besonders guter Ernährer. Mit seinen Kompositionen verdient er wenig, als Konzertmeister ist er fehl am Platz, und ein großer Teil der Arbeit dafür wird von Clara übernommen. Es ist zuwenig Geld da, und das ist ein Grund, weshalb Robert seiner Frau zähneknirschend erlaubt, Konzerte zu geben. Doch ständig gibt es dabei Probleme. Wenn er sie auf ihren Reisen begleitet, wird er krank und dreht durch, wenn er als Mann der berühmten Pianistin betrachtet wird, er ist ein Klotz an ihrem Bein. Fährt sie allein, dann hält er es ohne sie zu Hause nicht aus und schreibt ihr Jammerbriefe: «Du hast mich gewiß schon vergessen? – Gestern wußte ich mich vor Melancholie kaum zu fassen. Diese Öde im Hause, diese Leere in mir! Das war einer der dümmsten Streiche meines Lebens, Dich von mir gelassen zu haben, der gewiß nicht wieder passieren soll... es schmeckt und mundet mir nichts. Dazu bin ich auch gar nicht wohl – bürgerlich – von fatalstem Schnupfen gepeinigt – und so ohne Ton und Musik.»

Doch als er sie wieder begleitet, kann er es auch nicht ertragen: «Der Gedanke meiner unwürdigen Stellung in solchen Fällen ließ aber keine Freude in mir aufkommen», schreibt Robert an einen Freund. Er fängt an, ihr Spiel zu kritisieren, was sie hart trifft. Sie spiele doch auch aus Liebe zu Robert, sagt sie, warum dürfe sie mit ihrem Talent nicht auch zum Unterhalt der Familie beitragen? Robert unternimmt einen Selbstmordversuch und wird in eine Heilanstalt eingeliefert. Bösartige Biographen behaupten, sie habe ihn in den Selbstmord getrieben, aber aus einer sorgfältigeren Biographie von Nancy Reich geht hervor, daß Clara mit großer Entschlossenheit alles getan hat, um Robert zu unterstützen, auch wenn er es ihr schwermachte, und wahrscheinlich war es die Spätfolge einer Syphilis, die er sich vor der Ehe zugezogen hatte, die seine Geisteskrankheit verursachte. Als er in der Anstalt ist, kann sie wieder Konzerte geben, muß sie wieder Konzerte geben, denn irgend jemand muß das Geld für die acht Kinder und seine Unterbringung verdienen. Nach seinem Tod kann sie sich wieder voll entfalten: Als Schumanns Witwe hat sie eine Position im öffentlichen Kunstleben, sie wird als Hüterin, als beste Kennerin seines Werks betrachtet und tritt bis ins hohe Alter weiter auf. «Die Kunst ist die Luft, die ich ein- und ausatme», sagte sie. Persönliches Glück ist ihr nicht mehr beschieden. Robert Schumann hatte wahrscheinlich nicht vorhergesehen, wie sehr er sich durch die Begabung seiner Frau bedroht fühlen würde, nachdem sie verheiratet waren: Er hatte sich ja gerade deshalb in sie verliebt, weil sie die gleiche Begabung besaß wie er.

Für Gustav Mahler stand von vornherein fest, daß in der Ehe nur Platz für *ein* schöpferisches Wesen sei, und das war er. Schriftlich teilte er seiner Braut Alma Schindler mit, sie müsse das Komponieren aufgeben. «Du hast von nun an nur einen Beruf – mich glücklich zu machen! Verstehst Du, was ich meine, Alma? Die Rolle des ‹Komponisten› fällt mir zu – Deine ist die der liebenden Gefährtin und verständnisvollen Partnerin.» Alma willigte ein und verwandte ihre Energie darauf, ihn bei seiner Arbeit zu unterstützen, endlos schrieb sie seine Kompositionen ins reine und sorgte dafür, daß kein häusliches Problem ihn bei seinem großen Werk störte. Erst kurz vor seinem Tod scheint Mahler begriffen zu haben, was er getan hatte. Fast wie durch Zufall spielte er einmal eines ihrer früheren Lieder und bemerkte, wie gut sie waren, doch da war es bereits zu spät. Auch als er sie voller Reue bat, das Komponieren mit seiner Hilfe wiederaufzunehmen, konnte oder wollte sie nicht mehr. Anstatt selbst schöpferisch tätig zu sein, macht sie es sich zur Lebensaufgabe, berühmte Männer auf ihrem Weg zu begleiten: den Maler Kokoschka, den sie zwar nicht heiratete, zu dem sie jedoch eine leidenschaftliche Beziehung unterhielt, den Architekten Gropius, den Schriftsteller Werfel. Auch Kokoschka sieht in ihr nur die «Frau», die sich in den Dienst der Kunst stellen müsse. Seiner Kunst, wohlgemerkt. «Du bist die Frau und ich der Künstler (...) Ich muß Dich bald zur Frau haben, sonst geht meine große Begabung elend zu Grunde. Du mußt mich in der Nacht wie ein Zaubertrank neu beleben (...) Am Tage brauche ich Dich nicht von Deinen Kreisen wegnehmen, Du sammelst! Ich begreife es vollkommen, daß es so gut und richtig ist. Und ich kann den ganzen Tag hindurch arbeiten und ausgeben, was ich in der Nacht eingesogen habe...»

Almas ganzer Ehrgeiz richtete sich auf ihre Sammlung berühmter Männer, und sie spielte ihre Rolle als tragische Femme fatale, als Frau, ohne die solche Männer nicht leben können, mit großer Hingabe. Doch manchmal schlug der Verlust ihrer eigenen Kreativität in Depressionen um, und dann sah sie sich selbst als Schmarotzer, als Raubtier, das jedes Genie, dem sie auf ihrem Weg begegnete, in ihren Klauen als Beute in ihren Bau schleppen mußte, und so ist sie auch in die Geschichte eingegangen, als beeindruckende, aber verschlingende Frau.

Die Geschichten von Clara Schumann und Alma Mahler sind uns vor allem deshalb bekannt, weil sie mit den Lebensgeschichten noch berühmterer Männer verbunden sind. Rückblickend denkt man oft, das Genie von Männern wie Gustav Mahler, Kokoschka oder Robert Schumann sei groß genug gewesen, um die Aufopferung einer Frau zu rechtfertigen. Picasso verlangte von seinen Frauen eine fast masochistische Unterordnung. Aber haben sie nicht selbst ja dazu gesagt? Und was spricht dagegen, sich freiwillig in den Dienst eines solch bedeutenden Werkes zu stellen? Die eigentliche Tragik an solchen Geschichten, die, von einigen Ausnahmen abgesehen, mit geringen Abweichungen stets den gleichen Verlauf zu nehmen scheinen, liegt darin, daß begabte Männer zunächst nach begabten Frauen suchen – nicht nur nach solchen, die Kinder bekommen und den Haushalt führen, sondern nach Frauen, die selbst kreativ sind, die selbst etwas einzubringen haben –, es dann aber, wenn die Beziehung zustande gekommen ist, nicht mehr ertragen, daß ihre Frau ein Eigenleben führt. Der Maler Kandinsky lebte erst mit der Malerin Gabriele Münter zusammen, ertrug es aber nicht, daß sie ihre Arbeit ebenso ernst nahm wie er die seine. Danach heiratete er eine Frau, die sich für ihn ganz in den Hintergrund stellte, Nina Kandinsky: «Wenn eine Frau einen Mann richtig liebt, dann muß sie ihm den Haushalt gewissenhaft führen und auch eine gute Köchin sein. Sie muß hinter dem Mann zurücktreten und vieles aufgeben, damit er sich entfalten und ohne Sorgen arbeiten kann. Ich habe das getan: Deshalb war unsere Ehe so glücklich, deshalb sind wir auch nicht einen Tag unseres gemeinsamen Lebens voneinander getrennt gewesen. Ich habe versucht, Kandinsky das Leben zu erleichtern.» Die ideale Künstlergattin und der Typ Frau, mit der viele «größere» Männer ein Leben lang zusammenlebten. Aber häufig waren sie zunächst doch mehr von Frauen gefesselt, die interessanter waren als diese sich selbst so ganz und gar in den Hintergrund stellenden Typen. Einsteins erste Frau zum Beispiel, Mileva Marić, galt, als sie beide noch jung waren, als außergewöhnlich begabte Frau.

Sie war älter als Einstein, nicht besonders hübsch, außerordentlich intelligent und ehrgeizig und nicht davon abzubringen, eine eigene wissenschaftliche Karriere zu verfolgen. Sie waren ganz verrückt nacheinander, wie die noch erhaltenen Briefe zeigen. Zwischen den vielen tausend Küssen, die in ihrem Briefwechsel vorkommen, schreiben sie sehnsüchtig davon, wie sie gemeinsam an die Arbeit gehen wollen. So schreibt Einstein: «Ich freu mich auch sehr auf unsere neuen Arbeiten. Du mußt jetzt Deine Untersuchung fortsetzen – wie stolz werd ich sein, wenn ich gar vielleicht ein kleines Doktorlin zum Schatz hab & selbst noch ein ganz gewöhnlicher Mensch bin. (...) Wie glücklich bin ich, daß ich in Dir eine ebenbürtige Kreatur gefunden habe, die gleich kräftig und selbständig ist wie ich selbst! Außer mit Dir bin ich mit allen allein. (...) Wie glücklich und stolz werde ich sein, wenn wir beide zusammen unsere Arbeit über die Relativbewegung siegreich zu Ende geführt haben.» Anfangs will Mileva nicht heiraten, sie will Karriere machen, sie glaubt, sie könne eine genauso gute Physikerin werden wie ihre männlichen Kollegen, aber weil Einstein gerade diese Eigenschaften so an ihr schätzt, gibt sie nach. Sie heiraten. Sie bekommt zwei Kinder. (Wahrscheinlich bekam sie bereits vor ihrer Hochzeit eine Tochter, weshalb sie ihre Ausbildung nicht abschließen konnte. Niemand weiß, wo diese Tochter geblieben ist.) Bevor sie heirateten, unterschrieben sie ihre gemeinsamen Publikationen mit Einstein-Marić, nachdem sie verheiratet waren, nur noch mit Einstein. Mileva fand das nicht schlimm: «... weil wir ja beide nur ein Stein sind.» Aber je berühmter er wurde, desto tiefer versank sie im Haushalt. Der zweite Sohn kränkelte und beanspruchte ihre ganze Fürsorge. Einstein ließ sie schließlich sitzen, mitsamt den Kindern, und heiratete eine Frau, die ihm zwar intellektuell nicht helfen konnte, aber erheblich repräsentativer war. Mileva ernährte sich und die Kinder mit Klavier- und Mathematikunterricht, bis Einstein ihr 1922 das Geld aus dem Nobelpreis schenkte, den man ihm gerade verliehen hatte. Ob das aus Schuldgefühl geschah oder als Anerkennung ihres Anteils an dem, was letztlich als *sein* Werk galt, wissen wir nicht. Als ihr Sohn Eduard starb, stand in der Todesanzeige «Sohn des verstorbenen Prof. Albert Einstein». Nicht nur als Wissenschaftlerin war sie aus der Geschichte verschwunden, auch als Mutter kam sie nicht mehr vor.[49]

Immer wieder sehen wir, daß es bei einer Beziehung zwischen einem begabten Mann und einer begabten Frau *ihre* Arbeit ist, die zurückstehen muß. Man kann sagen, daß dies in früheren Zeiten freiwillig geschah, häufig hielten es nicht nur die Männer für selbstverständlich, daß ihre Arbeit vorging, auch die Frauen waren der Ansicht, sie hätten an erster Stelle die Frau ihres Mannes und die Mutter ihrer Kinder zu sein. Aber auch wenn wir wissen, daß dies in jener Zeit der Konvention entsprach, bleibt unerklärt, weshalb Männer, die ursprünglich keinen Wert auf eine traditionelle Verbindung legten und gerade von einer begabten Frau gefesselt waren, später alles daransetzten, um deren Arbeit zu torpedieren. Manchmal aktiv, einfach durch Verbote, manchmal passiv, durch systematische, schleichende Sabotage. Und manchmal geht die Sabotage sogar weiter, wenn sie schon längst nicht mehr nötig ist. Von allen Frauen Picassos war Françoise Gilot die einzige mit eigenen Ambitionen. Sie war zwar sehr viel jünger als Picasso, aber selbst er fand, daß sie nicht schlecht male. Dazu kam sie aber nicht mehr, als sie mit ihm zusammenlebte. War sie unzufrieden oder unglücklich, weil er die Finger nicht von anderen Frauen lassen konnte, dann schwängerte er sie, und damit war sie eine Weile beschäftigt. Sie war die einzige, die *ihn* verließ, anstatt von ihm sitzengelassen zu werden, und das machte ihn wütend. Als sie nach ihrer Scheidung versuchte, die Malerei wiederaufzunehmen, mußte sie feststellen, daß Picasso allen Galerien in Paris untersagt hatte, ihre Werke auszustellen, andernfalls würden sie nie wieder ein Bild von ihm bekommen.

Hemingway ist auch so ein Fall. Als er die Kriegsberichterstatterin Martha Gellhorn kennenlernte, war er hingerissen. Das war eine Frau, mit der konnte man saufen, mit der konnte man reden, die hatte, wie er, vor nichts Angst, und außerdem war sie auch noch hübsch. Sie heirateten, es war seine dritte Ehe. Sie kauften ein Haus in Kuba, die Finca. Martha, die nicht vorhatte, eine traditionelle abhängige Ehefrau zu werden (sie sah schließlich, was mit ihren beiden Vorgängerinnen passiert war, die mit einem beziehungsweise zwei Söhnen sitzenblieben), bezahlte exakt die Hälfte ihres Lebensunterhalts. Und als Hemingway immer häufiger weg war, auf Sauftour mit seinen Kumpanen oder zum Angeln in seinem Boot, wollte sie wieder arbeiten. Das entsprach nicht seiner Vorstellung von einer guten Beziehung, er wollte, daß sie daheim auf ihn wartete, während er weg war. Die Vorstellung, auf *sie* warten zu müssen, behagte ihm absolut nicht. Als sie einmal nach seinem Geschmack zu lange fort gewesen war, wäre es um ein Haar schiefgegangen. Zum

Spaß, aber vielleicht nicht nur zum Spaß, unterschrieb sie einen Vertrag, den er aufgesetzt hatte: «Ich, die unterzeichnende Frau Martha oder Mrs. fathouse Pig, garantiere und verspreche hiermit, meinem jetzigen und künftigen Ehegatten in keiner Weise je Gewalt anzutun... ich sehe ein, daß ein so begabter und feinfühliger Schriftsteller nicht zwei Monate und sechzehn Tage allein gelassen werden kann, da er in dieser Zeit unter vielen beschwerlichen und unvorstellbaren Problemen leiden könnte, die ihm wissentlich und unwissentlich aufgelastet werden, und daß ich... Anlaß zu großer geistiger Unruhe während dieser Zeit der Einsamkeit gab... Ich erkläre hiermit vor Zeugen, daß ich ihn nicht mehr von der Arbeit abhalten werde, daß im Gegenteil seine Arbeit das Wichtigste in meinem Leben sein soll... Ich bereue daher zutiefst und werde mich bemühen... das, was ich ihm angetan habe, wiedergutzumachen, und ihn in Zukunft vor solchen Katastrophen zu bewahren. Ich gebe diese Erklärung aus freien Stücken, im Vollbesitz meiner geistigen Kräfte und aus Liebe ab. Unterzeichnet Martha Gellhorn. Zeugen: Richter R. R. Rabbit und Richter P. O. Pig.» Eine Zeitlang waren sie einigermaßen glücklich, aber Martha begann sich immer mehr über Ernests Schlamperei, seine betrunkenen Freunde, seine Wichtigtuerei und seine Faulheit zu ärgern. Seine Arbeit kam nicht voran. Schließlich sah sie es nicht mehr ein, den Rest ihrer Ehe darauf zu warten, bis er sturzbesoffen nach Hause getorkelt käme. So fuhr sie wieder regelmäßig mit einem Auftrag los, mal für ein paar Wochen, mal für ein paar Monate. Sie fragte Hemingway, ob er mitfahren wolle, schließlich könne er Material für seine Romane sammeln, die er nicht zu Ende brachte, aber Hemingway hatte immer weniger Lust, hinter ihr her zu reisen. Sie veröffentlichte einen Band mit Erzählungen. Ernest war gekränkt, daß sie ihn unter ihrem eigenen Namen publizierte und nicht als Martha

Hemingway, aber sie behielt auch nach ihrer Heirat ihren eigenen Namen bei. Das nahm er ihr übel. Als sie wieder einmal fort war, wurde er so böse, daß er ihr folgendes Telegramm schickte: «Bist du Kriegskorrespondent oder Ehefrau in meinem Bett?» Inzwischen war der Zweite Weltkrieg ausgebrochen. Die Invasion der Alliierten stand kurz bevor, und natürlich wollten alle Kriegsberichterstatter dabeisein. In diesem Fall auch Hemingway. Er war damals, obwohl er in jener Zeit wenig veröffentlichte, wesentlich berühmter als seine Frau. Er wußte, daß er jede Zeitung bekommen konnte. Und was tat er? Er bot sich bei *Collier's* an, der Zeitung, für die Martha regelmäßig arbeitete, wohl wissend, daß sie nur einen Platz in dem Flugzeug haben würden, das nach London fliegen sollte. Und so geschah es. Martha erfuhr es erst, als das Flugzeug bereits abgeflogen war. Doch sie war nicht gewöhnt, sich von etwas abhalten zu lassen. Sie schloß sich in der Toilette eines Rot-Kreuz-Schiffs ein, das hinter dem Konvoi herfahren sollte, um die Verwundeten zurückzubringen. Unterwegs machte sie sich nützlich, und als das Schiff am 7. Juni landete, war sie die einzige Journalistin, die den Strand der Normandie zwischen Minenfeldern und verwundeten Soldaten betrat. Sie wurde festgenommen, entkam aber wieder, indem sie über eine Absperrung kletterte. So trug sie die besten Geschichten zusammen, Geschichten, die Hemingway nicht schreiben konnte, weil die offiziell eingeladene Presse dem eigentlichen Schlachtfeld ferngehalten wurde. Ernest raste vor Wut und begann herumzuposaunen, seine Frau habe sich diese Geschichten aus den Fingern gesogen. Das war das Ende ihrer Ehe. Doch Hemingway hatte bereits ein Auge auf die Frau geworfen, die seine vierte werden sollte, Mary Wesley, ebenfalls Kriegsberichterstatterin, aber eine, die bereit war, ihre Arbeit für ihn aufzugeben. Sie sollte die undankbare Aufgabe haben, ihn in seinen letzten alkoholischen Jahren zu pflegen, sich mißhandeln zu lassen, ihn in Kliniken zu begleiten, in die er seiner Depressionen wegen eingeliefert werden mußte – bis er sich schließlich umbrachte.

Ein weiteres Beispiel ist ein Freund Hemingways, der Schriftsteller Scott Fitzgerald. Er war ein ganz anderer Typ als Hemingway. Äußerlich viel weniger ein Macho, war er sich seiner Männlichkeit nicht sehr sicher, aber auch er war Alkoholiker, allerdings einer, der bereits nach zwei Gläsern Champagner auf dem Kopf stand, während Hemingway ihn eimerweise in sich hineinschütten konnte. Scott war mit Zelda verheiratet, und die beiden waren ein vielbeachtetes Paar innerhalb der New Yorker «Society». Zelda war bildschön, äußerst geistreich, immer zum Feiern aufgelegt, sie und Scott liebten es, wenn etwas los war. Fitzgerald war inzwischen mit *Der große Gatsby* einer der berühmtesten Schriftsteller Amerikas geworden, aber in den Jahren danach war er blockiert, und seine Trunksucht machte die Sache nicht besser. Zelda langweilte sich, wenn er schrieb, und suchte sich eine Beschäftigung. Sie nahm Tanzunterricht, aber so besessen sie auch übte, es war deutlich, daß sie mit siebenundzwanzig zu spät angefangen hatte. Sie malte und hatte auch eine eigene Ausstellung. Ihre große Begabung lag jedoch auf dem Gebiet des Schreibens. Anfangs hatte Fitzgerald nichts dagegen. Sie brauchten ständig Geld, und so verdiente sie etwas dazu. Oft wurden ihre Erzählungen unter ihrer beider Namen veröffentlicht, da sie, mit seinem Namen versehen, mehr Geld einbrachten. Einmal erschien, mehr oder weniger versehentlich, eine ihrer Erzählungen unter seinem Namen. Als Scott daraufhin zu hören bekam, dies sei eine seiner besten Erzählungen, ertrug er das nicht. Es kam immer häufiger zum Streit. Scott ging davon aus, daß er unbegrenzt über ihr Material verfügen könne, benutzte ihre

Tagebücher und Briefe wortwörtlich, war aber gleichzeitig der Ansicht, sie müsse ihn um Erlaubnis bitten, wenn sie ihre eigenen Erfahrungen selbst verwenden wolle. Zelda wurde mit einem Nervenzusammenbruch in eine Klinik eingeliefert, und dort schrieb sie in kurzer Zeit einen ganzen Roman, *Darf ich um den Walzer bitten*, ein streckenweise autobiographisches Werk, in dem sie auch ihren Zusammenbruch verarbeitete. Da sie ahnte, was kommen würde, schickte sie das Manuskript direkt an den Verleger, der es auch annahm, und gab es erst danach Scott zu lesen. Der war außer sich, bezichtigte sie des geistigen Diebstahls und beschrieb Zelda von da an im gemeinsamen Bekanntenkreis immer häufiger als eine Frau, die darauf aus sei, ihn zu zerstören. Er versuchte ihr das Schreiben zu verbieten, aber die Veröffentlichung des Manuskripts *Darf ich um den Walzer bitten* konnte er nicht mehr verhindern. Während eines ihrer therapeutischen Gespräche in der Klinik explodierte er, voller Selbstmitleid und Wut: Sie mache ihm das Leben schwer, sie sei eine drittklassige Schriftstellerin und eine drittklassige Tänzerin, während er mit seinem Talent, seiner Professionalität, der bestbezahlte Verfasser von Kurzgeschichten, einen einsamen Kampf führen müsse. Worauf sie ihn fragte, weshalb er sie, wenn sie doch nur eine drittklassige Schriftstellerin sei, eigentlich so angreifen müsse, warum er dann so eifersüchtig sei? Was er eigentlich wolle? Sie solle tun, was er wolle, sagte er: nur noch mit seiner Erlaubnis schreiben, unter seiner Anleitung, und nicht über die Dinge, über die er schreibe, selbst wenn es ihre eigenen Erfahrungen seien. Sie gab nach und versprach, zumindest nichts zu schreiben, bis er sein Buch beendet habe.

Das war *Zärtlich ist die Nacht.* Scott gab ihr das Manuskript nicht zu lesen. Als sie es nach der Veröffentlichung zu sehen bekam, war sie tief verletzt. Die weibliche Hauptfigur, die deutlich ihre Züge trug, war als Frau beschrieben, die das

Leben der männlichen Hauptfigur zerstört hatte. Zelda schrieb nichts mehr. Sie lebte fast nur noch in Kliniken. Scott begann eine neue Beziehung.

Ein Drama, das sich stets aufs neue wiederholt. Die Männer, die zuerst eine unkonventionelle Frau wollten, erwarten dann doch von ihr, daß sie eine konventionelle Rolle spielt, daß sie ihnen das Leben angenehm macht, ihnen die Sorgen fernhält, für sie da ist, wenn ihre Arbeit getan ist. Dies stellt die Frauen vor das große Problem, wie sie zwei an sich tagfüllende Programme in Einklang bringen sollen: die Versorgung eines egoistischen, anspruchsvollen Mannes und die Verwirklichung des eigenen Talents – und das ohne jegliche Unterstützung. Eines bleibt dabei unweigerlich auf der Strecke, ihr Talent oder ihre Beziehung.

In früheren Zeiten stand außer Zweifel, was Vorrang hatte: Alma Mahler gab ihre Ambitionen auf. Daß Clara Schumann zum Schluß wieder Klavier spielte, kam daher, daß sie Geld verdienen mußte, da Robert die Familie nicht ernähren konnte, und später, als Witwe, war die hingebungsvolle Nachlaßverwaltung der Werke ihres verstorbenen Gatten auch für sie selbst eine akzeptable Rolle. Bei moderneren Frauen wie Mead und Gellhorn war die «Lösung» des Konflikts schon weniger naheliegend. Bei ihnen blieb die Beziehung letztlich auf der Strecke, weil sie es nicht für selbstverständlich hielten, für ihren Mann die eigene Arbeit aufgeben zu müssen.

Ein weiteres Drama, dem wir in diesen Geschichten immer wieder begegnen, ist die Bedrohung, die für die Männer von den Ambitionen ihrer Frauen ausgeht, selbst wenn sie sich ursprünglich gerade deshalb in sie verliebten, weil sie begabt waren. Manchmal ist das noch einigermaßen verständlich, und zwar dann, wenn die Männer nicht damit gerechnet hatten, daß ihre Frauen berühmter würden als sie. Umgekehrt haben Frauen das als selbstverständlich hinzunehmen. Wir kennen so gut wie keine Beispiele von Frauen, die ihren Mann nicht mehr ertrugen, als er berühmt wurde, im Gegenteil, Frauen sind darauf trainiert, stolz auf seine Erfolge zu sein, daran teilzuhaben und bis zu einem gewissen Grad auch ein eigenes Selbstwertgefühl daraus zu ziehen. Bei den Männern ist das selten so: Je besser es ihr geht, desto stärker kratzt das sein Selbstwertgefühl an. So war es auch in den Beziehungen, in denen ihre Arbeit nie eine wirkliche Bedrohung für ihn bedeutete. Hemingways Berühmtheit war immer größer als die von Martha Gellhorn, Scott Fitzgeralds Ruhm war längst begründet, als Zelda zu schreiben begann. Es scheint, als sei den Männern selbst kaum bewußt, was sie tun, wenn sie anfangen, das Selbstvertrauen ihrer Frau zu untergraben und ihre Arbeit zu sabotieren. Zu guter Letzt suchen die meisten Männer eine Frau, die sie als weniger bedrohlich empfinden, doch die begabten Frauen bleiben mit dem Problem sitzen, daß sie zu Beginn das Gefühl hatten, gerade ihrer Begabung wegen von einem Mann geliebt und bewundert zu werden.

Berühmte Frauen können in der Regel nicht über mangelndes Interesse an ihrer Person klagen. Viele Männer reizt es, eine berühmte Frau zu erobern, doch dann können sie den Versuch nicht lassen, sie ein paar Nummern kleiner zu machen. Ein Beispiel aus unserer Zeit ist Onassis und die Callas.

Onassis war von Maria Callas fasziniert. Nicht ihrer Stimme wegen – er machte sich nichts aus Opern –, sondern ihres Ruhmes wegen. Reich war er bereits, Macht besaß er, jetzt wollte er sich noch mit einer echten Diva schmücken. Callas verließ seinetwegen ihren Mann, aber dann, als Onassis sie hatte, schwand sein Interesse. Er hatte keine Lust mehr, auf ihren Premieren als ihr Geliebter zu erscheinen, Glückwünsche zu ihren Erfolgen entgegenzunehmen. Seine Frau hatte sich mittlerweile ebenfalls von ihm scheiden lassen – gegen seinen Willen. Er hatte die Callas als Mätresse haben wollen, nicht als Ehefrau. Am Ende heiratete er eine noch berühmtere Frau, Jackie Kennedy, die zumindest nicht auf Grund eigener Leistungen berühmt, aber die Frau eines der mächtigsten Männer ihrer Zeit gewesen war. Das schmeichelte seiner männlichen Eitelkeit und war nicht bedrohlich. Als sich herausstellte, daß Jackie nicht willens war, sich dem Bild der Frau anzupassen, die immer nur auf ihn wartete, sondern gelegentlich ihren eigenen Vergnügungen nachging, landete er wieder bei der Callas – wann es ihm gerade paßte. Onassis hatte einen verheerenden Einfluß auf ihre Karriere. Seinetwillen sagte sie regelmäßig Verpflichtungen ab, und er sabotierte ihre Arbeit, wo er nur konnte. Er versprach, ein Opernensemble für sie zu gründen, versprach, seine Verbindungen für die Produktion eines Films einzusetzen, aus dem dann nie etwas wurde. Er beleidigte sie immer häufiger in aller Öffentlichkeit: «Halt den Mund. Du hast von nichts eine Ahnung, du bist nur eine Nachtklubsängerin.» Trotzdem wartete die Callas weiter auf ihn, fast schon masochistisch. In ihr siegte die Liebe über die Kunst, doch letztlich verlor damit auch die Liebe: denn eine daheim auf ihn wartende Frau besaß für Onassis längst nicht mehr die Anziehungskraft, die sie hatte, als sie noch ein Star war, den er erobern konnte.

Nicht alle Liebesgeschichten begabter Frauen sind so tragisch. Nicht alle Frauen entscheiden sich für die Liebe und gegen ihr eigenes Talent oder für ihr Talent und damit gegen die Liebe. Es gibt auch Kompromisse, mehr oder weniger erfolgreiche Balanceakte.

Annie Verschoor (1895–1978) war eine ehrgeizige Frau, entschlossen, eine Karriere als Schriftstellerin mit einer Familie in Einklang zu bringen. Als Mann suchte sie sich Jan Romein, fast gleich alt, fünf Zentimeter kleiner als sie, nicht besonders attraktiv und daher sein Leben lang äußerst empfänglich für die Bewunderung junger, schöner Frauen. Er war außerordentlich intelligent, sie waren sich beide darin einig, daß sein Talent dem ihren überlegen und seine Arbeit wichtiger war. Annie Romein-Verschoor sorgte dafür, daß die Kinder ruhig waren, wenn er in seinem Arbeitszimmer schrieb. Jan erwies sich als der Inbegriff völliger Hilflosigkeit, wenn es um die praktischen Dinge des Lebens ging. Er konnte nicht aus dem Haus gehen, ohne daß seine Frau ihn kontrollierte, ob er seine Tasche dabeihatte, ob die richtigen Papiere darin waren, ob er seinen Regenmantel trug oder einen Regenschirm dabeihatte. Kam er mit nassen Füßen nach Hause, so brauchte er das beim Hinsetzen nur zu sagen, und schon zog sie ihm die nassen Socken aus und brachte ihm trockene. Um halb sechs goß sie ihm einen Schnaps ein, keine fünf Minuten früher, keine fünf Minuten später. Es war nicht einfach für sie, mit drei Kindern, um die er sich überhaupt nicht kümmerte, und ohne ein eigenes Plätzchen im Haus arbeiten zu können. Dank ihrer unbändigen Energie und ihres Durchsetzungsvermögens schaffte sie es doch, aber oft waren es nur Artikel, Buchbesprechungen, also kürzere Arbeiten. Wenn er überarbeitet war, legte sie wie selbstverständlich die Arbeit an ihrer Dissertation beiseite, um mit ihm spazierenzugehen und zu ruhen. Auch als sie ein neues Haus bauten und damit die Möglichkeit bestand, daß sie ein eigenes Zimmer bekam, begnügte sie sich weiterhin mit einem Eckchen im Schlafzimmer, während er ein großzügiges Studierzimmer mit Bibliothek bezog. Als sie älter wurde – er war inzwischen gestorben –, bedauerte sie es, keine Energie mehr für ein großes Werk zu haben: ein zusammenhängendes Werk statt all der vielen einzelnen Artikel. Sie beklagte sich nie darüber, daß sie soviel Energie für die Versorgung ihres Mannes aufbringen mußte, sie fand, sie habe genug Zeit für sich dadurch gewonnen, daß sie nicht wie andere Frauen zum Friseur oder bummeln ging. Vom neuen Feminismus, dessen Anfänge sie gerade noch erlebte, wollte sie nichts wissen. Sie hatte unter den Flirts ihres Mannes gelitten, und das drückte sich in einer Ablehnung all dieser jungen Frauen aus, die ständig von freiem Sex redeten. Sie fand diese Frivolität ekelhaft. Virginia Woolf bewunderte sie, Simone de Beauvoir nicht. Sie sah sich als emanzipierte Frau, schließlich hatte sie im Gegensatz zu normalen Hausfrauen immer gearbeitet. Die Botschaft der neuen Generation von Feministinnen, daß Frauen, die nur Mann und Kinder versorgen, unterdrückt seien, wollte sie nicht mehr hören.

Es gibt nur wenige Liebesbeziehungen zwischen begabten Menschen, die Bestand hatten, ohne daß die Frau zumindest einen Teil ihres Talents unterdrücken mußte, um die Beziehung am Leben zu erhalten. Es sind berühmte Paare, die die Phantasie vieler Menschen beschäftigen, Paare wie etwa Elizabeth Barrett und Robert Browning, Virginia und Leonard Woolf und, näher an unserer Zeit: Simone de Beauvoir und Jean-Paul Sartre. Schauen wir uns an, wie sie ihre Beziehung gestalteten.

3 Die idealen Paare

Elizabeth Barrett und Robert Browning hatten beide schon veröffentlicht, als sie sich kennenlernten. Elizabeth war vierzig und bereits eine berühmte Dichterin, Robert vierunddreißig. Elizabeth litt seit Jahren an Tuberkulose und führte ein zurückgezogenes Leben als Invalidin. Gegen den Willen ihrer Familien heirateten sie und flüchteten ins Ausland, wo sie in Italien und Frankreich von Bleibe zu Bleibe zogen und sich ihrer Kunst widmeten. Sie lebten von Elizabeths Geld. Robert pflegte sie, wenn sie krank war, trug sie die Treppen hinauf und hinunter, ließ Essen aus dem nächsten Restaurant kommen. Sie selbst rührte keinen Finger im Haushalt. Nach einigen Jahren bekam sie unerwartet noch ein Kind. Elizabeth war es, die ihre Arbeit beiseite legte, wenn ihr Sohn ihre Aufmerksamkeit verlangte, oder sie unter ein Kissen schob, wenn Besuch kam. Robert hatte ein eigenes Arbeitszimmer. Sie klagte darüber, wie schwer es sei, als Mutter noch Zeit zum Schreiben zu finden. Aber ihr fiel das Schreiben leichter als Robert, und trotz des Kindes schrieb sie *Aurora Leigh* in derselben Zeit, in der sein Buch *Men and Women* entstand. Ein schwieriger Moment kam, als sich herausstellte, daß Barrett wesentlich mehr Erfolg mit ihrem Werk hatte als Browning, doch die Beziehung überlebte die Spannungen. Elizabeth ließ nie Zweifel daran, wie hoch sie seine Dichtkunst einschätzte. In späteren Zeiten hielt man Browning für den größeren Dichter. Während der Jahre mit ihr, bis zu ihrem Tod, hat er seine besten Werke geschrieben. Beide hatten ein subtiles Gleichgewicht gegenseitiger Achtung gefunden. Sie war vermögend, war jedoch mit ihren Krankheiten, mit ihrer Opiumabhängigkeit, von der sie sich mit Brownings Hilfe befreien konnte, und ihren Fehlgeburten von ihm abhängig, und er schien sich in dieser unterstützenden Rolle wohler zu fühlen als in den Zeiten, in denen sie gesund und energiegeladen war und sich selbständiger bewegen konnte. In den fünfzehn Jahren ihrer Ehe, bis zu ihrem Tode, haben sie sich kaum eine Nacht allein gelassen.

Als Virginia Stephen Leonard Woolfs Heiratsantrag annahm, war sie nicht mehr jung. Sie stammte aus einer äußerst kultivierten Familie, seit ihrer frühesten Kindheit gingen Schriftsteller und Künstler im elterlichen Haus ein und aus. Virginias Schwester Vanessa malte, und Virginia selbst begann schon sehr früh zu schreiben. Eine systematische Ausbildung hat sie kaum genossen, das war zu ihrer Zeit bei Frauen noch nicht üblich. Ihre Entrüstung darüber beschreibt sie in *Ein Zimmer für sich allein* und *Drei Guineen*, Büchern, die in feministischen Kreisen noch immer gelesen werden. Virginia erbte etwas Geld, als ihre Eltern starben, im Gegensatz zu Leonard, der zwar in Cambridge studiert hatte, jedoch nicht den Hintergrund besaß, der ihm eine glanzvolle Laufbahn ermöglicht hätte. Als er Virginia um ihre Hand bat, machte er sich keine großen Hoffnungen. Sie und ihre Schwester Vanessa galten als sehr gute Partie, zudem waren sie hübsch und begabt. Virginia hätte auch eine Reihe anderer Männer heiraten können, doch sie entschied sich für Leonard, den sie in einem Brief als «mittellosen Juden» beschrieb. Von großer Verliebtheit konnte keine Rede sein, sie warnte Leonard von vornherein, daß die körperliche Seite der Ehe sie nicht reize. Man fragt sich im nachhinein, weshalb sie Leonard wählte und nicht einen der Männer, die ihr mehr zu bieten hatten. Zum Teil wird diese Frage durch einen Umstand beantwortet, der ihrer Familie bekannt war, nicht jedoch ihren Verehrern. Virginia besaß die Veranlagung zu einem Nervenleiden, das als erblich galt. Sie hatte bereits zu diesem Zeitpunkt Zusammenbrüche erlitten, hörte dann Stimmen, die Vögel begannen auf griechisch zu singen, sie wurde depressiv, schlief nicht, aß nicht und magerte beängstigend ab, und zum Schluß endeten solche Anfälle mit Selbstmordversuchen.

Virginia hielt sich somit nicht für das Große Los und

warnte Leonard, daß es Schwierigkeiten geben könne. Sie heirateten, und die ersten Jahre waren nicht einfach. Von Anfang an zeigte sich, daß Virginias Widerwille gegen Sex unüberwindlich war, außerdem trat das Schema zutage, das sich später stets wiederholen sollte. Ihr erstes Buch war fast fertig, und je näher der Erscheinungstag rückte, desto stärker machten sich die nervösen Symptome bemerkbar. Der Publikationstermin wurde verschoben, aber wieder brach Virginia kurz davor zusammen. Nach Rücksprache mit den Ärzten entwarf Leonard daraufhin ein strenges Regime, dem er sie zeit ihres Lebens unterwarf: erzwungene Ruhe, erzwungene Ernährung, keine übermäßige Aufregung, kein Sex und, was auch Virginia bedauerte, die sehr kinderlieb war, auf keinen Fall Kinder. Als sie mit ihren Büchern noch nicht viel verdiente, arbeitete Leonard hie und da als Redakteur und schrieb zusätzlich Berichte für die Fabian Society. Gemeinsam mit Virginia gründete er die Hogarth Press, in der ersten Zeit eher eine Liebhaberei, die sich später jedoch zu einem angesehenen Verlag entwickelte, der sogar bescheidene Gewinne abwarf. Als Virginia mit ihren Büchern so viel verdiente, daß sie nicht mehr von ihrem Erbe abhängig war, nahm Leonard keine Aufträge mehr an. Sie verbrachten ihre Zeit gemeinsam mit Schreiben, mit der Verlagsarbeit, mit Spaziergängen und mit Gartenarbeit. Beide beschrieben ihre Ehe als glücklich, und nie sah es so aus, als wolle einer von ihnen ausbrechen. Leonard war Virginia eine große Stütze, obgleich sie manchmal, wenn sie irgendwo hinwollte und er der Ansicht war, dies sei ihrer Gesundheit abträglich, darüber klagte, daß er zu streng mit ihr sei. Es war nicht Inspiration, was sie bei ihm suchte – «only women stir my imagination», sagte sie einmal. Mit ein paar Frauen verband sie leidenschaftliche Freundschaften, die stark erotische Untertöne hatten. Leonard dagegen bot ihr die Stabilität, die sie brauchte. Ihm gelang es, sie vor vielen Zusammenbrüchen zu bewahren, bis auf den letzten, bei dem sie sich ertränkte.

Leonard ertrug es, daß ihre Bücher bekannter wurden und sich weit besser verkauften als seine, er ertrug es, daß sie beide hauptsächlich von ihrem Geld lebten, und das ist ungewöhnlich. Cynthia Ozick hatte eine Erklärung dafür,[50] weshalb dieses dem Anschein nach so ungleiche Paar so erfolgreich war: Daß Virginia Hilfe brauchte, war deutlich, was aber suchte Leonard bei einer Frau, auf die er ständig achtgeben mußte, mit der er nicht schlief und mit der er keine Kinder haben konnte? Einem Juden, und schon gar einem mittellosen Juden, wäre dieser Platz im intellektuellen, aber antisemitischen Milieu von Bloomsbury nie eingeräumt worden, wenn er nicht als Ehemann einer der Stephen-Schwestern in diese Kreise gelangt wäre, meint Ozick. In dieser Ehe war nicht nur Virginia geschützt, auch Leonard war es. Dank ihres Einkommens hatte er die Freiheit zu schreiben, ohne sie wäre Hogarth Press nicht geworden, was es wurde. Es war eine Verbindung, von der beide profitierten, und beide waren dankbar dafür.

Und nun, zum Schluß, das weltberühmte Paar de Beauvoir und Sartre. Zwei ungewöhnlich intelligente und ehrgeizige Menschen, die schon sehr früh wußten, welcher Platz ihnen als Intellektuellen in der Welt zustand. Sie schlossen einen Vertrag: Sie würden einander nie fallenlassen, doch neben ihrer Beziehung mußte Raum für andere, zufällige Lieben bleiben. Nach den ersten Jahren ihrer Verbindung begannen beide, dieses Credo in die Praxis umzusetzen. In Sartres Leben tauchte eine neue junge Frau nach der anderen auf, Olga, Wanda – häufig waren es Studentinnen von Simone, die sie mitbrachte, wohl wissend, daß Sartre kaum eine junge Frau verschmähen würde, wenn sie ihm so präsentiert wurde.

Auch die Beauvoir spielte mit – sie schlief mit ein paar Männern aus ihrem Kreis und gelegentlich auch mit einer der jungen Frauen Sartres, doch bei ihr war es letztlich nur halbherzig. Ihre große Leidenschaft erlebte sie erst mit Nelson Algren, einem amerikanischen Schriftsteller.

Sartre und de Beauvoir selbst hielten ihre Verbindung für sehr geglückt und boten sich ohne Scheu als Modell für den Rest der Welt an: So gehörte es sich, Mann und Frau als ebenbürtige Partner, keine gemeinsamen Kinder, kein gemeinsamer Haushalt, beide frei, andere Beziehungen einzugehen. Dieses Bild haben sie ihr Leben lang vor den Augen der Welt aufrechterhalten, und erst im nachhinein, durch die Veröffentlichung von Tagebüchern und Briefen, kamen Risse in der Fassade dieses idealen Paars zum Vorschein. Die Menschen nämlich, die die Zufallslieben von Monsieur und Madame waren, fühlten sich sehr viel weniger glücklich, sie hatten oft das Gefühl, willkürlich geopfert zu werden. Außerdem mußte die Beauvoir häufig gegen ihre Eifersucht ankämpfen, auch wenn sie der Meinung war, sie dürfe keine empfinden. Solange die jugendlichen Frauen in Sartres Leben sie als Nummer eins anerkannten und ihr zuvorkommend begegneten, ging es noch, aber nicht alle Frauen hatten Lust dazu. Eine von ihnen, Dolores, war eine Zeitlang immerhin eine wirkliche Bedrohung, bis Sartre selbst genug von ihr hatte. Es war ein Muster, das sich noch oft wiederholen sollte: Sartre verliebte sich Hals über Kopf, die betreffende Frau begann, sich an ihn zu klammern, und schon suchte er Zuflucht bei der Beauvoir oder benutzte sie als Ausrede, um sich aus der erdrückenden Umarmung zu befreien. Im Grunde ging es Sartre nicht so sehr um Sex, daraus machte er sich nach eigenen Angaben nicht viel, aber er brauchte die Bewunderung von Frauen, er war auf ihre Abhängigkeit angewiesen, und die Frauen, die er um sich sammelte, die er mit

Versprechungen, kleinen Privilegien und Gunsterweisen gegeneinander ausspielte und mit Hilfe eines strikten Zeitplans, von dem nicht abgewichen werden durfte, im Griff behielt, waren auf fast schon neurotische Weise auf ihn fixiert.[51] Simone de Beauvoir brachte er Achtung entgegen, mit ihr führte er seine intellektuellen Diskurse, mit ihr besprach er seine Werke, aber nach den ersten zehn Jahren hatten sie keine sexuelle Beziehung mehr.

Ganz so gleichrangig, wie beide es darstellten, war die Beziehung aber auch in intellektueller Hinsicht nicht. Die Beauvoir ging davon aus, daß er das größere Genie sei, und er widersprach dem nicht, obgleich erst die Zeit zeigen wird, wer von ihnen bedeutender war – ich meine, sie. Sie las alle seine Werke, bevor sie veröffentlicht wurden, und ihre Redaktion war unentbehrlich.

Sie stimmte ihren Urlaub auf seine Bedürfnisse ab – er brauchte Unterstützung, wenn er schrieb –, was ihre anderen Liebhaber, z. B. Nelson Algren, nicht gerade begeisterte. Umgekehrt war es nicht so. Sartre las längst nicht alles, was die Beauvoir schrieb, er las auch nicht Korrektur. Wenn er sie brauchte, war sie da, umgekehrt geschah das selten, und um nicht enttäuscht zu werden, bat die Beauvoir ihn auch nicht oft darum. Und obwohl sie nur selten kochte und nur in Notfällen den Haushalt für sie beide übernahm, war ihre Rolle traditioneller, als sie es selbst wahrhaben wollte: Sie war diejenige, die seine vielen Freundinnen unter Kontrolle hielt, die Streit schlichtete, die ihn versorgte, was immer mehr Zeit in Anspruch nahm, je älter und kränker er wurde. Als das so sehr zu Lasten ihrer Arbeit ging, daß sie nicht mehr zum Schreiben kam, überließ sie seine Pflege größtenteils seinen Freundinnen, und das kam sie teuer zu stehen. Zum Schluß vermachte er seinen literarischen Nachlaß nämlich nicht ihr, sondern seiner Adoptiv-«Tochter» Arlette. Nach seinem

Tod erlebte sie eine traurige Zeit. Sie mußte mit ansehen, wie sie die Kontrolle über sein Vermächtnis, über das Werk, das sie so lange als ihr gemeinsames Werk betrachtet hatte, verlor.

Die zweite große Liebe in Simone de Beauvoirs Leben war der Schriftsteller Nelson Algren. Mit Sartre verband sie in erster Linie eine «verbale Leidenschaft», mit Algren eine physische. Diese Seite der Beauvoir – daß sie ein leidenschaftlicher und erotischer Mensch war – war lange nicht öffentlich bekannt. Zum Teil deshalb, weil sie selbst damit nicht an die Öffentlichkeit ging. Nach der Kritik an ihrem Buch *Das andere Geschlecht* bemühte sie sich sehr, ihre Beziehung zu Sartre als ideale Verbindung darzustellen, und vertuschte ihre anderen Liebesverhältnisse. Zum Teil entsprang dieses Bild aber auch einer stereotypen Denkweise, die noch keineswegs ausgerottet ist: Eine Frau, die denken kann, kann nicht lieben, Blaustrumpf und Liebhaberin schließen einander aus. Und die Beauvoir war unverkennbar eine Intellektuelle, die auch bereitwillig dazu stand.

Obwohl sie Algren leidenschaftlich liebte und auch er ganz im Banne dieser merkwürdigen, für ihn exotischen Französin stand, hatte ihre Liebe kein Happy-End. Algren konnte einfach nicht verstehen, weshalb die Beauvoir nicht zu ihm nach Chicago kam, schließlich hätte sie auch dort schreiben können. Aber das wollte sie nicht. Die Bindung an Sartre, der sie zur Unterstützung seiner geistigen Arbeit, nicht sexuell, brauchte, war zu stark. Abgesehen davon sah sie sich nicht allein als Schriftstellerin, sondern auch als öffentliche Figur im intellektuell-politischen Milieu Frankreichs. Sie war auf diese, ihre eigene Umgebung und Sprache angewiesen, um schreiben zu können, und das wollte Algren nicht begreifen. So schlug sie vor, sich jeweils mehrere Monate im Jahr zu sehen, in Amerika oder in Frankreich, doch das genügte ihm nicht. Daß er nach Frankreich übersiedeln könne, kam ihm nicht einmal in den Sinn. Als er einige Monate dort verbrachte, ertrug er es nicht, daß sie regelmäßig weg war – unter anderem zusammen mit Sartre –, und ohne Abschied zu nehmen reiste er ab. Er ließ sie sitzen, um seine geschiedene Frau ein zweites Mal zu heiraten, ließ sich abermals scheiden, kam wieder bei der Beauvoir an, heiratete ein drittes Mal und ließ sich wieder scheiden. Bis zu seinem Tod war er wütend auf sie, unter anderem deshalb, weil sie ihre gemeinsamen Erfahrungen in ihren Romanen verarbeitete, aber gleichzeitig sehnte er sich nach ihr. Er fand sie faszinierend und konnte sie nie durch eine andere Frau ersetzen, denn die Frauen, die er heiratete, vermochten ihn nicht so zu fesseln. Seine Tragik bestand darin, daß er eine selbständige Frau wollte und es nicht ertrug, daß sie selbständig war.

Simone de Beauvoir war dreiundvierzig, als Algren mit ihr brach, und sie glaubte, ihr Liebesleben sei damit zu Ende. Sie entwickelte eine tiefe Depression. Nie kam sie auf die Idee, daß sie das Opfer einer inhärenten Ungerechtigkeit sein könne: Sartre, ein häßlicher, kleiner, schielender Mann, der sich eigentlich kaum etwas aus Sex machte, war bis ins hohe Alter von immer jüngeren und schöneren Frauen umringt, während sie, von Natur aus leidenschaftlicher als er, keine Liebe mehr bekommen sollte, weil sie angeblich zu alt dafür war. Ihr Groll richtete sich nicht gegen Sartre oder gegen Männer generell, sondern gegen das Phänomen des Alterns. Aber dann gab es doch noch eine Überraschung in Gestalt des siebzehn Jahre jüngeren Claude Lanzmann, mit dem sie eine mehrjährige Affäre hatte. Er war der einzige Mann, mit dem sie zusammenlebte – bis auch er ging.

Sieht man sich die Liebesbeziehung zwischen der Beauvoir und Sartre und zwischen der Beauvoir und Algren rückblikkend an, so zeigt sich deutlich, daß die Männer dabei nicht sehr innovativ waren. Sie wollten, was Männer im Grunde schon immer gewollt haben. Sartre hatte eine Frau, die für ihn sorgte. Sofern sie ihm nicht den Haushalt führte, taten das andere Frauen, und daneben hatte er fesselnde und attraktive Freundinnen. Auch Algren war letztlich ein konservativer Mann, der wollte, daß eine Frau für ihn da sei, ohne daß er im gleichen Ausmaß für sie dazusein hätte, der sie zu seiner ständigen Verfügung haben wollte und der, auch wenn er ihre Selbständigkeit und Ambitionen noch so interessant fand, doch der Ansicht war, er gehe vor. Die Beauvoir war es, die etwas Neues erprobte, neu zumindest für Frauen. Zwei Männern hat sie eine wirklich gleichrangige Beziehung angeboten, und beide haben sie nicht ausfüllen können. Was Sartre betraf, trat der erotische Aspekt ihrer Beziehung immer mehr in den Hintergrund, aber auch in der dann vorrangig intellektuellen Verbindung war sie diejenige, die mehr Zugeständnisse machte als er. In der Beziehung zu Algren stand die Leidenschaft im Mittelpunkt, aber auch er erwartete, daß sie sich mehr nach ihm richte als er sich nach ihr.

War sie glücklich? Sie selbst sagt ja. Sie bemühte sich sehr, nach außen das Bild des idealen Paars aufrechtzuerhalten, und wer weiß, vielleicht tat sie das auch vor sich selbst. Immerhin waren Sartre und die Beauvoir bis zum Schluß außerordentlich wichtig füreinander, und das ist mehr, als viele andere Frauen erreicht haben.

Drei Ehen, wenngleich zwei Paare auf dem Papier nicht verheiratet waren. Drei Ehen, die unserem modernen Ideal gleichrangiger Beziehungen, partnerschaftlicher Ehen als Modell dienen. Drei Frauen, die trotz oder sogar dank ihres Mannes weitergearbeitet und wichtige Werke hinterlassen haben. Ausnahmen.

Was machte diese Beziehungen erfolgreich? Was bewirkte, daß diese Frauen sich nicht zwischen ihrer Liebe und ihren Ambitionen zu entscheiden brauchten? Bei Simone de Beauvoir war die Realität härter, als die schöne Fassade vermuten läßt. Die Beauvoir mußte einen großen Teil ihres Lebens auf die Liebe, nach der sie sich insgeheim sehnte, verzichten, und obwohl sie mit Sartre eine geschlossene Front bildete – sie hat mehr für sein Werk getan als er für das ihre.

Die Paare Woolf und Barrett / Browning sind aus anderen Gründen interessant. In beiden Fällen war sie diejenige, die größere gesellschaftliche Erfolge und mehr Geld hatte, und sofern wir das noch feststellen können, hat keiner der beiden Männer das übelgenommen, keiner fühlte sich durch die Tatsache, daß er als Mann finanziell von seiner Frau abhängig war, in seinem männlichen Selbstwertgefühl verletzt. Zwischen diesen beiden Paaren besteht eine merkwürdige Übereinstimmung. In beiden Fällen war die Frau mehr oder weniger leidend, wenngleich das beide nicht von schöpferischer Tätigkeit abhielt. Beide waren äußerst kompetent, wenn es um ihre Arbeit ging, konnten aber gleichzeitig dem Mann das Gefühl vermitteln, ohne ihn nicht leben zu können.

Beide empfanden großen Respekt vor der Arbeit ihres Mannes. Virginia bewunderte Leonards akademische Bildung, Elizabeth hielt Roberts Werke für bedeutender als ihre eigenen. Beide Frauen haben dafür gesorgt, daß ihr Mann sich nie überflüssig vorkam.

Liegt darin der Schlüssel? Ist es das, was auch heute noch so vielen Männern Angst einjagt im Umgang mit kompetenten Frauen – die Furcht, sie seien überflüssig geworden, wenn wir alles selber können? Wer ist nun eigentlich von wem abhängig?

4 Feminismus, Männer und die Liebe von heute

Frauen seien einer organisierten Tyrannei der Männer ausgesetzt, schrieb Eleanor Marx, die Lieblingstochter von Karl, sie seien einer organisierten Tyrannei der Männer genauso ausgesetzt wie Arbeiter einer organisierten Tyrannei der Profiteure ausgeliefert seien. Beide Gruppen müßten erkennen, daß sie ihre Emanzipation selbst erkämpfen müssen. Aber Frauen könnten Verbündete unter den besseren Männern finden, genauso wie Arbeiter unter den Philosophen, Künstlern und Dichtern.

Auch Eleanor Marx hatte Hoffnungen auf einen dieser besseren Männer gesetzt, Edward Avelingh. Sie heiratete ihn nicht – er war bereits verheiratet –, liebte ihn sehr, doch zum Schluß betrog er sie, indem er heimlich eine andere, jüngere Frau heiratete, als er endlich geschieden war. Eleanor Marx beging Selbstmord.

Das Ideal der modernen partnerschaftlichen Ehe ist keine Erfindung dieses Jahrhunderts. Es hat schon früh Vorkämpfer gegeben, Männer und Frauen, die die bürgerlichen Verbindungen kritisierten, die nicht auf wirklicher Liebe beruhten, sondern eher Wirtschaftsverträge zwischen zwei ungleichen Parteien auf der Grundlage einer Doppelmoral waren. Ellen Kay Trimberger beschreibt in *Feminism, Men and Modern Love* ein solches Milieu, einen Kreis von Intellektuellen und Künstlern, die zwischen 1900 und 1925 in Greenwich Village lebten – einem Stadtteil von New York, der bekannt war wegen der Sozialisten, Anarchisten, Reformer, Schriftsteller und Feministinnen, die dort wohnten. Trimberger durchforschte die Tagebücher, Briefe und Publikationen dreier «moderner» Männer aus jener Zeit, Männer, die stolz darauf waren, nicht nur politisch, sondern auch über die Beziehung zwischen Frau und Mann fortschrittlich zu denken. Es sind Max Eastman, Hutchins Hapgood und Floyd Dell. Was diese Männer gemeinsam hatten, war ihre Ablehnung der Doppelmoral, die Männern sexuelle Erfahrungen zugestand und Frauen nicht. Außerdem suchten sie Frauen, die man nicht nur küssen, sondern mit denen man sich auch unterhalten konnte. «Ich liebe Frauen mit Verstand, Charakter und Unabhängigkeit», sagte Eastman. Seine erste Liebe galt einer solch unabhängigen Frau, Inez Millholland, die in Vassar studiert hatte und eine Suffragette war, eine Vorkämpferin des Frauenwahlrechts. Max bewunderte sie, doch irgendwie konnte er sich nicht überwinden, mit ihr ins Bett zu gehen. Gleichzeitig bemerkte er, daß sein «romantisches» Interesse in erster Linie Mädchen galt, die nicht imstande waren, ein interessantes Gespräch zu führen. Später klappte es doch, mit einer anderen Frau. Er bezeichnete es als Wunder: «I really liked to talk with a beautiful woman.»

Dell war ein glühender Anhänger des Feminismus jener Zeit, er schrieb ein Buch mit dem Titel *Feminism for Men*, und auch er suchte eine Frau, die nicht nur attraktiv, sondern ebenbürtig war.

Hapgood war kein Anhänger des Feminismus, wohl aber des neuen egalitären Ideals: Es müsse doch möglich sein, Sexualität, Liebe und geistige Kameradschaft in *einer* Beziehung zu verwirklichen, meinte er. Und alle waren überzeugt, daß zu einer solchen Beziehung nicht nur die Monogamie der Frau, sondern auch die des Mannes gehöre. Hohe Ideale, die ihnen im weiteren Verlauf große Schwierigkeiten machen sollten. Immer wieder stellten sie fest, daß sie sich in Frauen verliebten, die ihrem Ideal nicht entsprachen, viel jüngere Frauen, Frauen, die nicht das gleiche intellektuelle Niveau hatten. Dieses Dilemma wird von Dell in seinem autobiographischen Roman *Moon-Calf* so beschrieben:

«Du weißt doch, daß ich für jedes Theaterstück zwei Karten bekomme, und meist nehme ich ein Mädchen mit. Manchmal ist es eine intellektuelle junge Dame und manchmal eine, die man küssen kann – aber letztlich bin ich mit keinem dieser beiden Typen zufrieden.»

«Das ist eine erschreckend unreife Bemerkung», sagte Tom Alden, «warum in Gottes Namen glaubst du, daß du intellektuelle Frauen nicht küssen kannst?»

«Ich weiß nicht», gestand Felix, «aber worauf es hinausläuft, ist, daß ich die anderen reizvoller finde. Vielleicht ist mein Geschmack ja vulgär. Ich fühle mich bei ihnen wohler, entspannter. Aber wenn ich dann im Theater neben ihnen sitze und höre, wie sie über dumme Witze lachen, und merke, wie wenig sie alles, was nur ein bißchen subtiler ist, zu würdigen wissen, tja, dann empfinde ich nur noch Widerwillen.»

Diese drei Männer ringen alle mit der Diskrepanz zwischen ihren Idealen und ihren Emotionen. Zu Beginn geben sie sich Mühe. Sie suchen Frauen, auch solche, mit denen sie Gedanken austauschen können, die Verständnis für ihre emotionalen Konflikte haben. Sie suchen starke, intellektuelle Frauen, doch letzten Endes verlangen sie von ihnen, daß sie ihre eigenen Bedürfnisse den ihren unterordnen. Keiner dieser Männer ist in der Lage, diesen Frauen zu bieten, was sie selbst von ihnen verlangen. Manchmal bricht bei einem die Einsicht durch. Eastman sagt: «Normalerweise ist soviel Egoismus in der Liebe von Männern, daß ich mich frage, wie Frauen das ertragen.» Und Dell: «Männer sind viel mehr an sich selbst interessiert – und an ihren Reaktionen auf Frauen –, viel mehr als an den Frauen selbst.»

Doch trotz dieser Erkenntnis beklagen sie sich auch über ihre Frauen. Eastman ist der Meinung, seine Freundin Ida

Rauh bewundere ihn nicht genug und untergrabe damit sein Ego. Mit Florence Deshon, einer Schauspielerin, klappte es besser, solange sie ihn als Lehrmeister akzeptierte, aber Florence beging Selbstmord. Seine letzte Frau war die beste, mit ihr lebte er dreißig Jahre zusammen. Eliena war zwar ursprünglich Tänzerin und Dichterin gewesen, widmete sich jetzt aber nur noch Eastman, kochte, kümmerte sich um Haus und Garten, stellte keine Forderungen und akzeptierte, daß er seinen Blick derweil auf Mädchen ruhen ließ, die romantische Gefühle in ihm weckten. Nach 1920 entwickelten alle drei Männer konservativere Ansichten. Hapgood wurde immer offener anti-feministisch, Eastman beschreibt in hymnischen Worten die Aufopferungsbereitschaft seiner Eliena: «Sie führte den Haushalt, tippte meine Manuskripte und wusch meine Hemden im kalten Wasser der Quelle neben dem Feigenbaum. In meiner Erinnerung sehe ich sie die ganze Zeit an diesem Baum sitzen und Feigen essen, aber irgendwie wurden meine Hemden immer gewaschen und meine Manuskripte getippt, obwohl sie bei vielen englischen Wörtern nicht wußte, was sie bedeuteten, und sie wieder und wieder, mit unerschöpflicher Energie und Geduld, ins reine schrieb.» Auch Dell entdeckt schließlich, daß eine auf intellektuellen und künstlerischen Gemeinsamkeiten basierende Kameradschaft weder die Grundlage sexueller Intimität noch die einer Ehe sein könne: «Ich war mir jetzt ganz sicher, daß ich kein künstlerisch veranlagtes Mädchen heiraten wollte: Ich wollte ein Mädchen heiraten, dem die Karriere nicht wichtiger sein würde als die Kinder oder ich – so scheußlich reaktionär ich diesen Gedanken vor wenigen Jahren auch noch gefunden hätte. *Ein* Künstler in der Familie, davon war ich überzeugt, war genug.»

Die drei Männer, deren Überzeugungen Trimberger in ihrem Buch untersucht, haben es wirklich versucht. Sie hatten, selbst nach unseren Maßstäben, moderne Ansichten. Nur, diese Ansichten sagten nicht viel aus über ihre Gefühle. Sie hatten unterschiedliche Bedürfnisse: eine Frau als Kameradin, fast könnte man sagen als Mutter, eine Frau, die sie achten konnten. Sie suchten nach Sex und Romantik, doch sosehr sie sich auch bemühten, diese beiden Ideale in *einer* Frau zu finden – es gelang ihnen nicht. An den Frauen lag es nicht, wie sie schließlich selbst zugeben mußten, diese modernen Frauen vereinten Intellekt und Erotik gleichermaßen, für sie war das kein Gegensatz. Aber die Männer schafften es nicht, beide Wünsche zu *einem* Bild zusammenzufügen: War sie intellektuell und selbständig, kamen bei ihm keine romantischen Gefühle auf, zog sie ihn erotisch nicht an, und für Frauen, die er attraktiv fand, konnte er wenig Achtung aufbringen. Zum Schluß fanden sich alle Männer damit ab, daß das Ideal nicht erreichbar sei, und teilten die Frauen nach alter Väter Sitte in verschiedene Funktionen auf: Hausfrau, Geliebte, Kameradin. Eine, die einen versorgt und an die man sich anlehnen kann, und eine andere, die zu einem aufblickt, von der man sich bewundern läßt. Trimbergers Studie befaßt sich vor allem mit dem Dilemma der Männer, ihrem Kampf mit der Kluft zwischen einem Ideal und den eigenen widersprüchlichen Gefühlen. Was diese Situation für die Frauen bedeutete, erfahren wir in weit geringerem Maße, doch wir können es uns leicht vorstellen: So sehr unterscheidet es sich nicht von dem, was wir heute erleben.

Die Männer, die Trimberger anführt, wußten zumindest, daß sie ein Problem hatten, und manchmal kam ihnen auch die Einsicht, daß dies nicht nur an den Frauen liege, die nicht imstande seien, zwei gegensätzliche «weibliche» Funktionen gleichzeitig zu erfüllen. Doch sehr weit ging ihre Selbsterkenntnis nicht. Letztlich erwies es sich als einfacher, das Ideal der egalitären Beziehung beiseite zu schieben und auf die alten traditionellen Wünsche zurückzukommen. Das heißt, eine Frau auszusuchen, oder auch mehrere Frauen, die wie eh und je für sie sorgten und wie eh und je zu ihnen aufblickten.

Die gleiche Geschichte finden wir in vielen Variationen in Ruth Brandons Buch, das den treffenden Titel *The New Women and the Old Men* trägt, und in dem die Beziehungen zwischen «modernen» Intellektuellen, Reformern, Schriftstellern, Sozialisten wie Olive Schreiner, Havelock Ellis, Margaret Sanger, de Webb's, Eleanor Marx und Edward Avelingh, H. G. Wells und Rebecca West untersucht werden. Es sind in erster Linie die Männer, die lautstark ihre aufgeklärten Ideen über Sex und sexuelle Beziehungen äußern, doch wenn es darauf ankommt, verwirklichen sie wenig davon. Der Schriftsteller H. G. Wells hat zwei seiner Geliebten geschwängert, um die Kinder kümmerte er sich danach allerdings kaum, schlimmer noch, er empfand sie als störend, wenn er die Damen besuchte, und zwischendurch konnte er jederzeit auf seine treue und tolerante Ehefrau zurückgreifen, die dafür sorgte, daß sein großzügiger Haushalt reibungslos lief. Und trotzdem beklagte er sich, daß Rebecca West, eine seiner beiden Geliebten, es einfach nicht schaffte, ihr Leben in den Griff zu bekommen, zu sehr an ihm hing. Wobei er «vergaß», daß sie als Schriftstellerin kaum über Einkünfte verfügte und das Leben einer ledigen Mutter in jener Zeit nicht einfach war. In diesen Geschichten sind die Frauen die wahren Pioniere, sie sind es, die Risiken eingehen und den Preis für ihre neue Freiheit bezahlen, während die Männer nur wollen, was sie immer schon wollten, auf ihre Ideale pfeifen, wenn es unbequem wird, und kein einziger den Frauen letztlich mehr als schöne Worte zu bieten hat. Die einzige Frau in dieser Studie, die mit einem Mann glücklich wurde, ist Margaret Sanger. Sie heiratete zu guter Letzt einen Millionär, der so verrückt nach ihr war, daß er ihr ihre Freiheit ließ.

Das Faszinierende an solchen Geschichten ist der Mangel an Selbsterkenntnis bei den Männern. Es sieht so aus, als wüßten sie nicht, weshalb sie immer wieder auf Frauen zurückgreifen, die für sie sorgen und für sie da sind, die sie zum Mittelpunkt ihres Lebens machen, während sie selbst weiterhin von Frauen fasziniert sind, die unabhängiger und aufregender sind, die eigene Ambitionen haben – etwas, was sie ihnen dann mit schöner Regelmäßigkeit zum Vorwurf machen.

Was hier abläuft, kann man wunderbar an einem weiteren Exemplar der männlichen Spezies aufzeigen, einem deutschen Sexologen, der in den fünfziger Jahren seine Memoiren schrieb. Er war damals sechzig und konnte auf mehrere Ehen zurückblicken. Ich zitiere diesen Dr. med. L. Lenz so ausführlich, weil ich glaube, daß er etwas ausspricht, was noch immer für viele Männer gilt, aber nicht mehr laut gesagt werden darf, weil es sich mit unseren modernen Ansichten über die partnerschaftliche Ehe, mit unserer Ebenbürtigkeitsideologie nicht mehr in Einklang bringen läßt. Herr Lenz ist einer der letzten *schamlosen* Chauvinisten.

«Meine Ehe mit Else war so wunschlos und zufrieden gewesen, wie eine Ehe es nur sein kann; wir waren Verliebte und Kameraden, schätzten uns, nahmen aufeinander Rücksicht, respektierten gegenseitig unsere Persönlichkeit und unsere Beschäftigung, kurz, wir suchten uns das Leben so leicht wie möglich zu machen. Langsam war aber auch aus dieser meiner zweiten Ehe aus dem Komplex Liebe die Sexualität ausgeschieden, und übrig blieb allein – die Freundschaft. Das aber genügte uns beiden auf die Dauer nicht.

Erst viel später ist es mir klar geworden, daß die soeben

angedeutete Erklärung meiner Ehe-Müdigkeit zwar im Prinzip stimmt, aber nicht der alleinige Grund meiner Scheidung gewesen ist. Ich habe das bemerkt, als ich Shaws ‹Pygmalion› auf der Bühne sah.

Auch ich verspüre seit jeher eine gewisse Lust zu bilden, zu formen, zu erziehen, aufzubauen. Ist aber mein Werk fertig, dann freue ich mich nur eine Zeitlang, dann aber werde ich seiner müde, verliere schnell das Interesse an ihm (...)

So war es auch mit Denise gewesen, und so war es mit Else. Beide lernte ich kennen, als sie noch unfertig waren. Sie waren Bürgermädchen wie viele andere. Ich habe sie erzogen, habe ihnen ihre Lektüre ausgesucht, ihnen selbst Stunden in fremden Sprachen, in Stenographie, im Maschinenschreiben, in Musik, Kunst und Literatur gegeben. Ich habe sie gelehrt, Wirtschaft und Küche zu lieben und praktisch zu gestalten, die Technik des Haushalts kennen und schätzen zu lernen. Meine Frauen sind – jeder hat es mir bestätigt – gebildete, wertvolle Frauen geworden. Daß dieses Resultat nur bei einem guten Grundmaterial möglich gewesen ist, versteht sich von selbst. In der Wahl des ‹Stoffes› habe ich eben eine glückliche Hand gehabt. Als aber die ‹vollkommene Frau› dastand, als ich statt Fragen von ihnen meine eigenen Antworten, statt Zaudern meine eigenen Gedanken hörte, da war ich satt, mein Werk war vollbracht. Das Meißeln hat mir ungeheure Freude gemacht, solche Freude, daß ich dem Stein noch heute dankbar bin. Die Statue selbst mag jetzt andere ergötzen.

Bin ich aber schon beim Analysieren, so muß ich auch einen Charakterzug erwähnen, der meinen beiden Frauen eigen ist, besser, der sich langsam herauskristallisiert hat: sie sind mir zu selbständig, zu männlich geworden. Ich liebe nun einmal als meine Ehefrau keine selbständige Frau. Die Frau, die unabhängig arbeitet, eigene Entschlüsse faßt, im Lokal selbst bestellt, allein handelt, kann wohl das Objekt meiner Bewunderung, nie aber das meiner Liebe sein. Schon wenn sie allein ausgeht, um Einkäufe zu machen, die außerhalb des täglichen Bedarfs liegen, bin ich unangenehm berührt. Ich liebe das Weibchen in seiner reinen Form, in seiner Torheit und in seiner Hilflosigkeit, das Weibchen, das sich, wie Efeu um den Stab, so um den Mann rankt. Eine Frau in Hosen lasse ich nur gelten, wenn sie diese aus praktischen Gründen anzieht, eine Frau, die Motorrad fährt, jagt mich in die Flucht (...)

Denise war zu Pferde gestiegen, Else hatte zuletzt Autofahren gelernt, so gingen meine beiden Ehen auseinander. (...) Wir sagten uns Adieu mit Tränen in den Augen...»

Danach heiratete Dr. med. L. Lenz die zwanzig Jahre jüngere Maria.

Männern, die so offen ihren Wunsch nach jungen, abhängigen, noch formbaren Weibchen äußern, begegnet man nur noch selten. Nur hin und wieder, und dann als moderner Don Juan, der die Schürzenjägerei als typisches Männerhobby betreibt.

Nur nachmittags betreibe er Sex, erzählt der französische Schriftsteller Gabriël Matzneff seinem Interviewer, der seiner Bewunderung kaum Herr wird. Der Abend sei für seine Freunde reserviert und ins Bett gehe er allein. Er wird als Vollblut-Casanova beschrieben, als Schürzenjäger alten Stils: «Wie es scheint, verfügt er über alle Eigenschaften, die Stendhal dem Don Juan-Typ zugeschrieben hat: Er ist unerschrocken, erfinderisch, lebendig, kaltblütig und geistreich.» Er macht seinen Frauen den Hof mit dem gleichen Fleiß, mit dem er seine Bücher schreibt, und das sind zwanzig. «Er reißt seine zahlreichen sexuellen Beziehungen in höllischem Tempo ab, trotz seines Alters. Jeden Tag ist es wieder ein Husarenstück, die eine Freundin die Treppe hinunterzukomplimentieren, bevor die nächste klingelt.» Gabriël Matzneff ist dreiundfünfzig. Mein Traum vom idealen Liebhaber wäre er nicht, mir würde es nicht gefallen, die Treppe hinunterkomplimentiert zu werden, bevor die nächste kommt, und Männer, die eine Strichliste darüber führen, wie viele Frauen sie gehabt haben, wirken auf mich ausgesprochen libidosenkend, aber in die Gefahr komme ich nicht, denn Matzneff sucht seine «Frauen» unter den Fünfzehn- bis Achtzehnjährigen, oft gehen sie noch zur Schule. Ansonsten hat er eine ausgesprochene Vorliebe für Immigrantinnen, marokkanische oder algerische Mädchen. Daß deren Vater sie hätte umbringen können, wenn er sie erwischt hätte, scheint die Erregung nur noch zu steigern.

Weshalb seine Frauen unbedingt fünfunddreißig, fast vierzig Jahre jünger sein müssen, könne er schon erklären. Zunächst einmal halte eine Frau über fünfundzwanzig ihn für einen alten Sack, sagt er, er komme bei solchen «älteren» Frauen nicht an. Aber das wolle er auch nicht, denn diese Frauen hätten selbst sexuelle Erfahrungen, und das wolle er nicht. «Eine Frau, die fünfzehn Liebhaber und zwei Ehen hinter sich hat, kann nicht mit einer jungen Frau konkurrieren, die zum erstenmal Liebe macht. Das ist unmöglich. In meinem Buch kommt eine Brigitte zu Wort: Die erzählte mir, daß ich ihr sechzehnter Liebhaber sei. Im Bett ging es ja noch, das Bumsen machte Spaß, aber ansonsten! Sie sprach immer nur von den vorigen fünfzehn, und ich konnte mich nicht in sie verlieben. Ich habe sie viermal gesehen, dann ist sie verschwunden. So etwas hat keinen Bestand.»

Nicht, daß so etwas Bestand haben soll, aber Matzneff will selbst derjenige sein, der die Sache beendet, er mag es nicht, wenn man ihn fallenläßt. «Die Male, als ich bei einer Frau bleiben wollte, die mich verließ, haben mir jahrelang Kummer bereitet. Wenn eine Frau dich einmal wegen eines anderen verlassen hat, wer sagt dir, daß nicht alle Frauen dazu imstande sind? Ich will nicht der Verlierer sein, der allein zurückbleibt, und so muß man oft der erste sein, der geht. Leiden hasse ich.»

Treu sei er seinen Mätressen daher nicht, nur sich selbst, seinen eigenen Grundsätzen und seinen Freunden. Eigentlich sei er der Junge geblieben, der er mit sechzehn war, berichtet er. Er sucht sich die Frauen also sozusagen in der eigenen Altersgruppe. Wenn eine Fünfundzwanzigjährige schon zu alt für ihn ist, dann brauchen wir noch ältere gar nicht erst zu erwähnen. «Nach ihrem fünfzigsten Lebensjahr ist eine Frau kaum noch begehrenswert, selbst wenn sie sehr intelligent oder sehr elegant ist. Manche bleiben zwar hübsch, aber daß man nun Lust bekäme...» Bei Männern dagegen mache das Älterwerden nichts aus, findet er. «Bewundert eine Frau dich wegen deines Talents, was immer das sein mag, dann wird sie dich weiter lieben, auch wenn du alt bist, auch wenn du Falten hast – das macht alles nichts aus.» Er findet es also gut, wenn sie ihn weiter lieben, solange das nicht von ihm verlangt wird. Denn mehr hat dieser Liebhaber wirklich nicht im Sinn mit dem anderen Geschlecht. «Wenn dein Land besetzt ist, mußt du kämpfen und nicht mit dem Besatzer ins Bett gehen, wie es viele Frauen im Krieg getan haben. Frauen sind nicht fähig zu Patriotismus.» Und wir haben noch mehr Macken. «Die Wahrheit muß gesagt werden. Von Männern wohlgemerkt, denn Frauen wissen nicht, was das ist, Wahrheit. Frauen schaffen sich ihre eigene Wahrheit. Die Leichtigkeit, mit der sie Männer vergessen, die sie geliebt haben... Das kommt daher, weil sie die Wahrheit nicht lieben. Viel lieber phantasieren sie sich eine Vergangenheit zusammen, die ihnen besser gefällt. Dieses Buch (über seine Eroberungen) ist vor ein paar Wochen erschienen, es sind verschiedene Abenteuer darin erwähnt, ich nenne jede Frau beim Namen, und wissen Sie, was einige jetzt sagen? ‹Mit dir habe ich nie etwas gehabt.› Frauen machen sich immer Sorgen, sie wollen immer mehr, sie wollen Treue, sie wollen Kinder, sie wollen mit einem zusammenleben. Frauen vergiften die Gegenwart mit dem Unbekannten der Zukunft.»

Aber zum Glück gibt es ja noch fünfzehnjährige Mädchen ohne sexuelle Erfahrung, die bewundernd zu ihm aufschauen und die er fortschicken kann, bevor sie alt und lästig werden und anfangen, Forderungen zu stellen.

Dieser Mann ist ein Zwangsneurotiker, ein Süchtiger, der meint, Frauen zu lieben, im Grunde aber eine Heidenangst vor ihnen hat: Er hat soviel Angst, daß sie ihn verletzen, ihn verlassen, daß er sie lieber fallenläßt, bevor er selbst fallengelassen werden kann. Peter Trachtenberg, der sich selbst als ehemaligen Süchtigen beschreibt, hat in seinem Buch *Der Casanova-Komplex* aufgezeigt, welche Muster wir bei Männern finden, die einerseits ohne Frauen nicht auskommen, andererseits aber Angst davor haben, daß sie zuviel Einfluß erlangen. Man denkt an Shulamith Firestone, wenn man liest, wie Trachtenberg seine Geschlechtsgenossen beschreibt und einteilt. Da gibt es die Männer, die zwar beginnen, ein Nest zu bauen, jedoch das Weite suchen, wenn ihre Abhängigkeit sie zu bedrücken beginnt. Das ist der Typ Mann, der nur schnell mal Zigaretten holen geht und auf immer verschwindet. Da gibt es den Jongleur, der versucht, verschiedene Frauen gegeneinander auszuspielen, so daß keine ihn je «hat». Da gibt es die Männer, die zwar verheiratet bleiben wollen, aber erst glauben, daß ihre Frauen sie lieben, wenn diese ihre Seitensprünge ertragen. Es gibt den zwanghaften Erorberertyp, der es bereits als unerträgliches Eindringen in sein Privatleben empfindet, wenn sie ihn nach dem Akt nach seiner Telefonnummer fragt. Und dann gibt es die Männer, die sich heftig verlieben können, nach kurzer

Zeit aber feststellen, daß auch diese Frau wieder nicht ganz dem detaillierten Bewerberprofil entspricht, das sie von der idealen Frau entworfen haben.

Das Beunruhigende daran ist nicht, daß es solche Extremfälle wie Matzneff gibt. Ich kenne auch Frauen, die jeder Bindung aus dem Weg gehen und bei der geringsten Gefahr, daß Intimität entstehen könnte, flüchten oder Strategien entwikkeln, um zu verhindern, daß jemand in die Lage kommen könnte, Macht über sie zu haben. Das Beunruhigende daran ist die Bewunderung, die so ein Mann bei anderen Männern auslöst. Er ist ein Held. Wenn sie könnten, würden sie es genauso machen.

Barbara Gordon spricht in *Jennifer-Fieber* von den älteren Männern, die speziell jüngere Frauen suchen, als wäre das eine Kategorie für sich. Aber in Wirklichkeit haben wir es dabei nur mit etwas extremen Exponenten dessen zu tun, was offenbar die meisten Männer für ganz normal und auf jeden Fall für begehrenswert halten. Frauen müssen jünger sein als Männer. Und wenn wir Matzneff richtig zuhören, dann sagt er auch warum: Ältere Frauen stellen Forderungen, sie verfügen in sexueller Hinsicht über Vergleichsmaterial und sind somit imstande, seine Liebhaberqualitäten richtig einzuschätzen. Das kann also ins Auge gehen. Ältere Frauen lassen sich nicht so leicht wegschicken, sie bewundern einen Mann nicht mehr so maßlos, sie sind weniger geneigt, ihn zum Mittelpunkt ihres Lebens zu machen, sie ordnen sich nicht so leicht unter. Was sich als sexueller Geschmack ausgibt, ist in Wirklichkeit das Bedürfnis nach der Unterordnung der Frau. Oder besser gesagt: Diese Unterordnung ist es, was eine Frau für Männer erotisch anziehend macht, die Angst haben, sich selbst einer Frau unterordnen zu müssen, die sogar eine Heidenangst davor haben, sich ihre eigene Abhängigkeit eingestehen zu müssen.

Matzneff ist ein Extremfall. Die meisten Männer begnügen sich mit Frauen, die etwas jünger sind oder auf andere Weise ein wenig unterlegen. Eine inhärente Ungleichheit, die hinter einer Fassade moderner Ansichten über Mann und Frau als ebenbürtige Partner versteckt wird. Eine Partnerwahl, die man nicht zu verantworten braucht, weil sie schließlich rein persönlich ist. Über Geschmack und Anziehungskraft läßt sich bekanntlich nicht streiten.

Aber bevor wir die ganze Verantwortung für die in der Regel ungleiche Partnerwahl auf die Männer schieben und uns fragen, weshalb Männer das tun und warum, selbst wenn sie wollten, so viele von ihnen anscheinend nicht anders können, will ich auf den Anteil der Frauen eingehen. Schließlich gibt es in jeder Beziehung zwischen Mann und Frau eine Frau, die «ja» gesagt hat. Warum suchen Frauen Männer, die das Übergewicht haben, oder, anders ausgedrückt, weshalb begnügen sie sich damit, obwohl sie wissen müßten, daß dies ihre Emanzipationsbestrebungen ernsthaft behindern kann?

Teil III
Der Mantel der Liebe

1 Was Frauen bei älteren Männern suchen

Wenn man Leute fragt, weshalb Männer jüngere Frauen bevorzugen, dann bekommt man meist zu hören, daß jüngere Frauen sexuell anziehender seien. Fragt man, weshalb Frauen sich in ältere Männer verlieben, so kommt die Antwort schon zögernder. Vielleicht gefällt es den Frauen, zu jemandem aufzublicken, hört man dann meist. Offenbar gehen wir also davon aus, daß es Männern nicht gefällt, zu jemandem aufzublicken, und nehmen an, daß Frauen es weniger wichtig finden, ob ein Mann sexuell anziehend ist, oder halten es für selbstverständlich, daß Männer länger frisch bleiben als Frauen.

Wenn wir diese Frage unter dem Gesichtspunkt traditioneller Verhältnisse betrachten, so liegt auf der Hand, warum Frauen einen überlegenen Mann suchen, suchten. Solange wirtschaftliche Selbständigkeit für die meisten Frauen in der Praxis ein Ding der Unmöglichkeit war, hingen Existenzsicherheit und Lebensstandard unmittelbar mit der Position des Mannes zusammen, den man heiratete: Hatte er ein hohes Einkommen, so bekam man als Frau Personal, das einen Teil der Arbeit übernahm, hatte er keins, dann mußte man selbst auf Knien den Küchenfußboden scheuern. Auch das gesellschaftliche Ansehen hing direkt damit zusammen: Ältere Frauen wissen noch, daß auf dem Land früher die Anredeform für Frauen nicht nur davon abhing, ob sie verheiratet waren oder nicht, sondern auch von der sozialen Position ihres Mannes oder Vaters. Die Frau des Notars wurde mit «gnädige Frau» angesprochen, die Bäuerin mit «Frau», und die Frauen aus der Arbeiterklasse mit «Fräulein». Bis heute, denn das gilt im Grunde noch immer für einen sehr großen Teil der weiblichen Bevölkerung, können wir sagen, daß sich die soziale Position des Mannes direkt an seinem Beruf ablesen läßt und die soziale Position der Frau an zwei Faktoren: Ob sie selbst einen Beruf hat oder nicht, und ob sie mit einem Mann liiert ist und welchen Beruf der hat. Die soziale Position der Frau kann sich folglich im Laufe eines Lebens viel stärker verändern als normalerweise bei einem Mann.[52] Erst war ich die Tochter eines Direktors, dann heiratete ich einen Mann, der Schiffsbauelektriker war, bevor er arbeitslos wurde, und stand, obwohl ich noch immer dieselbe Person war, auf einmal ein paar Stufen weiter unten. Und das wortwörtlich. Ich erinnere mich, daß ich in meinem schicken Mantel, den ich noch von zu Hause besaß, meinen Mann zu einem Stapellauf begleitete und versehentlich, dieses Mantels wegen, zu dem höher gelegenen Podium gewiesen wurde, wo die Honoratioren samt Gattinnen standen, bis der Irrtum herauskam und ich wieder nach unten geschickt wurde. Als nächstes wurde ich, was man heute eine von Sozialhilfe lebende Mutter nennt. Danach schuf ich mir eine recht ordentliche Position, nun aber nicht mehr über einen Mann. Für viele Frauen ist ein Frauengehalt auch heute noch zu wenig, aber auch unter Frauen, die längst eine eigene Position innehaben, erweist sich die Vorstellung, daß ihr Status von dem Mann an ihrer Seite abhängt, als äußerst zählebig. Ich kenne eine Frau mit guter Ausbildung, die schon seit Jahren ihr eigenes Geld verdient und sich von ihrem Freund trennte, weil sie das Gefühl hatte, sich mit ihm nicht recht zeigen zu können. Zum Teil läßt sich dieses Bedürfnis nach einem Partner mit Niveau aus der bei Frauen offenbar eine größere Rolle spielenden Überlegung heraus erklären, man müsse sich doch gut unterhalten können und gemeinsame Interessen haben, aber insgeheim spielt mit hinein, daß man als Frau über den Partner beurteilt wird. Der Status des Mannes ist für viele Frauen offenbar doch immer noch wichtiger als der eigene Status. Eine andere Frau, die ich kenne, ebenfalls beruflich selbständig, sucht keinen Mann mit «Niveau». Sie hat schon seit Jahren einen Liebhaber, der bei weitem nicht ihr berufliches Ansehen genießt, dafür aber, wie sie sagt, gut bumst und mit dem sich das Wochenende gut verbringen läßt. Mit diesem Mann wird man sie allerdings nie in der Öffentlichkeit sehen, weder auf Verlegerparties noch beim Bücherball. Das will er nicht, sagt sie. Das will sie auch nicht, denke ich.

Die Zählebigkeit solcher Traditionen ist sicherlich ein Faktor, weshalb Frauen im Durchschnitt ältere Männer suchen. Aber es gibt auch noch einen ganz banalen Grund. Wenn ich mir die Kontaktanzeigen ansehe, so stelle ich fest, daß die meisten Frauen gern einen etwa gleichaltrigen Partner hätten. Doch den bekommen sie nicht, denn der will *sie* nicht. Der will eine Jüngere, und da immer noch beide ja sagen müssen, bleiben für Frauen nur ältere Männer übrig.

Und dann gibt es noch einen Grund, der etwas tiefer sitzt und dessen wir uns vielleicht nicht immer bewußt sind. Bevor ich auf ihn eingehen kann, muß ich erst einen kleinen Exkurs einfügen.

Nancy Chodorow, Soziologin und außerdem in psychoanalytischer Denkweise geschult, führt ein weiteres Motiv an, weshalb Frauen sich möglicherweise einen älteren Mann wünschen.[53] Frauen wie Männer wachsen mit einem aus frühester Jugend stammenden Bedürfnis nach Intimität und Geborgenheit auf. Männer haben aber in der Regel wenig Übung darin, beim anderen das Bedürfnis nach Intimität zu erfüllen, es stimmt nicht mit ihrem Bild von Männlichkeit überein, es ängstigt und beklemmt sie. (Ich komme auf die Sozialisation der Männer im nächsten Abschnitt zurück.) Zum Teil suchen Frauen diese primäre Bindung daher woanders: bei anderen Frauen. Auch Frauen, die heterosexuell sind, haben oft noch intime, vertraute Bindungen zu anderen Frauen. Im Gegensatz zu Jungen, die die Identifikation mit der ersten Frau in ihrem Leben, ihrer Mutter, abbrechen müssen, um ein Mann zu werden, wachsen Mädchen *in* einer intimen Beziehung zu einer Frau auf, sie brauchen diese Identifikation nicht aufzugeben, die Beziehung wird nie ganz abgebrochen. Zum Teil finden Frauen die ersehnte Intimität also bei anderen Frauen, zum Teil in ihrem eigenen Muttersein: in der Wiederholung einer exklusiven Bindung zu jenem anderen Menschen, der einem ganz gehört. Zum Teil aber suchen Frauen diese Intimität auch bei Männern. Die Chance ist größer, sagt Chodorow, daß Frauen diese Intimität bei älteren Männern finden, denn Männer werden dem Wunsch nach Intimität gegenüber toleranter, je älter sie selbst werden, sie fühlen sich weniger dadurch bedroht. Ältere Männer sehen allmählich die Relativität des Karrierismus um jeden Preis ein; das ist auch ein Grund, weshalb manche älteren Väter mit den Kindern aus einer neuen Beziehung soviel netter umgehen als mit den Kindern aus früheren Beziehungen, und je älter Männer und Frauen werden, um so stärker gleichen sich ihre Bedürfnisse einander an.

Ich bin da etwas skeptisch. Ich sehe tatsächlich, daß ältere Ehepaare, solche, die es miteinander ausgehalten haben, friedlicher miteinander umgehen als manches junge Paar, und ich sehe ältere Männer, die sich nicht schämen, mit ihrem Enkelkind im Sandkasten zu sitzen oder auch mal einkaufen zu gehen. Manchen Männern ist es also möglich, ein «weiblicheres» Verhalten zu entwickeln, wenn sie dem Konkurrenzkampf entronnen sind und sich selbst mehr Ruhe gönnen. Doch das gilt sicherlich nicht für alle Männer, denn wie wäre es sonst zu erklären, daß so viele ältere Männer nicht zufrieden sind mit ihren älteren Frauen? Matzneff ist nicht der Mann, der mit zunehmendem Alter die Angst vor Vertrautheit mit Frauen verliert, es sei denn, er ändert sich noch. Vertrautheit erlebt er vor allem mit seinen Freunden: Der Prototyp eines Mannes, der zwar in fast süchtigem Ausmaß heterosexuell ist, ansonsten aber homosozial und homoemotional.

Vielleicht ist es aber bei manchen Frauen einfach so, daß sie gern einen «väterlichen» Mann haben, im Grunde, weil sie «Mütterlichkeit» suchen, und das bei einem älteren Mann auch finden. Vielleicht sind es Frauen, die ihren Vater früher idealisierten, und diese Erfahrung wollen sie gern noch einmal machen: An sich ist nichts dagegen einzuwenden, daß wir in unseren Liebesbeziehungen etwas von dem suchen, was wir früher gehabt – oder vermißt – haben, und vielleicht sind solche «Januar-April»-Beziehungen für beide Seiten außerordentlich befriedigend, wenngleich das Problem bestehen bleibt, daß sie aller Wahrscheinlichkeit nach noch sehr viele Jahre allein sein wird, wenn er vor ihr stirbt. Aber ich denke, daß noch etwas anderes mitspielen kann, wenn Frauen sich ältere Männer aussuchen oder sie zumindest akzeptieren. Es hängt mit einem Phänomen zusammen, das als «Erfolgsangst» bekannt geworden ist.

Vielen Forschern war es lange Zeit ein Rätsel, weshalb Mädchen, die anfangs gut in der Schule waren, um die Pubertät herum in ihren Leistungen nachzulassen begannen. Bei Jungen läßt sich auf Grund ihrer schulischen Leistungen recht gut vorhersagen, wie sie später in der Gesellschaft zurechtkommen werden (wobei allerdings fraglich ist, ob das angesichts der heutigen Arbeitslosigkeit noch stimmt), aber bei Mädchen ließ sich ein entsprechender Zusammenhang viel schwerer herstellen. Manche sehr begabte Mädchen haben es später nicht eben weit gebracht, zumindest in den Augen der Gesellschaft. Manchmal schien es fast, als hätten diese Mädchen ihre Begabung vor allem dazu genutzt, einen begabten Mann zu finden und seine Karriere zu fördern anstatt ihre eigene. Andere Mädchen entschieden sich zwar für einen eigenen Beruf, aber häufig lag er statusmäßig unter dem, was man auf Grund ihrer schulischen Leistungen hätte erwarten können. Inzwischen können wir eine ganze Reihe von Faktoren nachweisen, die dafür verantwortlich sind, daß Frauen, die ja im Durchschnitt nicht weniger intelligent und weniger tüchtig sind als Männer, im Berufsleben dennoch schlechtere Positionen erreichen. Mädchen werden weniger dazu sozialisiert, sich durchzusetzen und selbstsicher aufzutreten, Frauen meiden häufiger als Männer konkurrenzträchtige Situationen, zumal wenn es sich um Konkurrenz mit Männern handelt. Die Frage, ob Frauen Schach spielen können, sollte also eher lauten: *Wollen* Frauen Schach spielen? Wollen sie gewinnen? Wollen sie gegen einen Mann gewinnen?[54] Noch immer schließen sich das Bild von «Weiblichkeit» und das Bild des «Spitzenfunktionärs» offenbar gegenseitig aus, auch wenn es unter dem Druck von mehr Frauen in Spitzenpositionen zu bröckeln beginnt. Wir brauchen, wenn wieder eine neue Frau Ministerin geworden ist, die Zeitungen bloß aufzuschlagen, um zu sehen, daß die Berichterstatter keinen Augenblick vergessen, daß sie es mit einer Frau zu tun haben. Ist sie zu selbstsicher und tut damit, was männliche Minister auch tun, so wird sofort an ihrer weiblichen Attraktivität gezweifelt, findet man sie nett und attraktiv, so wird ihre Kompetenz angezweifelt.

Frauen suchen im Durchschnitt häufiger eine Arbeit, die sie befriedigt, und achten weniger darauf, welchen Status sie ihnen einträgt. Sie wollen nicht immer unbedingt Karriere machen. Sie entscheiden sich, relativ gesehen, öfter für Berufe, die sich mit dem Bild von Weiblichkeit decken: häufiger Krankenschwester als Ärztin, häufiger Hausärztin oder Kinderärztin als Fachärztin, häufiger Beteiligung an einer Gemeinschaftspraxis mit der Möglichkeit, auch noch etwas Zeit für sich selbst zu haben, und häufiger eine Arbeit, die sich eventuell mit Kindern vereinbaren läßt. Es ist also nicht nur die Diskriminierung von außen, weshalb Frauen weniger Spitzenpositionen besetzen, es hängt auch mit einer weniger auf gesellschaftlichen Erfolg und Konkurrenz hin ausgerichteten Sozialisation zusammen und mit einem verinnerlichten Bild von Weiblichkeit. Ein Faktor jedoch wird offenbar in allen Untersuchungen und Mutmaßungen darüber, weshalb Frauen es gesellschaftlich weniger weit bringen als Männer, meist übersehen: die Frage, wie man als Frau die eigenen Ambitionen mit einer guten Beziehung zu einem Mann vereinbaren kann. Und diese Frage geht tiefer als das alte Dilemma, wie Haushalt und Kinder mit dem Beruf unter einen Hut zu bringen sind, wenngleich das ebenfalls damit zu tun hat. Matina Horner kam Anfang der siebziger Jahre einem interessanten Phänomen auf die Spur.[55] Sie untersuchte die Studienmotivation von Jungen und Mädchen an amerikanischen Colleges. Dabei zeigte sich, daß sowohl Jungen als auch Mädchen häufig unter Versagensangst litten – Angst, die Erwartungen von Eltern und Lehrern nicht zu erfüllen,

Nervosität beim Gedanken daran, ein Examen nicht zu bestehen. Daneben fand sie aber auch, daß vor allem Mädchen gelegentlich unter dem Gefühl litten, nicht zu gut abschneiden zu dürfen. Horner nannte dies die Angst vor dem Erfolg. Wenn sie junge Frauen bat, erfolgreiche Frauen zu beschreiben, dann überwogen negative Bilder: Eine erfolgreiche Frau war häßlich, unglücklich, frustriert und einsam. Bloß nicht so werden! Während sich die jungen Männer vor allem mit der Frage auseinandersetzten, ob sie wohl gut genug seien, kämpften die jungen Frauen mit zwei gegensätzlichen Forderungen: Sie mußten zwar gut sein, aber nicht zu gut. Am interessantesten an dieser Untersuchung fand ich, was nicht oder nur zwischen den Zeilen zu lesen war. Es gab auch Mädchen, die sich von ihren Zielen nicht abbringen ließen. Ich nehme an, es waren Mädchen darunter, die nicht besonders erpicht auf Beziehungen zu Männern waren, und es kann auch sein, daß die kleine Gruppe von Frauen darunter war, die von Haus aus dazu angehalten wurde, Ehrgeiz zu entwikkeln. Wir wissen zum Beispiel, daß relativ viele erfolgreiche Frauen Väter hatten, die sie nicht nur als Frau, sondern auch als intelligentes Wesen akzeptierten, und die dadurch ein Selbstbild internalisierten, in dem Weiblichkeit und Intelligenz einander nicht ausschlossen. Einige wenige junge Frauen gaben in Horners Untersuchung an, sie würden von ihrem Freund motiviert, das Studium nicht aufzugeben. Und jetzt kommt das Interessanteste: Es waren häufig Paare, bei denen sowohl er als auch sie davon ausgingen, er sei der Intelligentere von ihnen beiden.

Solange beide Partner davon überzeugt sind, *er* habe das Übergewicht in der Beziehung, darf *sie*. Diese Ergebnisse finden wir auch, wenn wir uns die Untersuchungen moderner Paare ansehen, bei denen sowohl der Mann als auch die Frau eine eigene Karriere verfolgt. Was sich immer wieder zeigt, ist, daß in diesen Beziehungen ein prekäres Gleichgewicht herrscht, das vor allem *sie* zu wahren hat. Viele Männer, und damit auch Frauen, sehen ihre Beziehung als eine Art Waage: Steigt ihr Status, so sinkt seiner. Verläuft ihre Karriere unverhofft besser als seine, so muß sie sich bemühen, daß sein Selbstwertgefühl nicht zu sehr angeknackst wird. Die Gefahr, daß sonst die Beziehung zerbricht, ist immer da, und es ist eine reale Gefahr. Es gehen mehr Beziehungen kaputt, bei denen nicht er, sondern sie als dominant empfunden wird, als umgekehrt. Geht sie zu weit, so muß dem sehr viel an Kompensierung entgegengesetzt werden, und so ergehen sich viele Frauen in Beschwörungen, nicht sie, sondern er sei eigentlich der Intelligentere oder Tüchtigere. Damit beruhigen sie sich selbst, ihn und die Umwelt. Das braucht nicht bewußt zu geschehen. Es scheint eher so zu sein, daß viele Frauen irgendwo im Hinterkopf daran denken, daß es eine unsichtbare Linie gibt, die sie nicht überschreiten dürfen.

«Die typische verheiratete Frau mit Berufsausbildung muß ihren Mann als bemerkenswert intelligenten Mann betrachten können, um psychologisch gesehen ihre eigenen Leistungen zu akzeptieren», sagt Sara Yogev, die viele Untersuchungen über die Beziehungen von beruflich hochqualifizierten Frauen durchgeführt hat.[56]

Inzwischen hat man sich eingehender mit dieser Erfolgsangst befaßt. In jüngsten Untersuchungen ließ sich weit weniger klar nachweisen, daß junge Frauen von vornherein davon ausgehen, sie würden sich durch gute Leistungen unbeliebt machen. Vielleicht hat sich tatsächlich etwas am Selbstbild der Frauen verändert, vielleicht nehmen wir als weniger selbstverständlich an, eine erfolgreiche Frau müsse per definitionem auch unattraktiv und einsam sein. Und dennoch:

Das Phänomen, daß Mädchen sich möglichst nicht anmerken lassen wollen, wieviel sie können, gibt es noch immer. Mieke de Waal beschreibt in ihrer Untersuchung über Mädchen an weiterführenden Schulen, daß es als «clever» gilt, mit seinen guten Noten nicht zu sehr hausieren zu gehen, und vor allem, dafür zu sorgen, die netten Jungs nicht zu übertrumpfen – denn das können die noch immer nicht leiden.[57] Mirra Komarovsky gab diesem Phänomen bereits vor vierzig Jahren den Namen «playing dumb», und es ist noch nicht ausgestorben.[58] Auch eine Untersuchung über hochbegabte Frauen zeigt, daß sie alle das Phänomen, sich dümmer zu stellen, als man ist, kennen.[59] Intelligenz ist nicht immer von Vorteil für eine Frau, es sei denn, sie weiß sie sehr gut zu verbergen. Auch die bereits früher erwähnte Freundin mußte das feststellen, als sie die Männer kennenlernte, die sich auf ihre Kontaktanzeigen gemeldet hatten: Wenn sie erzählte, daß sie promoviert hatte, konnte sie die Sache gleich vergessen, also erzählte sie es erst, wenn er seinen Doktortitel erwähnte. Ein anderer Mann brach die Beziehung nach der etwas bedauernd ausgesprochenen Mitteilung ab: Du bist klüger als ich. Offenbar hatte ich das zu deutlich gezeigt, sagte sie zu mir, ebenfalls etwas bedauernd.

Intelligenz bei Frauen ist also nur dann zu ertragen, wenn klar ist, daß er noch intelligenter ist, Erfolg ist erst dann erlaubt, wenn er vorher Erfolg hatte – und zwar größeren. Die Dichterin Sylvia Plath schrieb in einem Brief an ihre Mutter, als der Gedichtband ihres Mannes Ted Hughes erschien: «Ich bin glücklicher, als wenn das mein Buch wäre, das veröffentlicht wird! (...) Ich bin so glücklich, daß *sein* Buch *zuerst* angenommen wurde. Das wird es mir so viel leichter machen, wenn meins angenommen wird. (...) Ich kann mich dann viel mehr darüber freuen, weil ich weiß, daß Ted mir voraus ist.»[60]

Kurzum: Die Frauen gehen davon aus, daß es für die Beziehung besser ist, wenn der Mann intelligenter ist, mehr Erfolg hat, ihr voraus ist, und für den Fall, daß das nicht so ist, muß man eben so tun als ob. Und damit komme ich auf die Frage zurück, weshalb so viele Frauen einen Mann wollen, der älter ist, der einen höheren beruflichen Status hat als sie und der mehr verdient: Weil sie dann nicht immerzu aufpassen muß, ob sie ihn auch nicht kränkt, ob sie ihn mit ihrer Intelligenz und ihrem Erfolg nicht in den Schatten stellt. Bei einem Mann, bei dem von vornherein feststeht, daß er der Boss ist, kann sie es sich erlauben, sich zu entwickeln: Ihr Spielraum ist größer.

So gesehen scheint es ein berechnender Schritt der Frau zu sein, wenn sie sich für einen älteren Mann entscheidet, einen Mann mit mehr Gewicht. Doch so bewußt verläuft die Partnerwahl längst nicht immer. Ich denke, daß in der ersten Phase des Kennenlernens eine Reihe weniger bewußter und subtiler Beobachtungen eine Rolle spielen: Welche Art von Mädchen mag der beliebteste Junge der Klasse? Wenn man als Mädchen gute Noten bekommt, wird man als Streberin verschrien. Daß man mehr Komplimente fürs Aussehen bekommt als für Leistungen, lernt man schnell, oft fängt das schon beim eigenen Vater an. Da sind die Bemerkungen über die geschlechtslose alte Jungfer, die Englisch gibt. Und später: Die vielen Beispiele, die ich bereits in den vorigen Kapiteln zu der bewußten und unbewußten Sabotage angeführt habe, die ein Mann einsetzt, wenn er sich von den Leistungen oder Ambitionen einer Frau zu sehr bedroht fühlt. Viele Frauen haben gelernt, das zu antizipieren, und eine Möglichkeit besteht darin, daß sie sich in einen Mann verliebten, der sich auf Grund seiner Überlegenheit nicht so schnell bedroht fühlt. Das könnten also die Gründe dafür sein, weshalb viele Frauen sich einen älteren Partner suchen: Erstens bieten sich gleichaltrige Männer nicht an; dann ist da die wirtschaftliche Sicherheit, solange man nicht weiß, ob man es allein schaffen wird; drittens aus Gründen der Konvention – mit einem älteren Mann kann man sich eher zeigen. Vielleicht spielt auch eine Rolle, daß manche älteren Männer liebenswürdiger sind. Und schließlich glaubt man sicher zu sein, daß ein älterer und besser ausgebildeter Mann einem mehr Freiraum zur eigenen Entfaltung einräumen wird. Ein Widerspruch in sich, wissen wir aus der Praxis, denn diese Entfaltungsmöglichkeiten haben Grenzen.

Aber nun die Frage: Wie kommt es bloß, daß Männer sich mit unabhängigen, älteren, starken, begabten Frauen so schwertun?

2 Was Männer bei jüngeren Frauen suchen

Der Mensch hat zwei Grundbedürfnisse: Einerseits will er unabhängig sein, über sein eigenes Leben bestimmen, auf eigenen Füßen stehen, und andererseits will er sich binden, geborgen sein, dazugehören, jemanden haben, der zu ihm gehört. Selbständigkeit und Bindung. Wir können es auch grob in Beruf und Liebe übersetzen. Im positiven Fall befinden sich diese beiden Bedürfnisse im Gleichgewicht. Sie brauchen einander nicht auszuschließen, im Gegenteil, sie setzen einander voraus. Man braucht nur ein Kind zu beobachten, das gerade krabbeln und laufen lernt: Es macht ihm riesigen Spaß, sich frei zu bewegen, aber es schaut sich immer wieder um, ob die Mutter noch da ist, will wieder zurück, in ihre Arme, nur um sich erneut loszustrampeln, wenn es wieder Lust auf Abenteuer bekommt. Es sind Übungen zum Finden des Gleichgewichts zwischen Bindung und Selbständigkeit.

Daß wir jemanden haben, auf den wir zurückgreifen können, ein Nest, eine Familie, eine Liebe, macht es einfacher, auf eigenen Füßen zu stehen, und umgekehrt macht erst wirkliche Selbständigkeit es möglich, Beziehungen einzugehen, zu lieben ohne die Angst, verschlungen zu werden, ganz im anderen aufzugehen oder die eigenen Grenzen zu verlieren.

Ideal ist es, wenn wir dieses Gleichgewicht finden, in uns selbst und in bezug auf die Umwelt, denn der Mensch ist ein soziales Wesen, extreme Einsamkeit hält niemand aus. Aber für die meisten Menschen ist das nicht einfach, wir sind ständig damit beschäftigt, dieses Gleichgewicht immer wieder neu auszutarieren, wenn es ins Wanken geraten ist, wenn wir den Halt einer Beziehung verlieren oder zuviel von unserer Selbständigkeit einzubüßen drohen.

Nancy Chodorow ist eine der wichtigsten Theoretikerinnen, die uns klarmacht, daß sich das Grundmuster dafür, wie wir mit der Balance zwischen Abhängigkeit und Unabhängigkeit umgehen, bereits in den ersten Lebensjahren herausbildet.[61] Es gibt große individuelle Unterschiede, die unter anderem damit zu tun haben, ob wir genug Sicherheit hatten, um selbständig werden zu können, und genug Freiraum. Aber es lassen sich auch Muster in der unterschiedlichen Entwicklung der Geschlechter erkennen.

Es ist noch immer so, daß wir unsere erste, primäre Bindung zu einer Frau haben, und das, sagt Chodorow, hat tiefgreifende Konsequenzen. Es ist der wichtigste Faktor in unserer Entwicklung als Mann oder Frau. Kurz gesagt (Chodorows Theorie ist nicht einfach, ich habe sie ausführlicher in *Wie Schalen einer Zwiebel* besprochen) läuft es darauf hinaus, daß Mädchen in der intimen Beziehung zu einer anwesenden Frau lernen, Frau zu werden, während Jungen die Identifikation mit der Mutter aufgeben müssen, um zu Männern zu werden, und das ohne eine wirklich intime Bindung zu einem anwesenden Mann. Väter sind ausgerechnet dann, wenn die Kinder klein sind, größtenteils nicht zu Hause. Ein Kleinkind verbringt sehr viel mehr Zeit mit der Mutter – oder mit anderen Frauen. Viele der Geschlechtsunterschiede, die wir später für so «natürlich» halten, lassen sich aus dieser ersten Sozialisation erklären. Und obwohl wir uns davor hüten müssen, die Beurteilung typischer Charaktereigenschaften von Männern und Frauen in ein allzu grobes Raster zu spannen – als ob beide nichts mehr gemeinsam hätten (oder es nicht viele individuelle Unterschiede gäbe), lassen sich doch einige typische Männermuster und typische Frauenmuster unterscheiden.

Ein kleiner Junge wächst heran und entdeckt, daß er nicht so ist wie seine Mutter, nie so sein wird wie seine Mutter, und oft wird seine Mutter ihm selbst auch das Gefühl vermitteln, daß er «anders» ist. Der Junge, der sein Leben genau wie ein Mädchen in inniger Intimität und Identifikation mit einer Frau begonnen hat, muß sich jetzt mit einer Gestalt identifizieren, die weit schemenhafter, emotional distanzierter, weniger sichtbar und manchmal sogar kaum anwesend ist. «Männlichkeit» wird damit weit weniger als «Weiblichkeit» zu einer stabilen, fest verinnerlichten Eigenschaft, Jungen sind empfänglicher für stereotype Männlichkeitsbilder, solche, die da sind – viele Kinder sehen den Fernseher häufiger als ihren Vater. Männlichkeit wird durch das Fehlen realer Identifikationsmöglichkeiten defensiv. Männlich ist das, was *nicht* weiblich ist. Ein Beispiel: Manchmal lasse ich Studenten und Studentinnen eine Liste ausfüllen, auf der sie zehnmal den Satz «ich bin ...» ergänzen sollen. Zweck der Sache ist zu zeigen, daß Frauen sich selbst häufiger in Relation zu anderen definieren und Männer sich häufiger als eigenständige Wesen: Meist steht ihre Berufsidentifikation ganz obenan. Frauen, die Kinder haben, werden selten vergessen, sich als

Mutter zu definieren, und das steht meist ziemlich am Anfang, Männer mit Kindern dagegen vergessen schon mal, sich als Vater zu definieren, und auch «Ehemann» oder «Freund» oder «Geliebter» wird gelegentlich unterschlagen. Eine meiner Studentinnen ließ die Liste daheim von ihrem kleinen Sohn ausfüllen. Der schrieb als erstes: «Ich bin ein Junge» und als zweites: «Ich bin kein Mädchen».

Fassen wir die Hauptpunkte der typischen Männersozialisation zusammen[62] (noch einmal: damit soll nicht gesagt sein, daß alle Männer genau so sind, solchen stereotypen Durchschnittsmännern begegnen wir im wirklichen Leben selten):

- Männer lernen, sich selbst in erster Linie als eigenständig zu sehen, sie haben, um es fachlicher auszudrücken, deutlichere Egogrenzen, während Frauen sich selbst häufiger in Beziehung zu anderen definieren;
- diese «Eigenständigkeit» ist zum Teil defensiv, muß immer wieder neu bestätigt werden;
- Männlichkeit wird vor allem als das definiert, was nicht weiblich ist;
- Männer wachsen mit einer ambivalenten Einstellung zu Frauen heran. Zum Teil sehnt er sich nach ihr, sucht – in anderen Frauen, in der Heterosexualität – seine Mutter, sucht eine Frau, die nur ihm gehört und die er nicht mit einem anderen, einem Vater, zu teilen braucht. Zum Teil hat er Angst davor, Frauen haben Macht über ihn, das ist seine kindliche Erfahrung, sie sind die Stärkeren, eine Frau kann ihn heftig frustrieren, sie kann ihn enttäuschen und ihm ihre Liebe entziehen, sie kann ihn verschlingen und nie mehr loslassen.

In einem Klischee zusammengefaßt, sind Frauen Meister im Anknüpfen und Pflegen von Beziehungen, haben jedoch Probleme mit der Selbständigkeit, während Männer gelernt haben, selbständig zu sein, dafür aber Angst vor Bindungen haben. Ein Klischee, das sich mühelos auf das allgemein akzeptierte Bild unserer Gesellschaft übertragen läßt. War es nicht so, daß Frauen heiraten wollen und daß Männer sich nach Kräften bemühen, sich nicht einfangen zu lassen? War es nicht so, daß Frauen abhängig sind und Männer selbständig?

Klischees enthalten Wahres, sind aber zu simpel.

Für Männer sind «Selbständigkeit» und «Männlichkeit» fast Synonyme, doch wir können beobachten, daß es eine Männlichkeit ist, die immer wieder neu bestätigt werden muß. Unter anderem von Frauen. Frauen müssen sich wie Frauen verhalten, um Männern das Gefühl zu geben, daß sie ein Mann sind. Nicht nur in Privatbeziehungen, sondern auch sonst. Ein wichtiger Bestandteil vieler typischer «Frauenberufe» ist genau das: Lächeln, ein bißchen flirten, ein bißchen bewundern gehört zur Tätigkeit vieler Sekretärinnen, Verkäuferinnen, Stewardessen. Ein Ausdruck dessen ist auch die permanente symbolische Verfügbarkeit (selbstverständlich) junger Frauen im Soft- und härteren Porno.

Typische Männlichkeit setzt sich aus folgenden klar zu beschreibenden Eigenschaften zusammen, sagt ein Mann, Anthony Astrachan[63], in *How Men Feel*:

- Ein richtiger Mann vermeidet jeden Anschein von «Weiblichkeit» an sich. Das heißt: Er zeigt keine Gefühle, die ihn verletzlich erscheinen lassen, er vermeidet öffentliche Beweise von Zärtlichkeit und Fürsorglichkeit gegenüber Frauen, aber auch gegenüber Männern. Es ist kein Zufall, daß Männer eine Reihe «weiblicher» Emotionen wie Zuneigung und Trauer erst dann zeigen dürfen, wenn sie ihre Männlichkeit gerade unter Beweis gestellt haben: nach einem Tor, auf dem Schlachtfeld, nach dem «final shootout», einem beliebten Thema der «buddy-movies». Die Angst vor der eigenen Homosexualität und der anderer ge-

hört auch dazu, die Angst, als «weibisch» angesehen zu werden, eine Angst, die auch bei der Verrichtung weiblicher Arbeiten wie dem Aufhängen von Wäsche, wenn die Nachbarn zuschauen, oder dem Füttern eines Kindes wieder aufflackert;
- ein richtiger Mann arbeitet und ist in der Lage, seine Familie zu ernähren. Er hat gesellschaftlichen Erfolg. Er kann Geld verdienen;
- ein richtiger Mann ist stark, wenn es sein muß aggressiv, besitzt Selbstvertrauen, hat immer Lust auf Sex, kann immer und versteht es, eine Frau zu befriedigen;
- ein richtiger Mann braucht keine Hilfe von anderen;
- ein richtiger Mann liebt Frauen, nimmt sie aber nicht ernst;
- ein richtiger Mann braucht den Sex einer Frau, kommt sonst aber ohne sie aus. Ein richtiger Mann macht sich nicht abhängig von Frauen.

Zum Glück begegnen wir nur wenigen ganz richtigen Männern in freier Wildbahn, denn sie sind eine Katastrophe für ihre Umgebung und für sich selbst. Eine auch nur halbwegs gute Beziehung zu einem richtigen Mann ist völlig unmöglich. Doch nach wie vor spukt dieses Bild von Männlichkeit in so manchem Männerkopf herum, es ist nach wie vor eine Meßlatte, an der viele Männer sich selbst und andere messen.

Inzwischen gibt es ein paar, oft über die Frauenbewegung beeinflußte Männer, die erkannt haben, daß dieses Männlichkeitsbild nicht nur schädlich für ihr Verhältnis zu Frauen ist, sondern auch für sie selbst. Je rigider Männer an diesem Männlichkeitsbild festhalten, desto gefährdeter sind sie: Sie sterben früher, verunglücken häufiger, trinken mehr, haben mehr emotionale Krisen und Depressionen, begehen häufiger Selbstmord.[64] Die Kosten des Festhaltens am Männlichkeitsideal sind hoch, wie auch Norman Mailer, der Supermacho, uns zu erzählen weiß: «Being a man is the continuing battle of one's life», sagt er, und das komme vor allem daher, weil «he can hardly ever assume he has *become* a man».[65]

Die Frage ist, warum er es dann nicht einfach läßt, aber die Antwort darauf ist eigentlich bereits gegeben: Männlichkeitsmuster bieten Männern eine soziale Position in dieser noch patriarchalischen Gesellschaft, und außerdem ist es nicht so einfach, sein Verhalten zu ändern, wenn das mit solch tiefliegenden Motiven bis hin zur eigenen Identität verbunden ist.

«Für die meisten von uns», sagt Astrachan, «sind unsere Männlichkeit, die Identifizierung mit unserer Arbeit und die Tatsache, daß wir dominieren, so miteinander verbunden, daß wir das Gefühl haben, kein Mann mehr zu sein, ‹we start to feel unmanned›, wir verlieren unsere Identität, wenn Frauen zeigen, daß sie die gleiche Arbeit tun oder dieselbe Macht ausüben können.»

Das ist auch der Grund dafür, weshalb so viele Männer sich im Umgang mit starken Frauen schwertun. Astrachans Frau war zwar jünger, aber genau wie er Journalistin, und eine gute dazu. «Mir fiel es wesentlich leichter, meine Frau zu unterstützen, solange sie mir beruflich unterlegen war, als später, als sie mir ebenbürtig wurde», beichtet er. Die Ehe hat den Konkurrenzkampf nicht überlebt.

Manche Männer drehen ernstlich durch, wenn sie dem internalisierten Männlichkeitsbild nicht entsprechen – oder wenn die Frauen in ihrer Umgebung es ankratzen.

Wenn es stimmt, daß die männliche Identität weniger fest internalisiert ist, dann wird auch klar, warum so viele Männer fast ihr ganzes Leben lang damit beschäftigt sind, sie unter Beweis zu stellen. Viele der Männer-Rituale basieren auf diesem ewigen Messen: Wer kann schneller, weiter, höher, wer schießt mehr Tore.

Hemingway, der seine Machoseiten auf extreme Weise zur Schau trug, protzte damit, er sei in der Lage, wie er sagte, «to outhunt, outfish, outfight, outfuck and outdrink any other man», und an ihm können wir sehen, was der Preis einer derart rigiden Männlichkeitsfassade ist: Frauen, die ihm davonliefen (Männer, die sich mit der Zahl der Nummern brüsten, die sie im Bett zustande bringen, oder mit der Zahl der Frauen, die sie kriegen können, sind in der Regel lausige Liebhaber), Krach mit jedem, ein großes Talent, das in Whisky ertränkt wurde, und ein zu früher Tod.[66]

Das Männlichkeitssyndrom erklärt auch, warum Männer sich derart heftig gegen das Vordringen von Frauen in sogenannte Männerberufe wie Bau, Polizei, Feuerwehr, höhere Führungspositionen überhaupt, wehren. Es ist nicht nur die Konkurrenz, die sie fürchten, sondern speziell die Konkurrenz von Frauen: Wo das Selbstbild auf dem Beruf basiert und der Wert dieses Berufs auf dessen Männlichkeit, ist jede Frau, die zeigt, daß sie das auch kann, ein direkter Angriff auf das Selbstwertgefühl.

Es gibt eine Reihe von Untersuchungen zu den Übereinstimmungen und Unterschieden der Stressanfälligkeit bei Frauen und bei Männern. Es gibt tatsächlich Übereinstimmungen: Für jeden ist Krankheit, wirtschaftliche Unsicherheit oder der Verlust eines geliebten Menschen eine Stressursache. Aber es gibt auch interessante Unterschiede. Ein männlicher Forscher, Joseph Pleck, spricht vom «sexrole strain»[67], dem Stress und Frust, den Männer empfinden, wenn ihr Verhalten und ihre Leistungen ihrem internalisierten Bild von Männlichkeit nicht entsprechen.

In einer neueren Untersuchung zu den spezifischen Stressursachen bei Männern sind fünf Faktoren aufgeführt, die sich unmittelbar auf die Elemente des Männlichkeitssyndroms zurückführen lassen.[68] Der erste ist: körperlich zu versagen. Darunter fällt zum Beispiel: weniger athletisch zu sein als andere Männer, bei einem Sportwettkampf zu verlieren, nicht trinkfest zu sein, aber auch, von der Partnerin hören zu müssen, sie sei sexuell nicht befriedigt, oder zu merken, daß jemand denkt, man sei homosexuell. Faktor Nummer zwei betrifft das Äußern von Gefühlen. Stressverursachend ist, einen Mann trösten zu müssen oder von einem Mann getröstet zu werden, zuzugeben, daß man vor etwas Angst hat, zu erleben, daß die eigenen Kinder sehen, daß man weint, und ganz oben auf dieser Liste steht: seiner Frau sagen zu müssen, daß man sie liebt. Der dritte Faktor betrifft die Arbeit: nicht genug zu verdienen und keinen Job zu haben, rangieren an vorderster Stelle, aber zu müde für Sex zu sein oder keine Erektion zu bekommen, wenn's darauf ankommt, kommen noch vor entlassen zu werden oder bei einer Beförderung übergangen zu werden. Zum Faktor intellektuelle Unterlegenheit gehört, mit Frauen arbeiten zu müssen die ehrgeiziger oder intelligenter sind als man selbst. Einen sehr hohen Stellenwert hat aber auch «mit einer Feministin reden». Einer Frau unterstellt zu sein, ist ein Faktor für sich: An erster Stelle steht unter einer Frau arbeiten zu müssen beziehungsweise mit einer Frau, die besser ist als man selbst; weit vorn rangiert auch, mit einer Frau verheiratet zu sein, die mehr verdient. Das gilt auch, wenn man nicht mit ihr verheiratet ist: Der Umgang mit einer Frau, die im Leben mehr Erfolg hat, verursacht großes Unbehagen, ebenso: im Sport gegen eine Frau zu verlieren. Ferner werden noch genannt: gegenüber Freunden zugeben zu müssen, daß die eigene Frau mitarbeiten muß, um die Familie zu ernähren, sowie der Umgang mit einer Frau, die wesentlich größer ist.

Damit wird deutlich, wo die tieferen Motive liegen, wenn Männer Beziehungen zu Frauen eingehen, die jünger sind und beruflich weniger qualifiziert. Das männliche Selbstbild ist labil, muß immer wieder dadurch gestärkt werden, daß man sich die eigene Überlegenheit bestätigen läßt, vor allem die Überlegenheit gegenüber Frauen. Rational kann ein Mann für gleiche Rechte und Gleichrangigkeit sein, ein Mann kann sogar Spaß am Umgang mit einer Frau haben, die klug und geistreich ist – bis zu einer gewissen Grenze. Er kann es durchaus zu schätzen wissen, daß sie mitverdient, dann haben sie es gemeinsam leichter, und der ständige Leistungsdruck fällt etwas von ihm ab – aber eben nur bis zu einer gewissen Grenze. Wird diese Grenze überschritten, geht es schief. Dann wird er krank oder böse, dann findet er sie nicht mehr nett, dann gibt sie ihm nicht mehr dieses angenehme Gefühl, das Frauen ihm zu geben haben, und natürlich liegt das an ihr, sie ist nicht mehr fähig zu lieben. Diese Grenze wird weniger schnell erreicht, wenn seine «männliche» Überlegenheit von vornherein feststeht.[69]

Natürlich liegt diese Grenze nicht bei allen Männern an derselben Stelle. Manche Männer sind so schnell gekränkt, daß schon eine symbolische Überschreitung genügt, um Wutausbrüche auszulösen, ein solcher Mann fühlt sich bereits in seiner Ehre gekränkt, wenn sich herausstellt, daß eine Frau, mit der er sonst gar nichts hat, Lesbe ist und damit Frauen einem Mann vorzieht, oder wenn die Stadt Amsterdam, um einer Fehlentwicklung gegenzusteuern, beschließt, vorläufig nur Frauen als Schulrektoren einzustellen. Andere Männer fühlen sich erst dann bedroht, wenn sie näher betroffen sind. Und ich kenne auch Männer, aber das sind nicht viele, die ein so festverankertes Selbstwertgefühl haben, daß sie sich nicht mehr angegriffen fühlen, wenn die Frau neben ihnen etwas besser kann oder mehr verdient oder berühmter ist. Wir können hier also gleich ein Mißverständnis aus der Welt schaffen. Es sind nicht die «Softies», auf die selbstbewußte Frauen fliegen. Es geht den meisten feministischen

Frauen gar nicht darum, jemanden zu dominieren. Es geht darum, sich nicht immer kleiner machen und zurücknehmen zu müssen und als starke Frau trotzdem die Unterstützung zu bekommen, die man sich wünscht. Der Softie hat sich längst als Macho entlarvt, der seine Seele nach außen gekehrt hat. Ständig aufpassen zu müssen, daß man einem anderen nicht auf die Füße tritt, ist schrecklich anstrengend, viele Frauen haben irgendwann keine Lust mehr dazu. Und gleich als «dominant» angesehen zu werden, wenn man sich nicht kleiner macht, als man ist, ist beleidigend und auf die Dauer auch nicht zu ertragen.

Wir haben bereits festgestellt, daß bei vielen Männern ein großer Unterschied zwischen dem besteht, was sie *sagen*, und dem, was sie *tun*. Oder zwischen dem, was sie *denken*, und dem, was sie *fühlen*. Zwischen fortschrittlichen Ansichten über Frauen- und Männerrollen und dem tatsächlichen Anteil an der Hausarbeit läßt sich kaum eine Relation nachweisen. Männer, die nach eigenen Worten für die Emanzipation der Frauen sind, verhalten sich nicht unbedingt anders gegenüber emanzipierten Frauen als konservative Männer, wie ich selbst regelmäßig zu spüren bekam.[70] So habe ich einmal mit zwei Männern zusammengearbeitet. Der eine, Herr A., trug gern seine feministischen Ansichten vor. Herr B. war da schon wesentlich zurückhaltender. Aber mit Herrn A. bekam ich ständig Krach, weil er nie etwas von mir annehmen konnte, nicht einmal, wenn er genau wußte, daß dies mein Spezialgebiet war. Und wenn ich ihm dann beweisen konnte, daß er unrecht hatte, stellte er sich lieber stur, als seinen Irrtum zuzugeben. Es war von Anfang bis Ende ein äußerst enervierender Kampf. Herr B. dagegen hörte zu und gab seinen Kommentar ab. Wenn wir uns nicht einig waren, schauten wir, wer die besseren Argumente hatte oder sich auf mehr Fakten stützen konnte, mit Herrn B. kam es nie zu einem Machtkampf, und ohne daß er das als «progressiv» bezeichnete, war es für ihn ganz normal, daß auch eine Frau über Sachkenntnisse verfügen konnte.

Es ist wie eine Falle, in der Männer und Frauen sich gegenseitig gefangenhalten. Dorothy Dinnerstein, eine Psychologin, die wie Chodorow sagt, die Unterschiede zwischen den Geschlechtern erklärten sich vor allem aus der Tatsache, daß beide von einer Frau aufgezogen wurden,[71] sieht es als labiles Gleichgewicht, bei dem unreife Männer und unreife Frauen einander im Würgegriff halten. Ihre Unreife manifestiert sich auf verschiedene Weise: Frauen haben gesellschaftlich gesehen die Stellung von Kindern, verhalten sich in Privatbeziehungen aber wie Mütter; Männer dagegen sind in Privatbeziehungen wie Kinder, haben aber gesellschaftlich gesehen die Position von Vätern.

Die Abhängigkeit der Frauen und die Selbständigkeit der Männer ist Schein, zumindest kann man sagen, sie ist wesentlich komplizierter. Hinter der weiblichen *ökonomischen* Abhängigkeit von Männern verbirgt sich die *emotionale* Abhängigkeit der Männer von Frauen.

So formuliert Lillian Rubin es in *Intieme vreemden*:

«Schon lange hat man die ökonomische Unabhängigkeit der Männer zu Unrecht als emotionale Unabhängigkeit betrachtet, während die ökonomische Abhängigkeit der Frauen mit als Zeichen ihrer emotionalen Abhängigkeit galt. Aber zumindest Frauen wissen schon lange, daß ihre Männer trotz der Fassade, die sie der Welt zeigen, oft wie bedürftige Kinder sind. Es ist im allgemeinen kein Thema für öffentliche Diskussionen, aber im ‹Hinterland› des Lebens von Frauen – wenn sie allein oder mit vertrauten Freundinnen zusammen sind – ist es wohlbekannt. Der Ton kann freundlich sein:

‹Manchmal ist er wie ein kleines Kind›; beschützend: ‹Er findet es schrecklich, wenn ich sehe, daß er traurig ist, also tue ich, als würde ich nichts merken, und bin besonders lieb zu ihm›; liebevoll: ‹Dann spielt er den großen, bösen Wolf, aber ich kenne ihn besser›; böse: ‹Männer sind so verdammt abhängig, nur werden sie das nie zugeben. Sie haben es gut hinter dieser selbstsicheren Maske versteckt, aber nimm ihnen die ab, dann siehst du, wie sie in Wirklichkeit sind›; mitunter spöttisch: ‹Sie verstecken sich hinter dieser verdammten Fassade, aber dahinter verbirgt sich ein heulender kleiner Junge›. Egal, wie es ausgedrückt wird, die Worte lassen keinen Zweifel daran, daß Frauen die emotionale Verletzlichkeit und Abhängigkeit ihrer Männer wohlbekannt ist. In Wirklichkeit sind Männer sowohl unabhängig als auch abhängig. Aber die Abwehrmechanismen, die sie vor langer Zeit aufgebaut haben, maskieren die Abhängigkeit, und die Struktur der Gesellschaft und der Familie, in der sie leben, bestärkt den Mythos der Autonomie.»

Kurzum, Männer brauchen Frauen, die meisten Männer brauchen Frauen, aber das darf nicht laut gesagt werden. Und am liebsten verdrängen Männer diese Abhängigkeit auch. Sie erkennen sie erst, wenn Frauen das stillschweigende Abkommen kündigen.

Der Psychiater und Therapeut Michael Myers sieht Männer vor allem dann in seiner Sprechstunde, wenn eine Ehe kurz vor der Scheidung steht oder bereits zerbrochen ist.

Die Situation, in die Frauen nach einer Scheidung geraten, ist meist nicht rosig. Wie wir bereits festgestellt haben, verschlechtert sich ihre wirtschaftliche Lage meist drastisch. In der Regel behält sie die Kinder, und die Chance, daß sie wieder einen Partner findet, ist, auch im Hinblick auf die Kinder, geringer als bei ihm. Dennoch sind es häufiger die Frauen, die die Scheidung durchsetzen, und obgleich auch sie emotional viel zu verarbeiten haben, gelingt ihnen das letztlich wesentlich besser als den Männern. Zumal Männer, die gegen ihren Willen geschieden werden und nicht schon eine neue Partnerin im Auge haben, geraten oft in eine tiefe Krise. Manche verlieren den Boden unter den Füßen. Ein Teil – Myers will diesem Thema nicht aus dem Weg gehen – wird schlichtweg gefährlich, und er sieht es als seine Aufgabe, auf Frühsymptome zu achten, die auf Aggression hindeuten könnten. Ein kleiner, aber signifikanter Teil dieser Männer ist imstande, ihrer ehemaligen Frau und den Kindern etwas anzutun. Die meisten der gegen ihren Willen geschiedenen Männer begehen allerdings keinen Mord, können aber manchmal mit ihren Aggressionen nicht umgehen. Diese äußern sich dann in einem Kampf um die Kinder: Verhältnismäßig viele Männer, die sich während der Ehe wenig um die Kinder kümmerten, fordern sie nun plötzlich für sich, um die Frau zu strafen oder um doch noch das Gefühl zu haben, die Situation zu kontrollieren, ihre Position nicht ganz und gar einzubüßen. Andere Männer, und die sind in der Mehrzahl, wollen nichts mehr von ihren Kindern wissen.

Geschiedene Männer sind weit anfälliger für Krankheiten, die mit Stress, Alkoholismus oder einer anderen Sucht zu tun haben, sie verunglücken häufiger und begehen öfter Selbstmord als verheiratete. Und sooft auch behauptet wird, die Ehe sei vor allem zum Schutze der Frauen da, es sind die Männer, die schneller nach einer neuen Partnerin suchen und die häufiger wieder heiraten.[73] Meist eine jüngere. Und von dem Moment an, an dem er wieder versorgt ist, braucht er nicht mehr daran zu denken, wie schlecht er das Alleinsein ertrug, und je mehr seine Neue ihn braucht, desto weniger braucht er sich einzugestehen, wie abhängig er von ihr ist. Wenn wir diese Konstellation betrachten, wird allmählich klar, weshalb sich so viele Männer gegen die Emanzipationsbestrebungen der Frauen zur Wehr setzen, warum sie, auch wenn sie ihnen rational sogar bis zu einem gewissen Grad zustimmen können, emotional doch solch heftige Reaktionen entwickeln. Ich habe lange gebraucht, bis ich begriff, warum sich sogar an sich intelligente Männer dermaßen schwer damit taten, zuzugeben, daß sie mehr Macht haben als Frauen. Die *Tatsachen* waren doch deutlich, und für *Tatsachen* sind Männer doch sonst so empfänglich. Mußte ich wirklich noch einmal wiederholen, daß Frauen weniger verdienen, mehr unbezahlte Arbeit leisten, weniger politische Macht besitzen, selten in führenden Positionen zu finden sind, unter sexueller Gewalt zu leiden haben, zu Hause fast alles allein tun müssen? Was ich erst später begriff, war, daß das alles objektiv richtig sein kann, daß es objektiv richtig *ist*, daß es aber noch nichts über die Macht sagt, die Frauen nach Meinung der Männer über sie haben. Emotionale Macht, sexuelle Macht, die Macht von Müttern, die Macht, ihnen unsere Liebe zu entziehen.

Was ich als fairen Deal betrachtete – ehrlich teilen, ehrliche Verhältnisse, Ebenbürtigkeit –, empfanden die Männer als regelrechte Unterminierung. Frauen, die ihr eigenes Geld verdienen können, geben Männern das Gefühl, daß sie als Ernährer überflüssig sind. Und Frauen, die im Beruf mit ihnen konkurrieren, untergraben ihr Selbstwertgefühl, das häufig auf so alten Vorstellungen basiert, nur Männer könnten führen, nur Männer könnten gefährliche Arbeiten oder schwere Arbeiten verrichten. Als nächstes sagt sie einem noch, daß sie mit der sexuellen Beziehung nicht mehr zufrieden ist, was stets seine Domäne war, und daß sie es anders will. Und jetzt kommt sie auch noch mit Forderungen im emotionalen Bereich...

Wenn wir uns die Liste der stressverursachenden Faktoren ansehen, so wird deutlich, daß das, was so viele Frauen als faires Geschäft betrachten, von Männern als massiver Angriff empfunden wird.

Manche Männer besitzen tatsächlich ein starkes Selbstwertgefühl und sind daher weniger stressanfällig. Viele Männer jedoch fühlen sich ernstlich angegriffen, wenn Frauen, wie Virginia Woolf es so schön ausdrückte, aufhören, wie ein Spiegel das Bild des Mannes in doppelter Größe wiederzugeben. Die Verlockung, zu einer Frau zu gehen, die das tut, ist groß, und Möglichkeiten gibt es genug. Auch den Nuttenbesuch können wir unter diesem Aspekt betrachten. Ich bin nur sehr wenigen Männern begegnet, die offen zugeben, daß sie regelmäßig oder gelegentlich in den Puff gehen. Aber wir brauchen nur mal nachzurechnen, wie viele Frauen Prostituierte sind oder mit Prostitution ihr Geld verdienen – und wie viele Freier am Tag sie im Durchschnitt bedienen, um zu wissen, daß es sehr viele sind. Daß Männer zu Prostituierten gehen, war bis vor kurzem so selbstverständlich, daß niemand es für nötig hielt, nach den Gründen zu fragen. Die Frage lautete stets, weshalb Frauen in der Prostitution landen, nicht, was Männer bei ihnen suchen – die wollen Sex, was sonst? Manchmal gehen Männer zu Nutten, um Sex zu haben, den sie sonst nicht bekommen können, entweder weil sie keine Partnerin haben oder sexuelle Wünsche, die ihrer Frau widerstreben oder deren Befriedigung sie von ihr nicht verlangen wollen. Aber das ist nicht alles. Tineke Boucher und Harry de Jong haben die Motive solcher Männer untersucht, *Hoerenlopers* heißt ihr Buch, und sie kamen zu dem Ergebnis, daß diese Männer vor allem *Intimität* suchen.[74] Nun ist das meinem Verständnis nach keine Intimität, ich verstehe darunter etwas Gegenseitiges, und davon ist bei einem Nuttenbesuch wohl kaum die Rede, wenngleich die Kunst einer Prostituierten darin besteht, diese Illusion zu erwecken. Männer gehen zu Prostituierten, um zu hören, wie nett sie sind, daß sie phantastische Liebhaber sind, um sich als richtige Männer zu fühlen, sie wollen über den grünen Klee gelobt werden. Sie beklagen sich, daß ihre Frau daheim nicht mehr lieb sei, aha, das hört sich wieder nach Brunt an. Wenn ihre Frau das Lieben nicht verlernt hätte (früher war sie anders, sagen eine Reihe von Männern), dann bräuchten sie ihr gutes Geld nicht für etwas auszugeben, was ihnen eigentlich gratis zustünde. Das Können einer guten Prostituierten zeigt sich nicht nur in raffinierten Praktiken und Finessen, sondern vor allem in ihrer Fähigkeit, seinem Ego zu schmeicheln – und das ist es, worin diese modernen Frauen so versagen.

Shulamith Firestone, die ich zu Beginn dieses Buches ausführlich zitiert habe, hat bei aller Extremität vielleicht nicht einmal so unrecht. Männer wollen geliebt werden, und die meisten wollen von einer Frau geliebt werden. Aber sie wollen wie ein Kind geliebt werden, das sich selbst als Nabel der Welt sieht, das möchte, daß seine Mutter nur für es da ist. Gleichzeitig zeigt Nancy Chodorow, daß die Wiederholung dieser ersten Liebe auch etwas Beängstigendes hat: Es war schließlich die Mutter, die ihm weit überlegen war, ihre Autorität war überwältigend, ihre Macht (so sieht ein kleines Kind das, erst später stellen wir fest, daß es nicht stimmt) ist unbegrenzt. Und diese Autorität, diese mütterliche Autorität wird gefürchtet.[75] Wir brauchen uns nur die beliebtesten Witze anzuschauen, dann sehen wir, wie tief das sitzt: zum Beispiel die Schwiegermutterwitze mit den schrecklichen Dragonern, in denen sich die ganze Aggression, die man der eigenen Mutter gegenüber nicht äußern konnte, versteckt, denn was sind diese Schwiegermütter anderes als – Mütter. Oder die unausrottbaren Witze über die große, herrschsüchtige Frau neben dem kleinen, schmächtigen Mann. Während in Wirklichkeit Männer fast immer größer sind als ihre Frauen, sehen viele Männer Beziehungen zu Frauen, speziell zu älteren, so: In seiner Vorstellung ist sie riesengroß geworden, und daneben sieht er sich selbst als klein und machtlos. Vielleicht ist es die unterdrückte Verbitterung, die er in ihr spürt, die sie so beängstigend macht,[76] vielleicht ist es aber auch einfach nur so, daß sie seiner Mutter mit zunehmendem Alter immer ähnlicher wird und damit mehr von diesen unverarbeiteten Gefühlen der Ohnmacht aus seiner Kindheit wieder lebendig werden. So kann es bei Männern viele unterschwellige Motive geben, um zu selbstsicheren, zu starken, zu alten, zu kompetenten Frauen aus dem Weg zu gehen. Einfach zuzugeben, daß er Angst vor ihnen hat oder sich in ihrer Gegenwart unbehaglich fühlt, würde nicht dem internalisierten Bild des unerschrockenen Mannes entsprechen und manchmal auch nicht der Ideologie von gleichrangigen partnerschaftlichen Beziehungen. Es geht auch anders, er kann der Gefahr mit intaktem Selbstbild und nicht infiziertem progressivem Image ausweichen, indem er die andere Seite beschuldigt: Diese feministischen Beißzangen und Drachen haben das Lieben verlernt. Und dann kann er sich nach einer Frau umsehen, die noch so lieben kann, wie er es mag. Solange der Vorrat reicht.

3 Das Schlachtfeld

Vielleicht hätten wir noch jahrhundertelang nebeneinander und miteinander weiterleben können, glücklich oder unglücklich in diesem stillschweigenden Komplott, in einer Art Machtgleichgewicht zwischen ihrer ökonomischen Abhängigkeit und seiner emotionalen. Doch das Gleichgewicht ist unwiderruflich zerstört.

Nicht nur deswegen, weil immer mehr Frauen streiken. Nach Barbara Ehrenreich sind es in erster Linie die Männer, die vom Druck ihrer Ernährerrolle genug hatten, die ein angenehmeres Leben führen wollten als das des hart arbeitenden braven Familienvaters. Ihr Buch heißt *Die Herzen der Männer*. Sie argumentiert, daß es vor allem Frauen seien, die ein Interesse an der Ehe haben, Frauen bräuchten die Männer mehr als umgekehrt, sagt sie. Ein Mann könne auch allein leben, möglicherweise einsam, unversorgt, voll Sehnsucht nach einem guten Essen, aber es gehe. Frauen dagegen müßten außerdem noch mit einem minimalen Einkommen auskommen. Es ist ärgerlich, das zugeben zu müssen, sagt sie, und wir bedecken diesen Umstand am liebsten mit dem Mantel der Liebe, aber es sind die Frauen, die von den Männern abhängig sind, nicht umgekehrt. Warum sollte er sonst schon einen Teil seines Einkommens an jemanden abliefern, der dafür kaum eine Gegenleistung erbringt? Ehrenreichs spektakulärste These lautet, es seien nicht die Frauen, die – im Zuge des aufkommenden Feminismus – an der bestehenden Mann-Frau-Beziehung zu rütteln begannen, sondern dem sei eine andere Entwicklung vorangegangen: Eine wachsende Zahl von Männern habe keine Lust mehr gehabt, noch länger den Ernährer zu spielen, und habe damit die Frauen in eine schlechtere Lage gebracht als bisher, als die traditionelle Ehe als Ideal noch unangefochten zu sein schien. Denn jetzt hätten Frauen verfügbar zu sein, ohne die Sicherheit, daß nach dem Ja-Wort bis an den Rest ihres Lebens für sie gesorgt werde, und das ohne die Möglichkeit, ihren Lebensunterhalt auf dem gleichen Niveau wie die Männer zu verdienen. Die Frauen seien böse über den Verlust dieser traditionellen Sicherheit, es sei nicht viel an deren Stelle getreten, und das habe die neue Feminismuswelle ausgelöst.

Da ist was dran. Es läßt sich nachweisen, daß das Bild des

richtigen Mannes sich bereits vor dem Feminismus zu verändern begann. Waren die Männer kurz nach dem Krieg noch Oberhaupt einer Familie und wurden sie, wenn es ihnen nicht gelang, eine stabile Beziehung aufzubauen, inklusive Einkommen und Kindern, als Versager und Neurotiker angesehen, so erlebte man im folgenden die Geburt des Playboys als neues Männerideal. Ein Playboy war vor allen Dingen ein Mann, der sich von einer Frau nicht angeln ließ, schon gar nicht auf Dauer, sondern sie reihenweise vernaschte. Nun kamen in der Praxis nur wenige Männer an das Playboy-Ideal heran, denn es war ein teurer Spaß. Eine Frau durfte ja wohl erwarten, daß man sich die Sache etwas kosten ließ, daß sie nichts zu bezahlen brauchte, daß sie teure Geschenke bekam, in schicke Restaurants ausgeführt wurde, und die Wochenenden im Hotel gingen selbstverständlich auch auf seine Rechnung. Für viele Männer war der Playboy eher ein Jungentraum. In der Ehe ergraut, konnten sie sich fragen, um wieviel reizvoller ihr Leben geworden wäre, wenn sie genügend Geld gehabt hätten, um diverse dieser verlockenden Playmates in ihrem Bett zu haben anstatt dieser einen älter werdenden Frau, die jetzt da lag. Mit dem, was Ehrenreich als die Beatgeneration bezeichnet, wurde das Ideal schon billiger, und wir haben das in Europa auch mitgemacht – salopp zusammengefaßt unter dem Namen «sexuelle Revolution». Eine ganze Generation tat die Ehe als kleinbürgerlich ab, legte man doch Wert auf eine feste Beziehung, so lebte man in wilder Ehe zusammen. Groß zu bemühen brauchte man sich nach dieser neuen Ideologie nicht mehr um eine Frau, als Mann zahlte man ihr höchstens ein Bier, aber sogar das taten viele der selbstbefreiten Mädchen selbst. Jungfräulichkeit als Ideal verschwand und wurde durch sexuelle Verfügbarkeit ersetzt. Aber nicht zu verfügbar, denn allzuviel sexuelle Erfahrung wurde bei Frauen doch nicht so recht geschätzt. Die Vorstellung, bei gegenseitigem Gefallen Sex bis zu einem noch näher zu bestimmenden Zeitpunkt aufzuschieben, geriet hoffnungslos aus der Mode. Wenn wir uns die Frauen genau anschauen, aus denen sich die neuen Feministinnen rekrutierten, dann sehe ich zwei Gruppen: In erster Linie waren es beruflich höherqualifizierte Frauen, die, einmal verheiratet, merkten, daß sie im Haushalt langsam verblödeten, die Frauen, die nach dem Vorbild von Betty Friedan in den Niederlanden zum Beispiel die Mann-Frau-Gesellschaft (MVM) gründeten, und daneben gab es die Töchter der sexuellen Revolution, die Frauen der Provo-Bewegung, der linken Gruppierungen, der Studentenbewegung, die meist nicht verheiratet waren, aber entdeckten, daß das lockere Leben, der freie Sex, vor allem den Männern Vorteile brachte: Dolle Mina und die Gesprächsgruppenbewegung.

Wenn wir uns das Aufkommen des Feminismus Anfang der siebziger Jahre so betrachten, wird klar, warum auch progressive Männer, diejenigen, die nichts gegen gleichen Lohn für gleiche Arbeit (zumindest in der Theorie) oder gegen die Liberalisierung des Schwangerschaftsabbruchs hatten, den Feminismus dennoch aufs entschiedenste ablehnten: Hier drohte sich eine große Zahl von Frauen dem Markt der Heterosexualität zu entziehen. Es ist auch kein Zufall, daß die Ablehnung gegen diese Frauen so häufig in *sexuelle* Ausdrücke gekleidet wurde: Diese Frauen waren prüde, puritanisch, frustriert, frigide oder zu häßlich, um einen Mann abzukriegen, ein Bild, das sich trotz seiner nachweislichen Unrichtigkeit immer noch hält.[77] Und ebenso ist erklärlich, weshalb eine große Zahl von Frauen sich gleichfalls heftig gegen den Feminismus wehrte: Gerade die Frauen, die noch mit dem traditionellen Schutz rechneten, sahen die Zeichen an der Wand.

«Men become singles, women become single mothers», sagt Barbara Ehrenreich. Es ist deutlich, daß die neue Freiheit, die zunehmende Emanzipation der Frauen vor allem den Frauen zugute kommt, die sich bereits eine annehmbare Position erarbeitet haben, die sich ein Leben auch ohne die finanzielle Unterstützung eines Mannes aufbauen können, ohne auf Sozialhilfe- oder Mindestlohnniveau zu landen.

Und doch hat Barbara Ehrenreich nicht ganz recht, meine ich. Sie übertreibt. Ich sehe noch immer, daß längst nicht alle Männer, die die Gelegenheit dazu haben, vor der Ehe flüchten und Singles werden. Wie für Frauen, so hat das Junggesellendasein auch für Männer seinen Preis, und Ehrenreich ist den alten Vorurteilen gegenüber der «daheim hockenden» Ehefrau, die nichts anderes tut als Kaffee zu trinken, mit Freundinnen zu telefonieren und Geld auszugeben, zu sehr aufgesessen. Die meisten Männer kommen ohne diese Versorgung doch nicht gut zurecht, was sich an der Tatsache zeigt, daß es verheirateten Männern statistisch gesehen in bezug auf emotionale Stabilität und Gesundheit wesentlich besser geht als ihren unverheirateten Brüdern. Manche leben mit einer Frau zusammen, solange es gut läuft, haben eine Freundin nach der anderen oder eine Freundin neben der Ehefrau. Dies ist eher das Zeitalter der Serienmonogamie als das des Familienvaters. Aber hinter der Mär, daß es in erster Linie die Frauen seien, die einen Mann an sich zu binden suchten, und daß sich die Männer dem nach Kräften zu entziehen versuchten, verbirgt sich, daß noch immer sehr viele heterosexuelle Männer Wert auf die Versorgung durch eine Frau legen. Natürlich hat es Vorteile, wenn diese Frau jünger ist, vielleicht arbeitet, allerdings nicht mehr als er selbst, vielleicht Geld verdient, aber auch nicht mehr als er, vielleicht intelligent ist – denn wie könnte sie sonst würdigen, wie intelligent er ist –, aber doch nicht klüger ist als er, zumindest sollte sie sich das nicht zu deutlich anmerken lassen.

Anthony Astrachan pflichtet mir bei in meiner Kritik an Barbara Ehrenreich. Es mag stimmen, daß Männer gegen den Druck der Ernährerrolle rebellierten und mehr Freiheit wollten, sagt er, aber dabei ging es doch nie darum, statt dessen beiderseits unabhängigere und gleichwertigere Beziehungen zu schaffen. Männer wollen möglichst noch immer am liebsten beides haben, stellt er unfreundlich fest, sie wollen ihre Privilegien behalten, aber ohne die Kosten, sie wollen die schwere Verantwortung los sein, flüchten aber gleichzeitig vor der Intimität, die sie dabei trotzdem erwarten. Die Rebellion der Männer gegen die Ernährerrolle mag für Frauen das Startsignal gewesen sein, für die eigenen Interessen zu kämpfen, doch letztlich sind es vor allem die Frauen, ist es die Frauenbewegung, die sich ernsthaft um eine Umgestaltung des Verhältnisses zwischen den Geschlechtern bemüht, während die allermeisten Männer unbehaglich zu- beziehungsweise wegschauen.

Es gibt auch Männer, bei denen sich etwas bewegt, sagt Astrachan, aber offenkundig sind es nicht viele. Es gibt zwar so etwas wie eine Männerbewegung, doch die ist im Vergleich zur Frauenbewegung ganz unbedeutend, und selbst dann können wir nicht als selbstverständlich annehmen, daß diese Männerbewegung per definitionem in dieselbe Richtung strebt wie die Frauen. Astrachan teilt diese Männer in drei Gruppen ein (die Zahl der Schismen und Zerwürfnisse scheint bei ihnen noch größer zu sein als in der Frauenbewegung). Es gibt Männer, die Feministen sind, sich selbst zumindest als antisexistisch definieren und in großen Zügen das unterschreiben können, was Feministinnen sagen: daß es um eine Umverteilung der Macht gehe und daß das sowohl auf der privaten wie auch auf der politischen Ebene zu geschehen habe. Daneben gibt es aber auch eine Strömung, die die politischen Implikationen der Ungleichheit zwischen den Geschlechtern nicht sehen will, die sich für die Lage, in der Frauen sich befinden, nicht verantwortlich fühlen will und den Blick nur nach innen gerichtet hat, die sich nur noch mit dem Schaden beschäftigt, den Männer auf Grund der Rigidität der Geschlechterrollen erleiden. Das sind häufig die Männer, die es in der Männerwelt nicht schaffen, die weg wollen von der Konkurrenz untereinander und der Homophobie, für die Macht ein unanständiges Wort ist (und die es den Frauen folglich übelnehmen, wenn sie Karriere machen wollen), von denen die Frauen ansonsten freilich wenig zu erwarten haben. Und dann gibt es noch eine dritte Strömung, die Männer, die sich in ihren Interessen als Väter zusammenfinden. Das ist die «Vaterrechtsbewegung», die es für ungerecht hält, daß Frauen die Kinder öfter zugesprochen bekommen als Männer, und die versuchen, in diesem Bereich, fast dem einzigen, in dem Frauen tatsächlich mehr Macht haben als Männer – wenngleich es eine fragwürdige Macht ist –, wieder mehr zu ihrem Recht zu kommen.[78] Dennoch sieht auch Astrachan einigen Grund zum Optimismus. Es mag sein, daß es Männer schmerzt, sich die eigene Abhängigkeit eingestehen zu müssen und etwas dagegen zu tun, aber er nennt außer all der Mühe, die es ihn gekostet hat, all dies zu sich durchdringen zu lassen und ernsthaft zu versuchen, zu gleichrangigeren Beziehungen zu kommen, auch das überwältigende Gefühl, das er angesichts der ersten Fortschritte empfand: Erleichterung.

Auch Bob Connell[79] sieht Anlaß für Männer, sich zu ändern und nicht nur Terrainverluste und Identitätskrisen hinzunehmen. Auch wer im Besitz von Privilegien ist, kann einsehen, daß seine Machtposition auch das eigene Leben vergiftet, sagt er. Heterosexuelle Männer sind schließlich in mehr als nur einer Weise mit den Frauen verbunden, die sie lieben – sie sind Frau, Freundin, Mutter, Tochter, Schwester, Kollegin –, und weil sie sie lieben, wollen sie auch ein besseres Leben für sie. Männer sind außerdem kein geschlossener Machtblock, behauptet er. Es gibt Männer, die vom gegenwärtigen System der Geschlechter nicht nur profitieren, sondern auch solche, die darunter leiden: homosexuelle Männer zum Beispiel, und die Homophobie vergiftet auch das Leben der heterosexuellen Männer, die dem standardisierten Männlichkeitsbild nicht entsprechen. Und außerdem: Die Verhältnisse ändern sich doch, und wer klug ist, geht mit der Zeit. Männern ist die fundamentale menschliche Möglichkeit, mitfühlend zu sein, sich um jemanden zu sorgen, nicht von Natur aus verschlossen. Es mag sein, daß diese Fähigkeit bei vielen Männern verkümmert ist, aber sie ist nicht tot, sie kann wieder aufleben. Manchmal ist es der Druck der Frau, die er liebt, manchmal ist es die Bewegung und manchmal die Vaterrolle. Denn was für eine Art von Leben wünschen wir uns für unsere Töchter und unsere Söhne?

4 Der «neue» Mann

Der neue Mann. Gibt es ihn schon? Manchmal meine ich, nein. Da saßen ein paar Männer zusammen, die anläßlich des Internationalen Frauentags über Frauenemanzipation sprechen sollten. Es war der 7. März 1990, und die Sendung hieß *Mehr über weniger*. Mit einiger Ironie bezeichneten die Herren sich als von sich selbst eingenommene Typen, Männer mit Einkommen und Status, und allen Ernstes als «die emanzipiertesten Männer der Niederlande». Bei ihnen daheim sei die Rollenverteilung kein Problem oder kein Problem mehr, sagten sie fast unisono. Paul Rosenmöller (Grüne Linke) wusch ab, während seine Frau kochte, bei Marco Bakker (Sänger) hing es davon ab, wer einkaufen ging, derjenige, der weniger zu tun hatte, ja, im Augenblick hatte er zufällig sehr viel zu tun, bei Han Ebbelaar (Tänzer) kochte die Frau, aber das machte sie gern, nach der Arbeit kochen, Frans Weisglas (Volkspartei für Freiheit und Demokratie, VVD) hatte es gar nicht nötig, Vereinbarungen in bezug auf die Hausarbeit zu treffen, seine Frau arbeitete ebenfalls, und sie hatten keine Kinder, und Kees Schilperoort (Rundfunkmoderator) brachte manchmal den Müll hinaus. Seine Frau übrigens auch. Nein, Probleme sähen sie an dieser Front eigentlich nicht. In der *Gesellschaft* schon, da müsse noch einiges geschehen. Klaas Wiltink (Polizeisprecher) fand, daß Frauen und Männer bei der Amsterdamer Polizei gleich behandelt würden, na ja, an der Spitze säßen zufällig zwar nur Männer, aber nein, Frauen hätten doch die gleichen Chancen. Wie es dann sein könne, daß die Frauen bei der Rotterdamer Polizei erst kürzlich sagten, sie würden diskriminiert? Das wisse er nicht. Das sei *Rotterdam*. John Jansen van Galen (Chefredakteur bei der Wochenzeitung *Haagse Post*) bemerkte, alle meinungsbildenden Wochenzeitungen würden von Männern geleitet, na ja, die *Haagse Post* hätte *beinahe* eine Chefredakteur*in* bekommen, aber die sei leider ihrem Mann gefolgt, der in einer anderen Stadt eine Stelle bekam, und, ehrlich gesagt, sehe Kees Schilperoort auch, daß es im Rundfunk wenig oder gar keine Frauen an der Spitze gebe. Ob er es schlimm fände, wenn er eine Frau als Vorgesetzte hätte? Nein, sagte er, solange sie lieb zu ihm sei (kleiner Scherz), solange sie auf ihn hören würde (noch ein kleiner Scherz), nein, ihm würde es nichts ausmachen. Nur war es zufällig nicht so. Immerhin waren sie sich darin einig, daß Frauen noch Probleme hätten, die gelöst werden müßten, zum Beispiel die Kinderbetreuung. Das liegt an der Art und Weise, wie die Arbeit organisiert ist, sagte der eine, die Antwort muß eine politische sein, sagte ein zweiter, das scheint mir eine Aufgabe der Gewerkschaften zu sein, ein dritter. Kein Mann meinte, daß Kinder hier vielleicht auch etwas von *Männern* erwarten könnten.

Ja, sie schämten sich wirklich manchmal für das Verhalten *anderer* Männer. Rosenmöller hatte bei der Gewerkschaft einiges an frauenfeindlichem Verhalten erlebt, Weisglas bei der VVD zum Glück nicht. Liberale sind nicht so. Und John Jansen van Galen wollte noch loswerden, daß er die Frauenbewegung zu den wichtigsten Bewegungen der letzten Jahrzehnte rechne (schade, daß davon in der *Haagse Post* die ganze Zeit so wenig zu merken war).

Dann kam Cisca Dresselhuys, Redakteurin der feministischen Monatszeitschrift *Opzij* zu Wort, und die teilte mit, sie lege keinen gesteigerten Wert auf die Lippenbekenntnisse, die Männer zum Feminismus ablegten, sie sähe lieber Taten, und damit sei es nicht weit her. Und wem sie den Preis als emanzipiertester Mann geben würde? Der gehe, was sie anbelange, an Schilperoort, denn der gebe wenigstens ehrlich zu, daß er nicht viel mehr tue, als ab und an den Müll rauszutragen. Und siehe da, die Herrenrunde, die gerade noch so zufrieden über ihre Verdienste in bezug auf die Emanzipation geplaudert hatte, ließ die Maske fallen und begann kollektiv zu geifern und zu schäumen. Das Prädikat «widerwärtige Dame» war noch höflich im Vergleich zu «Scheißweib», was auch zu hören war, «mich kotzen solche Frauen an», wurde gebrüllt, und Dresselhuys könne Weisglas gern mal besuchen, auf dem ungeheizten Dachboden, rief er grimmig.

Das Gespräch erinnerte mich an einen Herrn, der mir mal erzählt hatte, er übernehme, um seiner Frau einen Gefallen zu tun und als Beitrag zur Frauenemanzipation, gelegentlich den Abwasch. Und als ich ihn, anstatt ihn von Herzen zu diesem bahnbrechenden Beitrag zu beglückwünschen, fragte, wieso für deine Frau, wieso für die Frauenemanzipation, sind das nicht auch deine Teller? Ißt du vom Fußboden? – da hätte nicht viel gefehlt und er hätte mich erwürgt, und ansonsten lieferte ihm das die Ausrede, nie mehr etwas zu tun. Er werde keinen Finger mehr rühren für diese undankbaren Weiber. Das ist über zehn Jahre her. Inzwischen ist wohl klar, weshalb sogar auf dieser allerbanalsten Ebene, der Aufteilung der Hausarbeit, erst so wenig geschehen ist. Viele Frauen, ermattet von den ständigen Glückwünschen und Bewunderungsrufen, die sie für jede Teetasse aufbringen müssen, die von einem Mann in die Küche getragen wird, erledigen den Abwasch lieber selbst. Es ist weniger anstrengend.

Eines war immerhin klar, und zwar, daß das so ernst gemeinte Prädikat «die emanzipiertesten Männer der Niederlande» etwas mehr Ironie verdient hätte und die Bezeichnung «von sich selbst eingenommene Typen» erheblich weniger.

Wenn das nun das Nonplusultra an Fortschrittlichkeit ist, die Elite der emanzipierten Männer, dann haben wir wenig Grund zum Jubeln. Dreierlei fällt mir auf:

1. daß die Männer noch immer sehr dazu neigen, die Probleme, die *Frauen* haben, der «Gesellschaft», der «Politik» oder *anderen* Männern anzulasten und sie nur sehr selten mit sich selbst in Verbindung bringen;
2. daß sie sehr schnell meinen, genug getan zu haben, und damit nicht genug, daß sie auch noch immer erwarten, dafür überschwenglich gedankt zu bekommen und belohnt zu werden – ihre Abhängigkeit von weiblicher Anerkennung, in diesem Fall von einer symbolischen Mutter, einer feministischen Führerin, ist gigantisch;
3. daß sie wie kleine Kinder Wutanfälle bekommen, wenn ihnen diese Anerkennung vorenthalten wird, und mit

Schaufeln und Eimern Dreck auf diese gräßliche Person werfen, dieses Symbol all dessen, was sie an Frauen hassen – um einander dann, über alle politischen Gräben hinweg, brüderlich in die Arme zu fallen. Auf einmal sind es keine Politiker mit unterschiedlichen Interessen mehr, auf einmal sind es Männer, die sich zu einer Front gegen diese Scheißweiber zusammenschließen müssen.

Michael Myers, der bereits zitierte Psychiater, skizziert ein Bild des neuen Mannes, der kein Sexist sein will, aber noch nicht erkannt hat, wie widersprüchlich seine Gedanken und Gefühle gegenüber Frauen sind: «Die sexistischsten Männer haben keine Ahnung, was für ein übersteigertes Bild sie vom Wert der Männer haben und für wie minderwertig sie Frauen im Grunde halten. Die meisten von ihnen reagieren empört und defensiv, wenn man sie auf ihren Sexismus hinweist. Sie werden versuchen, einen davon zu überzeugen, daß sie Frauen im Gegenteil achten, bewundern, lieben, doch geht man näher darauf ein, so stellt sich heraus, daß sie nur von einem bestimmten Frauentyp sprechen, dem Stereotyp ‹weibliche› Frau. In der Sprache der achtziger Jahre argumentieren sie, daß sie selbständige Frauen lieben (auf gut deutsch: Frauen, die nicht so gefühlsduselig tun, die nicht an ihm kleben, aber doch immer verfügbar sind, wenn es ihm paßt), daß sie Karrierefrauen schätzen (auf gut deutsch: solange sie sich selbst ernähren kann, nicht mehr verdient als er und, wenn es darauf ankommt, ihre Karriere zugunsten der seinen zurückstellt) und ebenso selbstsichere Frauen (auf gut deutsch: solange sie bloß nicht ‹aggressiv› ist, ein Begriff, den Männer und Frauen häufig unterschiedlich interpretieren).»

Es gibt alte und neue Männer, es gibt Männer, die zumindest versuchen, eine gleichrangige Beziehung einzugehen oder aufrechtzuerhalten, es gibt Männer, die keine Ahnung haben, daß an ihnen noch so einiges korrekturbedürftig sein könnte, weil sie eine Frau haben, die sie liebevoll vor dieser möglichen Einsicht bewahrt.

Da ist Simon. Ich habe ihm natürlich einen anderen Namen gegeben, und gleichzeitig mache ich einen Universitätsdozenten aus ihm, weil niemand zu wissen braucht, von wem ich hier spreche. Nicht, daß die Gefahr groß wäre, daß Simon sich in diesem Bild eines typischen Mannes wiedererkennen würde. Ein typischer Mann erkennt sich selbst nie als typischer Mann, sagt Wilfried Wieck.[80] Und eins will ich gleich sagen: Ich mag Simon. Er hat liebe Augen, er scherzt gern, ist bei Tisch gesellig, und mit einer gewissen Rührung schauen seine Frau und ich zu, wie er tolpatschig eine Flasche Wein öffnet (seine Frau hat das Wischtuch bereits in der Hand, aber natürlich sieht er das nicht) – sein Beitrag zu dem ausgezeichneten Essen, das Anneke gekocht hat.

Simon arbeitet hart, er kommt selten ohne eine Tasche voll Arbeit nach Hause, er ist ein recht guter Dozent – aber das ist alles, was er kann. Sonst kann er nichts. Anneke ist eine Frau mit vielen Talenten. Sie spielt Klavier, an den Wänden hängen ihre Ölgemälde, das ist nur ein Hobby, ich hab nicht viel Zeit dafür, sagt sie bescheiden. Sie kocht, hat die beiden Töchter großgezogen, sie organisiert und macht und tut, tippt Simons Berichte und Artikel, denn Tippen kann er auch nicht, bezahlt die Rechnungen, kümmert sich um die sozialen Kontakte, bucht die Feriendomizile, sorgt dafür, daß Simon nie zu merken braucht, was alles nötig ist, damit er in Ruhe arbeiten kann. Als die beiden Kinder aus dem Haus gingen, war kurz die Rede davon, ob Anneke eine bezahlte Arbeit suchen sollte, früher gab sie Klavierunterricht. Simon hatte nichts dagegen, er hielt es für eine gute Idee, wenn sie etwas zu tun hätte, nun da die Kinder nicht mehr versorgt zu werden brauchten. Anneke hat darauf verzichtet. Viel würde es doch nicht einbringen. Eigentlich hatte sie früher einmal den Ehrgeiz, Konzertpianistin zu werden, aber sie sagt ohne Groll, dafür sei es nun zu spät. Und ein Motiv, jetzt doch nicht mehr arbeiten zu gehen, verschweigt sie: daß zwei Kinder zwar aus dem Haus sind, das dritte jedoch nicht – ihr Mann. Simon selbst hat keine Vorstellung davon, wieviel Arbeit er macht. Anstatt Klavierunterricht zu geben, nimmt sie jetzt Malunterricht. Einmal pro Woche ist sie abends weg. Dann macht sie vorher das Essen für Simon fertig. Ungemütlich findet dieser es zwar, sagt er, aber das nimmt er ihretwillen in Kauf. Zeig doch mal deine Bilder, sagt er wie ein stolzer Vater und hört gar nicht, wie herablassend er über ihre Arbeit spricht.

Simon liebt Anneke. Ich glaube nicht, daß er je ernsthaft daran gedacht hat, sie zu verlassen, ich sehe ihn nicht aus den Augenwinkeln nach jüngeren Frauen schielen und ich traue ihm auch weder Fremdgehen noch Nuttenbesuche zu. Obwohl man das nie wissen kann: Ich traue das wenig Männern aus meinem Bekanntenkreis zu, aber statistisch gesehen muß es doch welche geben. Vielleicht hat Anneke sich schon mal insgeheim gefragt, ob es das ist, was sie eigentlich wollte, aber wenn, dann vor langer Zeit, und gesagt hat sie nichts. Ich glaube, sie weiß auch, daß Simon ohne sie völlig zusammenbrechen würde.

Und so etwas bezeichnet man nun als glückliche Ehe, ein Beispiel harmonischer Ungleichheit, wie Jessie Bernard das nennt: Es gibt ihre Ehe, und es gibt seine Ehe, und das ist nicht dasselbe. Simon ist sicherlich kein «neuer» Mann. Adriaan schon. Adriaan ist jünger als Simon, und genauso wie Simon mache ich auch Adriaan zu einem Universitätsdozenten. Bei Adriaan muß ich mehr aufpassen, denn er liest alle Bücher über Frauenemanzipation und ist gewöhnt, über sich selbst nachzudenken. Er könnte sich leicht erkennen. Adriaan ist mit Netty nicht verheiratet, aber sie haben zwei Kinder zusammen. Noch bevor Netty schwanger wurde, haben sie alles vertraglich genau geregelt. Sie hat das Sorgerecht für die Kinder, und damit er als Vater nicht ganz ausgeschaltet ist, hat er die Vaterschaft anerkannt, und sie tragen seinen Namen. Netty war Dozentin an einer Fachhochschule. Beide konnten ihre Stunden so legen, daß sie sich – zusätzlich unterstützt durch Babysitter und Kinderkrippe – in die Sorge für die Kinder teilten. Es geht, aber leicht ist es nicht. Womit sie beide nicht gerechnet hatten, war, daß sie sich bei dieser Aufgabenverteilung so selten sehen würden, und daß, wenn sie beide zu Hause waren, die Kinder soviel Zeit kosten würden. Aber die werden ja von allein größer, sagten sie, irgendwann muß doch wieder Zeit bleiben. Und bis dahin brachten sie die Kinder ab und zu zu einer der Omas, um gemeinsam ein Wochenende fortfahren zu können. Manchmal gab es Konflikte. Dann fand Netty, daß Adriaan sich nicht an die Abmachungen hielt, zum Beispiel hatte er die Wäsche wieder nicht aufgehängt oder er rief an und sagte, er komme nicht nach Hause, obwohl er doch wissen mußte, daß sie an diesem Abend eine Versammlung hatte. Dann gab es Krach. Adriaan war der Meinung, er tue mehr als genug. Dann holte Netty ein Blatt Papier und schrieb die Stunden auf, die jeder von ihnen daheim arbeitete. Und was zeigte sich? Jedesmal, wenn Adriaan das Gefühl hatte, mehr zu tun als sie, hatte er noch nicht einmal ein Drittel getan. Mit diesen Fakten konfrontiert, mußte er zugeben, daß sie recht habe, aber die Stimmung wurde davon nicht besser, und Netty begann sich zu fragen, ob sich dieser Kampf eigentlich lohne. Waren sie einmal beim Reden, so kamen noch mehr Dinge aufs Tapet. Mit großer Mühe gelang es Netty, aus Adriaan herauszubekommen, was ihm wirklich auf dem Magen lag: Seine Kollegen murrten, er setze sich nicht genug ein, und neulich habe man einen Kollegen von ihm eingeladen, auf einer prestigereichen Konferenz einen Vortrag zu halten, man hatte Adriaan übergangen. Die Situation wurde noch schwieriger, als Netty stellvertretende Direktorin in ihrem Institut wurde und danach Direktorin. Adriaan begann ihr vorzuwerfen, daß sie jetzt auf seine Kosten Karriere mache, während er auf Grund ihrer Vereinbarungen auf Beförderungschancen verzichtet habe. Dann holte Netty die Papiere wieder hervor, und wieder zeigte sich, daß Adriaan nur ein Drittel der Arbeit tat. Du bist die reinste Krämerin, mit deinem Gerechne, hat Adriaan sie daraufhin wohl angefaucht. Als ob das alles ist, worum es geht, wie oft ich das Katzenklo saubermache, wie oft ich eingekauft habe. Die große Krise kam, als sich herausstellte, daß Adriaan ein Verhältnis mit einer seiner Studentinnen begonnen hatte. Er will nicht viel dazu sagen, nur, daß es von allein ein Ende haben wird und daß er nicht vorhat, Netty und die Kinder im Stich zu lassen. Netty fühlt sich dadurch nicht beruhigt. Sie beginnt sich zu fragen, ob sie die Dinge nicht zu oft auf die Spitze getrieben hat, ob sie nicht zuviel von ihm verlangt hat. Vielleicht hätten wir keine Kinder haben sollen, sagt sie, ein bißchen bitter.

Diese Beziehung können wir als Beispiel disharmonischer Gleichheit betrachten. Immer wenn sie das Gefühl hat, die Beziehung sei nun vom Einsatz her, den sie beide bringen, fast gleichwertig, hat er das Gefühl, untergebuttert zu sein. Die «tension line» ist überschritten, und er reagiert emotional darauf, mit dem Wunsch nach einer Beziehung, in der er nicht so unter Druck steht. Auf einmal sind andere Frauen anziehender. Daß so eine andere Frau jünger ist, hat seiner

Meinung nach nichts mit der Sache zu tun – Zufall. Und sollte er Netty wegen der Neuen sitzenlassen oder sollte Netty selbst irgendwann die Nase voll haben, dann wird er auch in der nächsten Beziehung behaupten, sie basiere auf Gleichrangigkeit.

Es ist offenbar nicht so einfach, Mann-Frau-Beziehungen grundlegend zu verändern, nicht einmal, wenn der Wille dazu vorhanden ist, nicht einmal, wenn der Wille dazu auf beiden Seiten vorhanden ist, was natürlich keineswegs immer der Fall ist. Was wir sehen, ist eine Generation von Männern, die mehr oder weniger unter Zwang bereit ist, ein wenig nachzugeben. Die nichts dagegen hat, wenn ihre Frauen ebenfalls arbeiten, sofern das nicht bedeutet, daß sie selbst mehr tun müssen, sofern das nicht bedeutet, daß sie mehr verdient als er. Und dabei geht es nicht nur um ganz konkrete Privilegien, auf die er nicht gerne verzichtet. Sogar Männer, die die Forderungen und Wünsche moderner Frauen für völlig berechtigt halten, sehen sich manchmal zu ihrem eigenen Schrecken mit Gefühlen konfrontiert, die sie bei sich nicht vermutet hätten. In einer Untersuchung der Zeitschrift *Opzij* sagen ein Drittel der Männer, es scheine ihnen durchaus attraktiv, von einer Frau unterhalten zu werden,[81] doch diese Männer wissen nicht, wie ihnen geschehen würde: wie überflüssig sie sich fühlen und welche Angst sie haben würden, daß sie ihn nicht mehr brauche, wie sie an ihrem Selbstwertgefühl zweifeln würden, das so lange mit der Fähigkeit verbunden war, Geld zu verdienen und jemanden ernähren zu können. Sie könnten wohl kaum damit umgehen, wenn sie das Gefühl hätten, ihre Identität zu verlieren, und sie würden auch nicht verstehen, warum sie die Frau plötzlich nicht mehr lieben könnten, die diese unangenehmen Gefühle in ihnen hervorriefe. Frauen scheinen eher dafür gemacht zu sein, sich in neue Rollen zu fügen, sie sind es auch meist, die diese neuen Verhältnisse initiieren, sie haben am meisten dabei zu gewinnen. Doch auch für Frauen läuft das nicht immer ohne Konflikte ab. Grund ist die schon so oft erwähnte Doppelbelastung: das Jonglieren, um zwei anspruchsvolle Aufgaben miteinander zu kombinieren. Aber auch für Frauen spielt unter der Oberfläche mehr mit. Die Angst, nicht mehr geliebt zu werden, wenn sie zu weit geht. Selbstzweifel: Bin ich nicht zu egoistisch, vielleicht bin ich auch nicht mehr liebenswert und attraktiv. Für viele Frauen macht das Gefühl, beliebt zu sein, einen wesentlichen Teil ihres Selbstwertgefühls aus. Können wir das einfach ablegen, wenn es uns bei der Erreichung anderer Lebensziele im Weg steht? Wollen wir das? Ist der Preis nicht zu hoch? Aber inwieweit hassen wir uns selbst, und ihn, wenn wir Kompromisse schließen, nur um die Beziehung zu retten? Wieviel Wut über diese Ungerechtigkeit müssen wir verdrängen, daß er seiner Leistungen wegen geliebt wird und wir bestenfalls *trotz* der unseren?

Manche Frauen geben also einfach auf, und manche Männer auch, mehr Frauen bleiben allein, und mehr Männer suchen sich eine Frau, die ihnen weniger Ärger zu bereiten verspricht und weniger unangenehme Emotionen, eine jüngere, weniger bedrohliche.

Zum Schluß wollen wir zu dem Thema zurückkehren, das sich wie ein roter Faden durch dieses Buch zieht – der Liebe.

5 Die Feminisierung der Liebe

Diese modernen Frauen wissen nicht mehr, was Lieben ist, sagen Nuttenbesucher, Lo Brunt und andere Männer. Das stimmt nicht, sagen die Frauen im Chor, es sind die Männer, die nicht wissen, was Liebe ist, die Liebe nur als Nehmende kennen. Die traditionsgebundenen Frauen verzeihen ihnen das, denn Männer sind nun einmal so, es liegt nun einmal nicht in ihrer Natur, sich nach Ablauf der Flitterwochen immer noch wie verliebte Jünglinge aufzuführen. Obwohl auch traditionell denkende Frauen manchmal die Frage stellen: «Liebst du mich noch ein bißchen?» Oft gibt sie sich mit der Antwort zufrieden: «Ich bin doch noch immer mit dir verheiratet.» Solange er sie nicht mit den Kindern sitzenläßt, solange er zu keiner anderen Frau geht, muß sie halt annehmen, daß er sie noch liebt, und ach, andere Männer vergessen den Hochzeitstag auch. Die feministischen Frauen verzeihen ihm nicht. Sie wollen nicht nur eine gleiche Verteilung der Aufgaben innerhalb und außerhalb des Hauses, sie wollen auch eine gerechtere Verteilung des Gefühlshaushalts. Sie wollen nicht trotz, sondern sogar wegen ihrer Leistungen geliebt werden. Sie wollen auch zu jemandem nach Hause kommen, der fragt: «Wie war's? Bist du sehr müde? Willst du was trinken?» Das sind die Frauen, die meinen, es sei nicht weit her mit der Liebesfähigkeit der Männer, und manche Männer stimmen ihnen darin zu. Wilfried Wieck zum Beispiel, der sagt: «Der Mann läßt lieben. Er läßt die Frau lieben. Er läßt sich lieben. Aber er liebt nicht.» Wenn sie will, daß er sie auch liebt, dann geht das nicht mehr, dann wird ihm das zu schwierig.[82]

Stimmt das, ist es so simpel, können wir die Menschheit wirklich in ein Geschlecht einteilen, das liebt, und eines, das sich lieben läßt? Vielleicht ist es doch nicht ganz so kraß.

Heutzutage verstehen wir unter Lieben vor allem die Fähigkeit, unsere Gefühle miteinander zu teilen, darüber zu sprechen, sich gegenseitig auch die verletzbaren Seiten zu zeigen, und tatsächlich, nach dieser Definition sind Frauen in puncto Liebe das überlegene Geschlecht. Frauen haben, zumindest auf den ersten Blick, weniger Angst vor Intimität, einer Intimität, wie Lillian Rubin sie definiert: das Äußern von Gefühlen und Gedanken, nicht aus Angst oder Abhängigkeit, sondern aus dem Wunsch, das Innerste zu teilen. Darin haben wir mehr Übung, und viele Frauen klagen in Rubins Untersuchungen über die Unfähigkeit ihres Mannes, sich zu öffnen, Nähe zuzulassen: Warum kann er nicht etwas häufiger mit mir über seine Gedanken und Gefühle sprechen? Aber ist das die einzige Definition von Liebe? Francesca Cancian zweifelt das in einem Artikel unter der Überschrift «The Feminization of Love» an. Unsere Definition von Liebe ist eine moderne Definition, sagt sie, und eine feminisierte: Das, worin wir Frauen gut sind, bezeichnen wir als die «wahre» Liebe, das, worin Männer gut sind, ignorieren wir ein wenig. Im alten Griechenland, sagt Cancian, bestand die wahre Liebe aus der Bewunderung eines erwachsenen Mannes für einen schönen Jüngling, im dreizehnten Jahrhundert aus der keuschen Verehrung, die ein Ritter der Frau eines anderen Mannes entgegenbrachte. Später wandelte sich das zu beiderseitiger Zuneigung zwischen Gatte und Gattin: «Wo auf Erden kann aufrichtigere Treue gefunden werden als zwischen Mann und Frau, zwei Seelen, glühend zusammengeschmiedet...» – in dem Stil. Und zuzeiten, zum Beispiel im viktorianischen Zeitalter, ging nichts über die uneigennützige Liebe einer Mutter zu ihren Kindern. Heute ist die egalitäre Liebe zwischen Mann und Frau das Modell. Doch auf dem Weg dahin, zwischen damals und heute, scheinen wir etwas verloren zu haben. Im präkapitalistischen Westen, als Mann und Frau viel enger als heute zusammenarbeiteten, wenn auch möglicherweise in verschiedenen Bereichen, und es keine räumliche Trennung zwischen Arbeiten und Wohnen gab, war «Liebe» nicht in das aufgeteilt, was man füreinander *tat*, und das, was man füreinander *empfand*. Ein Mann, der für seine Familie arbeitete, *liebte* diese, und ebenso seine

Frau. Dieser Mann brauchte nicht mit roten Rosen nach Hause zu kommen und er brauchte sich nicht mit ihr aufs Sofa zu setzen, um über seine Gefühle zu sprechen. Seit Männerarbeit und Frauenarbeit immer weiter auseinandergedriftet sind, haben sich auch die Ansichten darüber, was wir von jedem Geschlecht erwarten, gewandelt. Männer bringen im Normalfall ihr Gehalt nach Hause, aber das nennen wir Arbeit. Was Frauen tun – eine persönliche, warme Umgebung schaffen, in der man «sich selbst» sein kann –, das ist Liebe. Zuhören, Anerkennung zeigen, für den anderen dasein, das ist Liebe. Diese geschlechtsspezifische Gebietsaufteilung führt zu komischen Mißverständnissen, wie zum Beispiel bei dem Ehepaar, bei dem, wie so oft, die Frau in der Partnertherapie darüber klagte, daß er nie etwas Liebes für sie tue, worauf er hinausging und das Auto für sie wusch. In seinen Augen war das Liebe, ebenso wie die Arbeit, die er für seine Familie leistet, Liebe war. In ihren Augen nicht. In allen Untersuchungen, die es bislang zum Thema Liebe und Freundschaft und die Unterschiede zwischen Frauen und Männern gibt, gehen Frauen als die absoluten Champions auf dem Gebiet der Liebe hervor. Frauen sprechen mehr von der Liebe, sie interessieren sich mehr für die Liebe, sie äußern ihre Gefühle mehr. Nicht nur in der Beziehung zu ihrem Partner, sondern auch gegenüber ihren Kindern. Freundschaften zwischen Frauen sind intimer. Frauen sprechen miteinander über ihre Gefühle, zeigen mehr von sich selbst, auch ihre verletzlichen Seiten. Viele Männer können nicht sagen, wer ihr bester Freund ist, während die meisten Frauen sofort ihre beste Freundin nennen können, und auf die Frage, mit wem sie den meisten emotionalen Austausch haben, geben Männer in der Regel ihre Ehefrau an, während viele Frauen mit anderen Frauen mehr Vertrauliches austauschen als mit ihrem Mann. Männer betrachten Freunde in erster Linie als Menschen, mit denen sie etwas *tun*, mit denen sie angeln oder Fußball spielen, mit denen man einen trinken kann, während man sich gegenseitig zugesteht, mit allem möglichen anzugeben. Warum sollte man einem anderen Mann von seinen Problemen erzählen?[83]

Frauen sind geübter im Äußern von Gefühlen, und auch im «Lesen» und Deuten der Gefühle anderer, was sich gut trifft, da Männer sich nicht leicht äußern und sie folglich an allerlei Feinheiten merken müssen, wie es ihnen geht: Was für ein Gesicht macht ihr Mann, schläft er wirklich, hat er Sorgen? Aber viele Frauen hätten eben gern, daß ihr Mann gegenüber ihren Stimmungen und Bedürfnissen ebenso aufmerksam wäre, ohne daß sie immer darum bitten müssen.

Wenn man Männer fragt, was sie unter Liebe verstehen, dann lautet die Antwort häufiger: etwas füreinander tun, etwas füreinander übrig haben, Zeit miteinander verbringen, einander anziehend finden und miteinander schlafen wollen. Auf dem Sofa zu sitzen und seine Gefühle zu äußern, rangiert bei den meisten Männern ziemlich weit hinten. Wir können also zwei Definitionen von Liebe nebeneinander stellen: eine eher instrumentale, bei der Männer sich wohler fühlen, und eine emotionale Definition, eine, die die Frauen zur einzig wahren proklamiert haben. Und vielleicht ist schon viel damit gewonnen, sagt Cancian, wenn wir nicht nur von den Männern fordern, daß sie unsere Art zu lieben dazulernen, sondern wenn wir einen Blick für den Wert der instrumentalen Liebe bekommen.

Die Frage ist, ob alle Frauen das wollen. Man gibt damit auch ein Stück einer vermeintlichen moralischen Überlegenheit auf. Und so wie viele Männer tief in ihrem Herzen offensichtlich sehr an dem Gefühl hängen, daß sie eine Frau ernähren und beschützen können, und in eine Identitätskrise geraten, wenn Frauen ihnen diese Überlegenheit dadurch nehmen, daß sie ihr eigenes Geld verdienen und seinen Schutz nicht mehr wollen, nicht einmal mehr diese kleinen symbolischen Handlungen, die die weibliche Hilflosigkeit bestätigen sollen – die Tür öffnen, Feuer reichen, Bier bezahlen –, so könnte es auch sein, daß viele Frauen tief in ihrem Herzen an ihrer moralischen Überlegenheit in puncto Liebe hängen. Wenn diese Männer durch all diese Therapien und Gesprächsgruppen für Männer emotional wirklich selbständig werden, genauso liebevoll zuhören und Stimmungen erfassen können, wenn sie sich auch beieinander ausheulen können – werden sie uns dann noch brauchen?

6 Schlußfolgerungen

Cancians Theorie hört sich verlockend an. Es wäre zu schön, mit einem freundlichen Kompromiß schließen zu können. Wenn wir es nur ein bißchen lernen, anzuerkennen, daß Männer auch lieben können, wenngleich das anders aussieht als bei uns, wenn wir etwas weniger an ihnen herumzerren und nicht solch hohe Ansprüche an sie stellen würden, ach, vielleicht ginge es dann ja und wir würden noch eine Weile einigermaßen glücklich miteinander leben.

Einige Feministinnen schlagen vor, mit dem endlosen Versuch aufzuhören, die Männer ändern zu wollen. Laßt sie doch, es geht ja doch nicht, sagen Cheryl Benard und Edit Schlaffer in *Laßt endlich die Männer in Ruhe*, lieben wir besser uns selbst etwas mehr und sie etwas weniger. Laßt uns mit dem Versuch aufhören, aus Fröschen Prinzen zu machen, sagt Ann Belford Ulanov, «leave him be, doomed to frogdom».[84] Wir können uns von unserer Sucht befreien, sagt Robin Norwood in einem Buch, das nicht umsonst in vielen Ländern ein Bestseller geworden ist: *Wenn Frauen zu sehr lie-*

ben. Die «Norwood»-Gruppen, in denen Frauen lernen, sich das Lieben wieder ein Stück weit abzugewöhnen, schießen wie Pilze aus dem Boden. Andere meinen, es ließe sich doch noch etwas erreichen, wenn wir mit Takt und Geduld vorgingen und nicht zuviel auf einmal erwarteten. «Ein zärtliches Tempo» empfiehlt die Schriftstellerin Harriet Goldhor Lerner uns bei unseren Bemühungen, die Beziehungen zu den Männern zu verbessern, ohne sie zu zerstören.

Bebe More Campbell, die über die erfolgreichen Frauen und verärgerten Männer schrieb, hegt ebenfalls noch Hoffnung, sie glaubt an ehrliche und offene Kommunikation, sie glaubt daran, daß wir unseren Männern schon klarmachen können, daß wir sie lieben und brauchen, sofern wir das in einer Sprache tun, die sie verstehen. Als ob wir es mit kleinen Kindern zu tun hätten, denke ich dann. Berge von Gebrauchsanweisungen gibt es darüber, wie man einen Mann bekommt, wie man einen Mann hält, wie man einen Mann ändert, ohne daß er das Weite sucht, möglichst ohne daß er es merkt. Nur weiter so. Gemeinsam aufs Sofa. Und dann liebevoll, aber offen und ehrlich sagen, was anders werden muß.

Wilfried Wieck glaubt an eine etwas härtere Vorgehensweise. Nachdem er ein Buch lang dargelegt hat, daß Männer nicht lieben können, erklärt er, daß sie es aber lernen müßten und daß Frauen diejenigen seien, die ihnen das beibringen könnten. Sein letztes Kapitel befaßt sich nicht damit, was Männer tun könnten, sondern damit, was Frauen tun sollten – für Männer. Wir dürfen sie nicht verwöhnen und schonen, wir müssen sie auf ihre Fehler hinweisen, wir müssen ihre Unsicherheit ertragen lernen und sie gemeinsam überwinden, wir müssen vor allem seinen Lernprozeß in der Hand behalten und dabei nicht vergessen, für unsere Selbstachtung selbst zu sorgen. Beim Lesen dieser Liste mit therapeutischen Fähigkeiten, die von mir erwartet werden, um Männer von ihrer Lieblosigkeit zu erlösen, kommt mir der Gedanke, nach meinem Honorar zu fragen, aber das ist natürlich wieder so eine Bemerkung, derentwegen Brunt uns Krämermentalität vorwirft, und von Geld spricht Wieck natürlich nicht. Ich nehme an, ich soll das aus Liebe tun, denn zu guter Letzt kommt Wieck noch mit Klagen über die falschen Feministinnen an. Alles ist erlaubt, nur eines nicht: Wir dürfen nicht aufhören, die Männer zu lieben.

Und wenn das alles nicht klappt, dann gibt es noch andere Möglichkeiten. Wir können lernen, ohne Männer auszukommen. Bei Shere Hite finden wir Ratschläge dazu: How to be single and love it. Nach Iteke Weeda ist die Zeit der ausschließlichen Zweierbeziehung ohnehin vorbei, müssen wir die Lösung doch eher in Netzwerken von Freunden und Freundinnen suchen. Wer es nicht lassen kann und sich darüber im klaren ist, daß man nette Männer selten für sich allein hat, kann sich Rat bei einem Buch über *Die Kunst, sich einen Mann zu teilen* holen, geschrieben von Audrey B. Chapman. Und warum sollen wir eigentlich partout auf gleichrangigen Beziehungen bestehen, warum sollten wir nicht mal nach unten schauen, anstatt immer nur zur Seite oder nach oben? Warum nehmen wir uns keinen jüngeren Liebhaber oder einen Mann mit geringerer Bildung, wenn wir für intellektuelle Gespräche doch unsere Freundinnen haben? Wir haben unter den unkonventionellen Frauen illustre Vorgängerinnen, wenn es um den Umgang mit jüngeren Männern geht, und manchmal sogar glückliche. Colette lebte bis zu ihrem Tode mit ihrem sechzehn Jahre jüngeren Mann Maurice Goudeket zusammen. Lillian Hellman hatte nach dem Tod von Dashiell Hammett, der älter gewesen war als sie, ein Verhältnis mit einem fünfundzwanzig Jahre jüngeren Mann,

Peter Feibleman, mußte allerdings akzeptieren, daß er weiterhin Verhältnisse mit Frauen seines eigenen Alters einging. Mary McCarthy hatte einen jüngeren Mann, ihren dritten, Bowden Broadwater, trennte sich aber wieder von ihm, als sie sich richtig verliebte, und Simone de Beauvoir hatte ein paar Jahre lang den sechzehn Jahre jüngeren Claude Lanzmann, bis der sie verließ. Sie müssen natürlich auch wollen, die jüngeren Männer, und man muß auch damit rechnen, daß man sie wieder verliert. Elena Gianini Belotti bezeichnet Beziehungen zwischen älteren Frauen und jüngeren Männern in *Liebe zählt die Jahre nicht* als schöne Beziehungen, aber einfach seien sie nicht, und wenn auch nur aus dem Grund, daß ein alter Bock mit einem jungen Ding akzeptiert wird, eine alte Ziege dagegen...

Ich habe selten ein Buch beendet, ohne zumindest zu versuchen, Lösungen oder eine Strategie anzubieten. Doch diesmal bin ich ratlos. Alle Lösungen, die in diesen «How to keep your husband without killing yourself – or him»-Büchern präsentiert werden, kommen mir wenig realistisch vor. Sofern sie funktionieren, sind sie exakt die Bestätigung der Rollenverteilung, von der wir ja gerade weg wollten. Subtil oder weniger subtil schubsen wir die Männer herum, um sie dorthin zu bekommen, wo wir sie haben wollen, wie einem widerstrebenden Kleinkind halten wir ihm einen Löffel Brei hin, na komm schon, mein Schatz, für Mami.

Das Manko fast all dieser Bücher ist, daß sie nicht berücksichtigen, daß wir es nicht nur mit zwei verschiedenen Kommunikationsmustern und zwei verschiedenen Bedürfnismustern bei Frauen und Männern zu tun haben. Daran ließe sich ja noch etwas ändern, und falls es gelingt – um so besser. Die meisten Analysen, wenn wir sie als solche bezeichnen wollen, tragen der unterschiedlichen Machtverteilung zwischen

Frau und Mann keinerlei Rechnung, und wenn sie doch von einem Machtungleichgewicht ausgehen, das gesellschaftlich immer wieder bestätigt wird, dann lassen sie die Tatsache unberücksichtigt, daß es nicht nur um Arbeitsteilung und Teilung der politischen Macht geht, sondern daß wir es hier mit fest eingefahrenen emotionalen Mustern zu tun haben – und das wußten wir bereits, mit dem Unterbewußtsein läßt sich schwer diskutieren. Ein bißchen können wir von unserer selbstverständlichen Überlegenheit in puncto Liebe abrükken, okay. Wir wollen annehmen, daß der Mann, der das Auto seiner Frau wäscht, diese nicht per definitionem weniger liebt, als sie, die mit ihm auf dem Sofa über ihre Gefühle reden will. Und trotzdem, selbst wenn wir davon ausgehen, daß Männer ihre Liebe *anders* äußern als Frauen – und warum sollte gerade das nicht spannend sein? –, ist das noch nicht das gleiche wie Gleichrangigkeit. Auch auf dem Gebiet der instrumentalen Liebe bieten Männer weniger, als sie fordern: Auch praktisch tun Frauen viel mehr für Männer als umgekehrt.

Früher verstanden Frauen unter wahrer Liebe vor allem weibliche Aufopferung. Davon haben wir inzwischen genug. Auf die Dauer versauert selbst die uneigennützigste Liebe, schlägt in unausgesprochene Vorwürfe und verdrängte Verachtung um. Und außerdem zeigt sich: Auch die traditionelle Aufopferungsbereitschaft der Frau garantiert nicht, daß der Mann sie für alle Zeiten liebt. Im Gegenteil.

Egalitäre Beziehungen sind nicht einfacher als die traditionellen Ehen, in denen jeder seinen festen Aufgabenbereich hatte und einer der Boss war: er. In egalitären Beziehungen muß die Balance immer wieder neu gesucht werden, ein Machtgleichgewicht, ein Gleichgewicht zwischen dem, was jeder für sich selbst will und dem, was sie beide zusammen, was sie füreinander wollen. Ich persönlich sehe eine gleichrangige Liebe nicht als Handel, bei dem man akribisch festhalten muß, wer wie oft das Katzenklo saubermacht und wer die Initiative ergreifen muß, wenn mal wieder über die Beziehung gesprochen werden sollte. Ich meine, gerade wenn es um Ausgewogenheit geht, wird die Frage, wer öfter kocht, irrelevant. Gleichwertigkeit ist nicht dasselbe wie Gleichheit, und ich denke, daß Erotik und Liebe bei jedem zwanghaften Versuch, aus dem anderen den gleichen Menschen machen zu wollen, auf der Strecke bleiben. Rochester und Jane Eyre blieben zwei verschiedene – wenn auch fiktive – Menschen, auch wenn sie sich in «vollkommenem Einklang» miteinander fühlten.

Ich meine, die Zeit ist reif für Gleichwertigkeit und damit für die wahre Liebe. Jane Eyre ist bereit dafür. Aber Rochester und mit ihm der überwiegende Teil der Männer versagen kläglich. Wie meine Mutter schon sagte: Es gibt durchaus nette Männer (mit einem Seitenblick auf meinen), aber nicht genug für uns alle. Es gibt zu viele Männer, die Liebe noch immer als Einbahnstraße – und das vor allem in ihre Richtung – betrachten, und diese Männer werfen uns jetzt vor, wir hätten das Lieben verlernt. Ich meine, sie haben Angst, daß der Vorrat an Frauen, die noch zu ihnen aufblicken wollen, während sie zärtlich auf sie hinunterschauen, langsam zur Neige geht. Und ich hoffe, daß ihre Angst begründet ist.

Ein paar Fragen sind für mich noch offen, Fragen, auf die es erst mit der Zeit eine Antwort geben wird. Wenn das Bedürfnis der Männer nach einer Partnerin, die ihre Überlegenheit anerkennt, mit ihrer Sozialisation zusammenhängt, und die Bereitschaft der Frauen, das Spiel mitzuspielen, mit unserer Sozialisation, dann wird es spannend zu beobachten, was bei den nachfolgenden Generationen passieren wird, die unter anderen Bedingungen aufwachsen als wir. Was passiert mit den Kindern, die von Müttern erzogen worden sind, die ein anderes Vorbild gaben als unsere Mütter, was passiert, wenn es allmählich selbstverständlich wird, daß Frauen arbeiten *und* fürsorglich sind, wenn sich das Weiblichkeitsideal wandelt? Was passiert, wenn Kinder mehr Kontakt zu Vätern und diese ihrerseits ein innigeres Verhältnis zu ihren Kindern haben, als ihre eigenen Väter es zu ihnen hatten? Das neue Vaterschaftsideal ist der Realität noch weit voraus, aber dennoch: Auch Ideale zeigen mit der Zeit Wirkung, und vielleicht hat Elisabeth Badinter darin recht, daß die Geschlechter sich mit der Zeit immer ähnlicher werden. Wenn das so ist, dann werden Männer weniger extrem abhängig von der sexuellen und emotionalen Zuwendung der Frauen sein und tüchtige Frauen als weniger bedrohlich empfinden. Dann werden Männer ihre fürsorglichen Seiten weniger zu leugnen brauchen, ihr Bedürfnis nach Intimität weniger unterdrükken, dann reicht ein Spiegel aus, der ihr Bild in wahrer Größe wiedergibt. Ich kenne ein paar junge Männer, die keine Angst vor starken, intelligenten Frauen haben, weil sie mit solchen Frauen als Müttern aufgewachsen sind, sie wissen, daß Ehrgeiz und Fürsorglichkeit, Intelligenz und Warmherzigkeit, Stärke und Verletzlichkeit einander nicht auszuschließen brauchen. Aber, ehrlich gesagt, es sind nur ein paar.

Bei den meisten jungen Leuten müssen wir uns fragen, was sie über den Clinch ihrer Alten denken, den sie ganz aus der Nähe miterleben konnten, über die Scheidungen, die Aufteilung von Wochenenden und Ferien, den niedrigeren Lebensstandard, wenn Vater weg ist, über Papas neue Freundinnen, über Mamas Verbitterung. Was werden diese jungen Leute selber tun? Werden sie ihrerseits konservativer oder tun sie sich mit egalitären Beziehungen leichter als wir? Was wir von ihnen wissen, und zwar von den durchschnittlichen jungen

Leuten, nicht den wenigen Ausnahmen: Der weitaus größte Teil will heiraten. Das braucht nicht unbedingt eine Heirat mit Trauschein zu sein, und auf jeden Fall ist es eine moderne Ehe, keine altmodische mit einem männlichen Ernährer und einer daheimbleibenden Hausfrau, aber dennoch: Unter allen Möglichkeiten, zu einer emotionalen Umgebung zu kommen, Unterstützung und Liebe zu bekommen, entscheiden sich die meisten Männer doch einfach für eine Beziehung zu einer Frau und Frauen für eine Beziehung zu einem Mann. Und Kinder wollen sie auch.

Unterschiede zeigen sich erst, wenn wir weiterfragen nach der Art von Ehe, die sie sich vorstellen. Während Männer und Frauen früher davon ausgingen, daß sie auch nach ihrer Heirat noch einen großen Teil ihrer Zeit mit ihren Geschlechtsgenossen verbringen würden, die Frauen mit anderen Frauen aus der Nachbarschaft, die Männer mit Kollegen bei der Arbeit und in der Kneipe, ist heute die Ehe gefragt, in der viel gemeinsam unternommen wird – gemeinsame Freunde, gemeinsame Hobbys, gemeinsame Freizeitgestaltung. Mit einem auffälligen Unterschied: Die Mädchen geben häufiger an, daß sie neben all diesen schönen gemeinsamen Dingen auch noch ihr eigenes Leben führen wollen, die Jungen nicht. In dieser Hinsicht sind die Jungen also konservativer als die Mädchen, und so ist heute schon abzusehen, daß sich auch die nächste Frauengeneration wird anstrengen müssen, wenn sie sich ein Stück Selbständigkeit erhalten will.[85] Viele der Mädchen gehen davon aus, daß sie Beruf und Beziehung mühelos miteinander vereinen können. Die Jungen erwarten das auch, allerdings denken sie nicht, daß sie dafür sehr viel werden tun müssen. Die Mädchen, die heute erwarten, daß ihr Partner seinen Anteil an der Hausarbeit übernehmen und sich mit ihnen in die Sorge für die Kinder teilen wird, werden als Frauen die gleichen Enttäuschungen erleben wie ihre Mütter, es sei denn, ihre Männer schaffen die Kurve doch noch. Aber die werden darauf noch immer nicht besonders gut vorbereitet. Auch heute noch bleiben Jungen länger im Elternhaus als Mädchen, die es viel eiliger haben, wegzukommen und allein zu wohnen. So haben sie in Kürze Männer am Hals, die nie gelernt haben, für sich selbst zu sorgen; es ist ihnen nicht nur unbekannt, daß man bunte und weiße Wäsche voneinander trennen muß, auch die Selbstverständlichkeit ist ihnen nicht bewußt, mit der sie erwarten, daß eine Frau immer zuhört, für sie da ist, für Gemütlichkeit sorgt und sie aufheitert, wenn sie schlechte Laune haben. Die Männer, die immer damit rechnen konnten, einfach weil es immer so eine Frau gegeben hat, und die von den Armen ihrer Mutter nahtlos in die ihrer Freundin oder Frau überwechseln, brauchen sich nie klarzumachen, daß diese Zuwendung Arbeit ist und nicht eine selbstverständliche weibliche Ausdrucksform, die ihm ebenso selbstverständlich zusteht, und diese Sorte Mann wird auch nicht das Geringste begreifen, wenn sie von ihm die gleiche Zuwendung fordert – wovon redet sie bloß? Jungen müßten also zumindest eine Zeitlang allein leben, bevor sie für eine Beziehung taugen, wenngleich auch das keine Garantie bietet. Elisabeth Badinter führt eine Untersuchung an, aus der hervorgeht, daß Männer nach ihrer Heirat nur noch die Hälfte der Zeit für den Haushalt aufwenden wie während ihres Junggesellendaseins, wohingegen Frauen doppelt soviel tun wie vor der Ehe, und das war auch schon mehr.

Joan Meyer hat für ihre Dissertation über asymmetrische Beziehungen zwischen den Geschlechtern eine Untersuchung unter Studenten durchgeführt.[86] Zu Recht legte sie bei der Evaluation einer Gleichheits- oder Ungleichheitsideologie zwei Maßstäbe an: Wie denken Sie über die künftige Aufgabenverteilung und wie denken Sie über die Partnerwahl –

muß er größer, älter und gebildeter sein als Sie? Das Problem bei solchen Untersuchungen besteht darin, daß man mißt, was die Befragten *denken*, und das ist sicherlich nicht automatisch das, was sie *tun* werden, zumal wenn sie noch keine Erfahrungen gesammelt haben. Ein weiteres Problem besteht darin, was sozial erwünscht ist: Man neigt im allgemeinen dazu, seine Antworten den derzeit gängigen Auffassungen ein wenig anzupassen. Wenn egalitäre Beziehungen «in» sind, als *Ideal*, dann werden sicherlich eine Menge junger Leute sagen, daß sie genau das wollen. Gut. Meyer hat junge Leute nicht nur gefragt, was sie selbst wollen, sondern auch, was ihrer Meinung nach das andere Geschlecht will.

Frauen wünschen sich vorzugsweise eine gerechte Aufteilung von bezahlter und nichtbezahlter Arbeit. Männer sind zwar auch dafür, haben es aber doch weniger eilig, ihren Teil an unbezahlter Arbeit zu übernehmen, ihre Überlegungen gehen hier eher in Richtung Putzfrau. Ein heikler Punkt ist, daß beide in puncto Kindererziehung eher konservativ sind, dafür sind Frauen doch besser geeignet, und vor allem für sie wird es schwierig, Beruf und Kinder unter einen Hut zu bringen. Und schon wissen wir, was das bedeutet: Sobald sie ihren Beruf aufgibt, um für die Kinder zu sorgen, kann sie sich jeden Gedanken an eine gerechte Aufteilung der Hausarbeit aus dem Kopf schlagen.

Mehr Frauen glauben, daß der Mann eine junge, weniger gut ausgebildete, weniger gut verdienende Frau will, als die Männer selbst angeben. Meyer bemerkt dazu, daß Frauen Männer also konservativer einschätzen, als sie in Wirklichkeit sind. Das genau ist aber die Frage. Ich glaube, daß die Frauen eine realistischere Einschätzung dessen zeigen, was die Männer *tun* werden, als die Männer selbst. Wir wissen, daß der erwünschte Altersunterschied bei jungen Leuten zwischen zwanzig und dreißig noch nicht so groß ist: Frauen wollen dann noch gern einen etwas älteren Mann, den Männern ist eine etwas jüngere oder gleichaltrige Frau recht. Die Schere geht erst mit zunehmendem Alter, bei späteren Beziehungen weiter auseinander, was mit den Erfahrungen zusammenhängt, die Männer in der Zwischenzeit mit Frauen gesammelt haben, die die vereinbarte Gleichheitsideologie ernst nehmen.

Ich hoffe, daß ich mich täusche. Vielleicht ist eine Generation von Männern im Entstehen, die sich mit Frauen leichter tun, die sich nicht mehr kleiner machen als sie sind. Sie haben mehr Beispiele von ehrgeizigen Müttern sowie von Vätern erlebt, die sich liebevoll um ihre Kinder kümmerten. Außerdem wissen wir inzwischen: Nicht die übermittelten Botschaften sind das Wichtigste, was wir Kindern mitgeben, ausschlaggebend sind vielmehr die Beispiele, das, was wir ihnen vorgelebt haben.[87] Es wird also spannend. Wenn ich mir die unterschiedlichen Erwartungen ansehe, die die Geschlechter schon heute aneinander haben, so lautet meine Prognose, daß die nächste Generation von Feministinnen bereits wieder heranwächst, und daß das den Männern nicht schmecken wird.

Wir wissen nicht, wie sich der unaufhaltsame Emanzipationsprozeß der Frauen langfristig gesehen auf die Liebesbeziehungen auswirken wird. Werden die Männer sich stärker zurückziehen, je egalitärer die Beziehungen wirklich zu werden drohen, oder weniger? Ist es nur eine bestimmte Gruppe von Männern, solche mit einer zu rigiden männlichen Identität, die Ebenbürtigkeit nicht ertragen und zu jüngeren Frauen flüchten? Manchmal habe ich den Eindruck, daß es eine versteckte Gegenoffensive ist, um Frauen mit zuviel Selbstbewußtsein ein paar Nummern kleiner zu machen, und daß die

Variationen zum Thema Abhauen im gleichen Maße zunehmen werden, wie wir uns weigern, uns noch länger zu fügen. Aber vielleicht habe ich unrecht. Vielleicht ist eine solche Gegenreaktion eher ein Symptom für sich unwiderruflich verändernde Verhältnisse, vielleicht haben wir es mit einer Übergangsperiode zu tun, in der die Männer, die schließlich weniger Grund haben, sich zu ändern, mit den Frauen, die allen Grund dazu haben, noch nicht Schritt halten können. Vielleicht haben wir es mit den Überresten eines Phänomens zu tun, das es schon sehr lange gab, das aber erst jetzt an die Oberfläche kommt. Auch früher suchten Männer jüngere Frauen, aber das war weniger sichtbar, weil es häufig heimlich geschah, außerhalb einer Ehe. Heute lassen wir uns schneller scheiden. Wir haben das Gefühl, ein Recht auf Glück zu haben. Das gilt auch für Frauen, für die das Ich-Zeitalter wirklich neu ist, und die jetzt eifrig dabei sind aufzuholen.

Zurück zu der Frage, die zu Beginn dieses Buches gestellt wurde. Sind Frauen das romantische Geschlecht, oder haben wir der Liebe den Garaus gemacht?

Meine Schlußfolgerung lautet, daß Männer insgeheim immer romantischer waren als Frauen und daß sie es sich nur nicht anmerken ließen, weil es nicht zum Bild des Mannes paßte. Bis auf den heutigen Tag haben die weitaus meisten Frauen es sich nicht leisten können, einfach den zu lieben, den sie zufällig am attraktivsten fanden, Männer hingegen schon. Für Frauen war derjenige, der ihnen gefiel, nicht nur jemand, mit dem sie das Bett teilen oder romantische Stunden verbringen konnten, jemand für die Intimität, sondern zugleich auch derjenige, der bestimmte, wie hoch fortan der Lebensstandard bis zum Ende ihres Lebens sein würde. Daß Frauen bei ihrer Partnerwahl sachlicher und nüchterner waren als

Männer, ist logisch und wird durch Untersuchungen auch bestätigt: Männer verlieben sich schneller als Frauen, glauben mehr als Frauen an Liebe auf den ersten Blick, sind eher geneigt, wenn sie heiraten wollen, den ersten Impulsen zu folgen. Frauen sind pragmatischer und tendieren dazu, erst einmal abzuwarten.[88] Das scheint der Tatsache zu widersprechen, daß es Frauen sind, die Liebesromane lesen und mit ihren Freundinnen ständig darüber sprechen. Für Frauen ist die Liebe problematischer, für sie hängt mehr davon ab, und die Beschäftigung mit dem Phänomen Liebe deutet auf eine größere Notwendigkeit hin, sich den Kopf nicht verdrehen zu lassen, sondern sich genau zu überlegen, was man tut und was nicht. Hinter der kultivierten Distanziertheit der Männer verbirgt sich der Romantiker, hinter der romantischen Fassade der Frauen die Pragmatikerin.

Doch das ändert sich langsam. Zum erstenmal in der Geschichte kann eine so große Gruppe von Frauen es sich leisten, einen Mann nur der Liebe wegen zu lieben. Das sind die Frauen, die nicht mehr unterhalten zu werden brauchen, weil sie ihr eigenes Geld verdienen. Es sind die Frauen, die das Ideal der romantischen, auf Gleichwertigkeit basierenden Liebe ernst nehmen, aber auch diejenigen, die es sich leisten können, sich nicht mehr mit weniger zu begnügen. Und siehe da, welche Ironie des Schicksals, jetzt kneifen die Männer. Je mehr Frauen bereit sind, sich an ihren Teil der Abmachung zu halten, desto mehr Männer machen sich dünne und suchen ihr Heil doch lieber bei einem gefügigeren Frauentyp, der sich nicht kleiner zu machen braucht, weil er bereits kleiner ist.

Manche dieser modernen heterosexuellen Frauen, Frauen mit Ambitionen und Leidenschaft, finden einen Gefährten, andere gehen Kompromisse ein oder begnügen sich mit dem, was sich zufällig anbietet: wechselnde Liebhaber, eine Affäre. Und manche Frauen verzichten einfach darauf und versuchen, sich das Leben anders einzurichten. Eine angenehme Arbeitsstelle und genügend interessante Freundinnen helfen dabei, man braucht sich gewiß nicht bedauernswerter vorzukommen als die Frau, die gezwungenermaßen bei ihrem Mann bleibt und wahrscheinlich einsamer ist. Aber ungerecht ist es schon. Ich kenne viele Frauen in den Vierzigern, Fünfzigern, fesselnde Frauen, Frauen, die attraktiver sind, als Frauen dieses Alters je waren, die verbittert oder resigniert oder verwundert feststellen, daß es für sie offenbar keine netten Männer gibt. Und auf wen sollen wir böse sein? Auf uns selbst, daß wir nicht rechtzeitig aufgehört haben, uns weiterzuentwickeln? Hätten wir uns doch ein bißchen zurückhalten sollen? Wer einmal vom Baum der Erkenntnis gegessen hat, kann nicht mehr zurück. Frauen müssen sich noch immer zwischen ihren Ambitionen und der Liebe entscheiden, sagen wir, aber für mich ist das eigentlich keine Entscheidung. Ich könnte einfach keinen Mann mehr lieben, der meine Ambitionen nicht genauso respektiert wie ich die seinen, ich finde Männer, die mich nur dann attraktiv finden, wenn ich mich dümmer stelle, meinerseits zu dumm. Sollen wir auf die Männer böse werden, die kneifen, die angeblich gleichrangige Beziehungen wollen, ihr Versprechen aber nicht einlösen? Was hilft es, wenn wir feststellen, daß auch Männer wenig Einfluß auf ihre eigenen Gefühle haben, wir können sie nicht zwingen, Frauen zu lieben, die sie als bedrohlich empfinden. Sollen wir es den jungen Frauen denn übelnehmen, die den Platz ihrer älteren Geschlechtsgenossinnen einnehmen, die wie Klappstühle beiseite gestellt werden? Tja, wenn diese jungen Frauen von heute an alle einen Partner vom eigenen Format suchen würden, dann müßten sich mehr Männer klarmachen, daß das Problem nicht nur bei den Frauen liegt, die nicht mehr lieb sein wollen, sondern daß auch sie noch in einigen Dingen umlernen müssen. Doch eine solche Strategie ist ebenso unrealistisch wie der große Bums- und Gebärstreik, den der radikalere Teil der Frauenbewegung einmal ausrief. Und auch diese jüngeren Frauen wachen eines Tages auf und sind über vierzig, haben eine gute Ausbildung, einen Beruf, den sie nicht vernachlässigt haben, vielleicht ein Kind. Und dann fragt sich, wie ihre Beziehung aussieht. Und was sie tun, wenn es damit nicht zum Besten steht. Sind auch sie dann «unvermittelbar»? Nein, einfache Lösungen sehe ich nicht für meine Generation, Frauen mit hohen Idealen. Der Wunsch nach Liebe auf der Basis der Gleichrangigkeit macht das Leben nicht einfacher. Aber wer wollte zurück?

Lo Brunt beschuldigt uns, wir verteilten das Risiko. Das stimmt. Frauen, die heutzutage noch auf den Märchenprinzen warten und sich nicht für die Möglichkeit wappnen, daß er nicht kommt, sind auf den Kopf gefallen. «Sexualkrämer, ängstlich darauf bedacht, ihren armseligen Kramladen durch organisiertes Mißtrauen gegen alles und jedes zu beschützen», nennt Brunt uns. Von dieser Ängstlichkeit sehe ich wenig, mein Kramladen ist nicht armselig, und mein Mißtrauen richtet sich nicht gegen jeden, sondern gegen Männer. Für dieses Mißtrauen haben wir Gründe. Es kann sein, daß wir nicht bekommen, was wir wollen, oder daß zumindest nicht alle Frauen bekommen, was sie wollen. Aber wir brauchen uns nicht auch noch beleidigen zu lassen.

Die Frage ist, wer Angst vor der Liebe hat, wer Angst vor dem Leben hat.

Ich glaube nicht, daß wir es sind.

Anmerkungen

1 «De seksuele modernisten, en Iteke Weeda voorop, zijn als de dood voor het leven zelf». Lodewijk Brunt über das Ideal der romantischen Liebe, *Vrij Nederland*, 7. Januar 1989.

2 Emma Brunt besprach das Buch von Barbara Gordon, *Het groene blaadje*, in *Opzij*, April 1989.

3 Die Kontroverse in der frühen Frauenbewegung zwischen «konservativen» Feministinnen, die Männern die gleichen Zügel anlegen wollten wie Frauen, und den Feministinnen, die dafür eintraten, daß Frauen sich die gleichen Freiheiten nehmen sollten wie Männer, ist in einem Artikel von Linda Gordon und Ellen DuBois beschrieben: «Seeking Ecstasy on the Battlefield: Danger and Pleasure in Nineteenth-Century Feminist Sexual Thought», und auch in meinem Buch *Frauensexualität* beschrieben.

4 Die Zahlen über die Altersunterschiede bei Erstehen und späteren Ehen sind Corrine Oudijk, *Sociale Atlas voor de vrouw*, 1983, entnommen.

5 Daß im *NRC* relativ gesehen mehr Frauen annoncieren als in anderen Zeitungen, war auch Zeegers in *Langs deze mij onsympathieke weg* aufgefallen.

6 Germaine Greer in einem Interview, das ich für die niederländische *Elle*, Februar 1990, mit ihr führte.

7 Susan Sprecher, «The Importance to Males and Females of Physical Attractiveness».

8 Daß nicht nur heterosexuelle Männer häufiger auf junge Partnerinnen fliegen, sondern auch homosexuelle Männer auf jüngere Partner, zeigt sich auch an den Kontaktanzeigen, die Zeegers untersuchte. Lesbische Frauen suchen häufiger eine gleichaltrige oder ältere Partnerin. Nicht die sexuelle Veranlagung ist folglich der ausschlaggebende Faktor, sondern das Geschlecht.

9 Nancy Chodorow zitiert den Standpunkt der Soziobiologen in ihrem Artikel über den Altersunterschied, «Divorce, Oedipal Asymmetries and the Marital Gap».

10 Auf die Kontroverse um die Frage, wie viele menschliche Eigenschaften angeboren und wie viele erworben sind, gehe ich ausführlicher in meinem Buch *Wie Schalen einer Zwiebel* ein.

11 Siehe Shere Hite, *Frauen und Liebe. Der neue Hite-Report.* Gefühle im Wandel, Bestandsaufnahme, Analyse, Perspektiven, und Annette Lawson, *Adultery.*

12 *Brigitte, Das Magazin für Frauen,* 11. Juli 1990.

13 Die Untersuchung von Aafke Komter trägt den Titel *De macht van de vanzelfsprekendheid.* Gegenstand ihrer Untersuchung waren 60 Ehepaare.

14 In den Niederlanden leisten Männer im Durchschnitt mehr Hausarbeit als früher. Die Zahl erhöht sich auch noch etwas durch den Umstand, daß es mehr alleinstehende Männer mit eigenem Haushalt gibt, aber noch immer leisten Frauen erheblich mehr Hausarbeit: vier Stunden pro Tag gegenüber anderthalb Stunden bei den Männern. In der Altersgruppe 45–54 Jahre ist die Differenz am größten: vier Stunden. Frauen widmen auch den Kindern das Dreifache an Zeit. Achtzig Prozent der niederländischen Frauen geben an, daß die Hausarbeit zum größten Teil auf ihren Schultern liegt, und das gilt auch für berufstätige Frauen. Petra van Aalten, «De man, de luie stoel en de afwaskwast».

15 Siehe Joseph Pleck, *Working Wives, Working Husbands.* Die meisten Forscher hatten erwartet, daß Männer zu Hause aktiver würden, wenn ihre Frauen mehr außerhalb des Hauses täten. In Wirklichkeit läßt sich kein Zusammenhang zwischen der Beanspruchung der Frauen durch ihren Beruf und der Hilfe nachweisen, die sie von ihren Männern im Haushalt und mit den Kindern erwarten können. Es ist auch nicht selbstverständlich, daß Männer mit fortschrittlicheren Ansichten mehr tun. Immerhin

ändern sich allmählich die Ansichten darüber, welcher Teil der Hausarbeit für Männer akzeptabel ist. Sie kochen häufiger als früher, aber, wie es scheint, entweder, weil sie es gern tun oder weil sie von ihrer Partnerin effektiv unter Druck gesetzt werden. Mit irgendeinem Gerechtigkeitsprinzip hat es in der Praxis offenbar wenig zu tun. Siehe Robin Douthitt: «The Division of Labor in the Home: Have Gender Roles Changed?», Jacquelinne Eccles, «Gender Roles and Women's Achievement-Related Decisions», Lynne Segal, *Slow Motion*, Sylvia Ann Hewlett, *A Lesser Life*. Das Phänomen wird auch in vielen der anderen in diesem Buch erwähnten Publikationen angesprochen.

16 Pamela Fishman, «Interactional Shitwork», und Kathy Davis, «Het probleem van de macht in feministische common-sense». Fishman bemerkt in einer späteren Veröffentlichung («Conversational Insecurity»), daß diese «unsichere» Art zu sprechen bei Frauen nicht nur eine Frage der Sozialisation ist und nicht auf eine erworbene Unsicherheit der Frauen hindeutet, sondern daß Frauen in ihren Beziehungen von alleine merken, daß sie mehr erreichen und einem Mann mehr Reaktionen entlocken, wenn sie häufiger in der Frageform reden. Es ist also nicht die Frage eines «inferior social training», sondern eines «inferior status», sagt Fishman.

17 Nancy Galambos und Rainer Silbereisen, «Role Strain in West German Dual-Earner Households». Daß Männern oft nicht bewußt ist, daß ihre Frau unglücklich ist, und daß sie nicht verstehen, warum sie sich von ihnen scheiden ließ, wird von mehreren Autoren erwähnt. Zum Beispiel von Faye Crosby in «Divorce and Work Life Among Women Managers», und Michael Myers, *Men and Divorce*.

18 Diesen Begriff habe ich von Sara Yogev, «Do Professional Women Have Egalitarian Marital Relationships».

19 Piet Vroon, *de Volkskrant*, 13. Juli 1985. Soweit Vroon neben seinem scherzhaften Ton auch sachliche Kritik an Komters Untersuchung äußert, sind es diese beiden Hauptpunkte: Erstens habe sie eine zu kleine Stichprobe genommen, um Rückschlüsse auf die gesamte niederländische Bevölkerung ziehen zu können. Komter hat aber sehr sorgfältig dargelegt, daß sie gerade das nicht vorhatte: Es geht ihr um die Frage, *wie* das Machtverhält-

nis zwischen Mann und Frau aussehen kann, an Hand dessen man im nächsten Schritt größere Gruppen untersuchen sollte. Der zweite Kritikpunkt lautet, die Interviews seien von Studentinnen durchgeführt worden und nicht von erfahrenen, älteren Interviewern. Es trifft sicherlich zu, daß eine Forscherin wie Lillian Rubin, die selbst auch Therapeutin und um einiges älter ist, geeigneter wäre, Tiefen-Interviews zu führen und mehr «zu Tage zu fördern». Aber wenn wir davon ausgehen, daß allgemein die Tendenz dazu besteht, «sozial erwünschte» Antworten zu geben, und das um so mehr, je größer die Distanz zum Befrager oder je geringer das Vertrauen ist, und wenn wir wissen, daß die sozial erwünschte Antwort auf die Frage, ob eine Ehe glücklich ist, meist «ja» lautet, dann bedeutet das, daß eine eventuelle Verzerrung *in diesem Fall* eher so aussieht, daß das Bild zu positiv ausfällt. Und noch ein Punkt: «Beim Sex haben exakt 45 Prozent der Frauen einen Orgasmus gegenüber 96 Prozent bei den Männern. Komisch, nicht? Männer lügen in puncto Sex schon seit Jahrhunderten das Blaue vom Himmel herunter, wenn sie von weiblichen Interviewern befragt werden.» So Vroon. Nun wußten wir zwar bereits, daß Männer in puncto Sex das Blaue vom Himmel herunterlügen, und es tut gut, das auch einmal von einem Antifeministen bestätigt zu bekommen, denn wenn eine Feministin das sagt, ist es gleich wieder Männerhaß. Aber zufällig läßt sich bei all dem Geschwafel über die biologischen Unterschiede zwischen Frau und Mann eine Tatsache nicht übersehen: Frauen können vorgeben, sie hätten einen Orgasmus, Männer haben beim Orgasmus einen kontrollierbaren Samenerguß. Auf diesem Gebiet lügen sie also nicht, sie lügen, wenn sie prahlen, wie häufig sie mit einer Frau schlafen, und vor allem lügen sie anderen Männern gegenüber.

20 Die Untersuchung von Nel Drayer, *Seksueel misbruik van meisjes door verwanten*, und die Untersuchung von Renee Römkens, *Geweld tegen vrouwen in heteroseksuele relaties*, sind beide in staatlichem Auftrag durchgeführt worden und zeichnen sich durch große Sorgfalt aus – meiner Meinung nach durch eine größere Sorgfalt als die meisten anderen Untersuchungen. Und das, gerade weil die beiden Forscherinnen, die nicht verheimlichen,

daß sie Feministinnen sind, wußten, was nach der Veröffentlichung auf sie zukommen würde.

21 Peter Kampschuur, Bram Buunk und Cas Schaap, *Het omstreden huwelijk, partnerrelaties tussen ideaal en werkelijkheid.* Von der ersten Seite an ist klar, daß die Autoren die Ehe gegen Angriffe von feministischer Seite her verteidigen wollen. Um so merkwürdiger ist daher, daß sie an keiner Stelle auf die zentrale Kritik eingehen, die die Frauenbewegung an der Institution der Ehe übt: vor allem am inhärenten Machtungleichgewicht.

22 Die Frage, auf welche andere Art und Weise sich Klassenunterschiede weiter reproduzieren, untersuche ich in meinem Buch *Scheidelinien.*

23 C. Rubinstein, «Real Men Don't Earn Less Than Their Wives». Siehe auch Michael Fendrich, «Wives' Employment and Husbands' Distress». Inzwischen gibt es viele Untersuchungen zu den Auswirkungen, die es auf Männer und die eheliche Beziehung hat, wenn Frauen arbeiten gehen. (Umgekehrt ist die Frage, ob Frauen es ertragen, daß ihr Mann arbeitet, natürlich undenkbar). Die Untersuchungen widersprachen sich anfangs ziemlich stark: einer Untersuchung zufolge ertrugen Männer es bestens (vor allem, wenn ihre Frau daheim weiterhin denselben Service bot), der anderen zufolge zeigten sie verstärkt Stresssymptome. Inzwischen wissen wir, daß der einflußreichste Faktor ein unterschiedliches Einkommen ist. Steigt ihr Verdienst zu sehr im Vergleich zu seinem, sinkt seine Zufriedenheit.

24 In den Niederlanden ist es zur Zeit so, daß nur 7 Prozent der Frauen in sogenannten Doppelverdienerbeziehungen mehr verdienen als ihr Mann. Unter *Opzij*-Leserinnen, die im Durchschnitt beruflich qualifizierter und selbständiger sind als die Durchschnittsniederländerin, ist der Anteil doppelt so hoch, aber 14 Prozent sind immer noch sehr wenig. Siehe die Untersuchung, die Hans Vervoort und Tom van Veen für *Opzij* durchführten. Männer verdienen durchschnittlich fünfzig Prozent mehr pro Arbeitsstunde. Diese Differenz vergrößert sich mit zunehmendem Alter und trifft auch auf beruflich Höherqualifizierte zu. Siehe Jeanne de Bruijn, «De geldkloof tussen mannen en vrouwen».

25 Wir wissen, daß bei Ehepaaren, bei denen die Frau den gleichen

oder einen höheren beruflichen Status hat als ihr Mann, signifikant mehr Scheidungen auftreten – 15 Prozent gegenüber 9 Prozent in den Ehen, in denen der Mann eine bessere Position innehat als die Frau. Siehe Susan McRae, *Cross-Class Families.*

26 Atkinson und Boles, «WASP (Wives As Senior Partners)».

27 Zitiert in Atkinson und Boles.

28 Sagt Michael Myers in *Men and Divorce.*

29 Sylvia Ann Hewlett, *A Lesser Life.*

30 1981 sah die Verteilung zwischen alleinstehenden Frauen und alleinstehenden Männern noch so aus: In der Altersgruppe unter 30 waren es etwa gleich viele Männer wie Frauen, in der Kategorie zwischen 30 und 44 waren mehr Frauen «weggeheiratet» als Männer, und das war die einzige Altersgruppe, in der wir mehr alleinstehende Männer als Frauen fanden: zehn zu sieben. Danach hat sich das Verhältnis umgekehrt, bei den 45- bis 65jährigen sind es doppelt soviel Frauen wie Männer, bei den noch älteren viermal soviel. Interessant ist, was passiert, wenn die Zahl der Kinder weiter zurückgeht. Ältere Männer konnten im «Baby-Boom» nach dem Krieg noch von einem Überschuß an jüngeren Frauen «profitieren», aber die Männer des Baby-Booms, die selbst älter geworden sind, haben folglich eine geringere Auswahl an jüngeren Frauen. Zahlen siehe van Doorne-Huiskes, «Vrouwen in de toekomst».

31 In den Niederlanden ist die Situation insofern anders, als Frauen, die für sich selbst und die Kinder keinen Unterhalt bekommen, sich an das Sozialamt wenden können. Es gibt folglich immer eine Untergrenze. Wie viele Väter in den Niederlanden nach der Scheidung finanziell zum Unterhalt ihrer Kinder beitragen, konnte ich nicht in Erfahrung bringen. Aus einer Untersuchung über Väter, die mit dem Raad voor de Kinderbescherming (Jugendamt – Anm. d. Übers.) zu tun hatten, ging hervor, daß 50 Prozent dieser Väter angaben, einen Beitrag für die Kinder zu zahlen, und 40 Prozent der Mütter sagten, daß sie diesen auch erhielten. Zwei Drittel der Zahlungen liegen bei unter 300 Gulden pro Monat, ein Drittel darüber. Siehe Margreet Wegelin, «Vaderschap na echtscheiding». Höchstens 15 Prozent der geschiedenen Frauen bekommen noch Unterhalt für sich selbst, und dann meist viel zuwenig, um davon leben zu können. Iteke

Weeda und Jan Groenewold, *Scheiden doet lijden?* Hewlett stellt bitter fest, es sei erwiesen, daß die Wahrscheinlichkeit, daß ein geschiedener Vater Unterhalt für seine Kinder zahlt, *geringer* ist als die, daß er die Raten für sein Auto zahlt.

32 Leonore Weitzman, *The Divorce Revolution*, ist die erste, die die finanziellen Folgen einer Scheidung für Frauen und Männer eingehend untersucht hat. In anderen Untersuchungen wird der erwähnte Unterschied, demzufolge Frauen sich schlechter und Männer sich besser stehen, als weniger groß bezeichnet. Das hängt damit zusammen, daß Weitzman und Hewlett die Tatsache unberücksichtigt ließen, daß dem Gehalt eines Mannes die Gratisarbeit seiner Frau gegenüberstand. Ein geschiedener Mann erhält zwar den größten Teil seines Einkommens «zurück», muß sich dafür aber die Dienstleistungen erkaufen oder sein Geld wieder in eine neue Frau «investieren». Aber auch wenn wir das mitberücksichtigen, zeigt sich ein ungleiches Bild: Frauen verschlechtern sich mehr als Männer, stellen auch Iteke Weeda und Jan Groenewold in *Scheiden doet lijden?* fest. Das mitleiderregende Bild des Mannes, der bei der Scheidung alles verliert – Kinder, Haus, persönliche Sachen –, entspricht nur äußerst selten der Wirklichkeit.

33 Zahlen aus der niederländischen Übersetzung von Lillian Rubin, *Intieme vreemden*.

34 Siehe u. a. Sandra Beek e. a., *Vrouwen en armoede in Nederland*, und für die Zahlen: Weisbeek und Wiebrens, *Niet gehuwd, gehuwd geweest*. Um die wirtschaftliche Selbständigkeit der Niederländerinnen steht es noch nicht sehr gut. 46 Prozent haben überhaupt kein eigenes Einkommen, siehe Leonoor Meijer, «De vrouw en het ‹onreine› geld», und nur ein Viertel der Frauen sind wirklich selbständig, das heißt, daß sie über mindestens 70 Prozent des gesetzlichen Mindestlohns verfügen. Siehe Jeanne de Bruijn, «De geldkloof tussen mannen en vrouwen».

35 Hilda Verwey-Jonker nennt in «De oudere vrouw in 2001» die Gruppe von Frauen, die jetzt zwischen 50 und 65 Jahre alt sind, eine «lost generation», die Gruppe, die es am schwersten hat. Es sind die Frauen, die sich wie selbstverständlich auf die finanzielle Sicherheit durch die Ehe verließen, und das sieht nun in der Pra-

xis ganz anders aus, sie verpaßten den Einstieg verheirateter Frauen ins Berufsleben.

36 Die durchschnittliche Kinderzahl ist in den letzten Jahrzehnten entgegen allen Erwartungen spektakulär gesunken. Bekam eine Frau 1960 im Durchschnitt 3,12 Kinder, so waren es 1983 nur noch 1,47. Zum Teil liegt das daran, daß eine Gruppe sich emanzipierender Frauen das Kinderkriegen hinausschob und kurz vor Toresschluß doch noch ein Baby bekam, aber häufig wurde aus aufgeschoben aufgehoben. Immer mehr Frauen bekamen auch nur noch ein Kind, was früher sehr ungewöhnlich war und als nicht wünschenswert galt. Siehe auch van Doorne-Huiskes, «Vrouwen in de toekomst».

Die Gründe, weshalb Frauen sich für Kinder entscheiden oder nicht, sind komplex. Seit Kinder immer mehr zu einer Frage der persönlichen Entscheidung und weniger der Konvention werden – wer verheiratet ist, hat Kinder zu bekommen, wer nicht verheiratet ist, nicht –, werden Frauen mit einer Vielzahl von Gründen dafür und dagegen konfrontiert. Die Motive, die Frauen gegen Kinder anführen, sind kohärent: ein zu großer Freiheitsverlust, die Unmöglichkeit, Beruf und Kinder zu vereinen, und zu wenig Vertrauen dahingehend, daß sich der potentielle Vater an der Sorge für die Kinder beteiligt. Siehe van Luin und Parent, *Laatste kans moeders.*

37 Sagt Lillian Rubin in *Intieme vreemden.*

38 Joseph Pleck, *Working Wives, Working Husbands.*

39 Teresa Jump und Linda Haas, «Fathers in Transition», und Lynne Segal, *Slow Motion.*

Es heißt gelegentlich, bei einer guten Elternschaft komme es nicht auf die Länge der Zeit an, die man mit einem Kind verbringe, sondern auf die Qualität dessen, was in dieser Zeit geschehe, und insofern brauche ein Vater, der kaum mehr als eine Viertelstunde am Tag mit seinem Kind verbringe oder seine Kinder im Grunde nur am Wochenende erlebe, kein «schlechter» Vater zu sein. Trotzdem empfinde ich es als problematisch, wenn vor allem Väter die schönen und besonderen Dinge mit den Kindern unternehmen, während die langweiligere Arbeit der Mütter selbstverständlich ist. Contratto beschreibt die Wirkung solcher «tollen» Väter auf Töchter: Gerade weil seine

Zuwendung etwas so Seltenes und seine Anwesenheit etwas so Besonderes nur, neigen die Töchter solcher Väter dazu, Männer unverhältnismäßig zu bewundern und weiter nach solch charismatischen Personen zu suchen, während den Müttern, die immer da waren, aber trotzdem die Erwartungen nie ganz erfüllen konnten, viel mehr übelgenommen wird als den Vätern. Ich möchte dieses Thema, den Einfluß «toller» Väter, noch einmal genauer untersuchen. Siehe Susan Contratto, «Father Presence in Women's Psychological Development».

40 Ephron wird zitiert in Hewlett, *A Lesser Life.*

41 Zitat aus Hewlett, *A Lesser Life.*

42 In «Men as Husbands».

43 Obwohl Hewletts grimmige Analyse der Stellung der modernen Frau beeindruckt, muß zu einigen Punkten doch etwas angemerkt werden. So geht sie davon aus, daß 90 Prozent aller Frauen Kinder wollen und auch Kinder bekommen, sie geht sogar so weit zu behaupten, es sei ein tiefes biologisches Bedürfnis aller Frauen, Mutter zu werden. Das ist noch die Frage. Chodorow schreibt in ihrer Studie *Waarom vrouwen moederen*, daß der sogenannte Mutterinstinkt nie ausreichend nachgewiesen worden ist. Daß so viele Frauen Kinder wollen, hat eher etwas mit unserer Sozialisation zu tun, sagt sie. Frauen suchen in der Mutterschaft etwas von jener ersten, primitiven Bindung wieder, die sie zu ihrer Mutter hatten, es ist der Wunsch nach «jemandem, der einem ganz gehört». Aber unter den heutigen Bedingungen bekommen in den Niederlanden *keine* 90 Prozent aller Frauen ein Kind. Schätzungen zufolge werden 70 Prozent aller in den 70er Jahren geborenen Frauen ein oder mehr Kinder bekommen, und etwa 10 Prozent der Frauen werden ungewollt kinderlos bleiben.

44 Annette Lawson, *Adultery.*

45 Richardson, *Die neue Andere. Ledige Frauen, verheiratete Männer.*

46 Es ist viel darüber diskutiert worden, ob Hites Untersuchung wissenschaftlichen Ansprüchen genügt. Insofern wohl nicht, als sie die Antworten auf ihre Fragen auf freiwilliger Basis erhielt und nicht auf Grund einer Stichprobe. Tausende beantworteten ihre Erhebungsbögen, aber wir können annehmen, daß es sich bei den Frauen, die aus eigenem Antrieb den Fragebogen beant-

worteten, eher um Frauen handelte, die mühelos über Sex sprachen und im Durchschnitt wahrscheinlich unzufriedener mit ihrer Ehe waren als die Frauen, die keine Liste zurücksandten. Frauen, die glücklich sind bzw. nicht wissen wollen, daß sie unglücklich sind, werden vermutlich weniger schnell bereit sein, Fragen über ihr Sexualleben zu beantworten. Inzwischen geben jedoch viele Frauen an, daß sie ihren Mann betrügen. Trotzdem sind exakte Zahlen schwer zu bekommen, denn ein Merkmal des Ehebruchs ist ja gerade, daß er geheimgehalten wird, auch wenn jedermann weiß, daß solche Dinge regelmäßig passieren.

47 Anna Freud ist ein Fall für sich. Ihre ältere Schwester, die hübscher war als sie, war Freuds Lieblingstochter. Aus dem Gefühl heraus, nicht genügend Zuwendung erhalten zu haben, tat sie alles, um doch noch einen Platz im Leben ihres Vaters zu finden. Sie wurde seine Assistentin, ließ sich psychoanalytisch ausbilden, wurde, was sehr ungewöhnlich war, von ihrem Vater selbst analysiert, und machte sich unersetzlich. Das bedeutete, daß sie auf eine tiefere Beziehung zu einem Mann oder einer Frau verzichtete, auch auf eigene Kinder. Anna Freud entschied sich aus Liebe zu ihrem Vater für ihre Ambitionen und damit gegen andere Lieben.

48 Tillie Olsen verzeichnet in ihrem Buch *Silences*, wie viele bekannte Schriftstellerinnen nicht verheiratet waren und keine Kinder hatten. Es sind auffällig viele. Auch in dem von mir zusammengestellten Band *Wie weegt de woorden* berichten viele Schriftstellerinnen, wie schwierig es sei, neben einer Beziehung genügend Zeit zum Schreiben zu finden. Schriftstellerinnen, die mit einem Mann zusammenleben, der es erträgt, daß sie sich zeitweise zurückziehen, sind in der Regel unglaublich dankbar. Kaum eine hält es für selbstverständlich, daß ein Mann das tut. Siehe auch *Meer dan één engel. Over literatuur en seksenstrijd*, wo ich darlege, daß der Mangel an «weiblichen Genies» auch auf den Mangel an Unterstützung zurückzuführen ist, auf die Frauen Anspruch hätten.

49 Es ist interessant, wie vehement die Reaktionen in der niederländischen Presse waren, als die Geschichte über Mileva auftauchte. Noch bevor jemand die Möglichkeit untersucht hatte, daß es vielleicht nicht nur feministische Propaganda

war, mußte wütend und heftig bestritten werden, daß eine *Frau* Einstein bei seiner Theorie geholfen haben könnte – unmöglich!

50 Cynthia Ozick, *Mrs. Virginia Woolf: a Madwoman and Her Nurse.*

51 Wer nachprüfen will, wie schlimm das war, sehe in der Biographie einer seiner letzten und jüngsten «Freundinnen» nach (Liliane Siegel, *La clandestine*), die sich in dem Netz kleiner Lügen und kleiner Privilegien, die ihr immer wieder entzogen werden konnten, völlig verfangen hatte. Siegel war psychisch äußerst labil, als sie in Sartres Damenkreis aufgenommen wurde, und sie wurde fast sklavisch abhängig von der geringsten seiner Aufmerksamkeiten. Sartre sah sich gern als Retter von Frauen in Not und veranstaltete eine Art Amateurtherapie mit ihnen. Obwohl Siegel in ihrem Buch noch immer Zeichen einer hündischen Dankbarkeit zeigt, meine ich, sie hätte von einer richtigen Therapie mehr profitiert.

52 Zur Diskussion über die Klassenzugehörigkeit von Frauen siehe *Scheidelinien.*

53 In «Divorce, Oedipal Asymmetries and the Marital Gap». Siehe auch Chodorow, *Waarom vrouwen moederen.*

54 Bei der Frage, ob Frauen nicht Schach spielen können oder es nicht wollen, müssen wir berücksichtigen, daß Frauen in der Regel dahingehend sozialisiert sind, daß sie sich in Situationen ohne Konkurrenzdruck wohler fühlen und höhere Leistungen in einer Atmosphäre erbringen, in der Zusammenarbeit im Vordergrund steht bzw. in Situationen, in denen sie für sich arbeiten können und mit niemandem zu konkurrieren brauchen. Bei Männern ist das umgekehrt, von Ausnahmen selbstverständlich abgesehen, denn auch nicht alle Männer erbringen die besten Leistungen, wenn sie sich gegen andere durchboxen müssen. Viele Frauen empfinden einen Sieg über andere als unvereinbar mit ihrem «weiblichen» Selbstverständnis. Siehe Jacquelinne Eccles, «Gender and Women's Achievement-Related Decisions».

55 Matina Horner, «Towards an Understanding of Achievement-Related Conflicts in Women». Das Problem der Erfolgsangst bespreche ich ausführlicher in *Wie Schalen einer Zwiebel.*

56 Yogev, «Do Professional Women have Egalitarian Marital Relationships?» und «Judging the Professional Woman».
57 De Waal, *Meisjes: een wereld apart.*
58 Komarovsky, *Dilemmas of Masculinity.*
59 Diane Tockton Schuster in «Work, Relationships and Balance in the Life of Gifted Women». Manche Frauen machen sich nicht bewußt kleiner, als sie sind, sondern glauben tatsächlich, daß der Mann, den sie lieben, intelligenter ist als sie selbst. Frauen unterschätzen ihre eigene Intelligenz offenbar prinzipiell und überschätzen die der Männer. Siehe Carol Tomlinson-Keasey, «The Working Lives of Terman's Gifted Women». Überdurchschnittlich intelligente Frauen haben häufig das Gefühl, sich entscheiden zu müssen, ob sie für weiblich und attraktiv gehalten werden oder sich weiterentwickeln wollen. Mehr als intelligente Männer leiden intelligente Frauen häufig unter einem Gefühl der Isolation und dem Gefühl, von niemandem gemocht zu werden, es sei denn, sie verbergen ihr wahres Ich. Eine traurige Tatsache ist, daß überdurchschnittlich begabte Frauen dreimal so häufig Selbstmord begehen wie Frauen mit durchschnittlicher Intelligenz. Jacquelinne Eccles, «Gender Roles and Women's Achievement-Related Decisions», und Kathleen Noble, «The Dilemma of the Gifted Woman».
60 Sylvia Plath, *Letters Home.*
61 Siehe Nancy Chodorow, *Waarom vrouwen moederen*, und die Besprechung dieses Buches in *Wie Schalen einer Zwiebel.*
62 Inzwischen gibt es viele Autoren, die über den Entstehungsprozeß der männlichen Identität geschrieben haben. Ein wichtiger: Joseph Pleck, *The Myth of Masculinity.*
63 Ich habe Astrachan nicht wörtlich zitiert, sondern um eigene Beispiele ergänzt. Astrachan nannte in seiner Aufzählung Sex nicht.
64 Siehe u. a. Joseph Pleck, *The Myth of Masculinity.* Fast alle Autoren über Männer und ihre Probleme beziehen sich auf diese Fakten, so auch Myers, *Men and Divorce*, und Anthony Astrachan.
65 Zitiert in Lynne Segal, *Slow Motion.*
66 Über den Zusammenhang zwischen Männlichkeitsbildern und Alkoholismus hat Tom Dardis ein Buch geschrieben, *The Thir-*

sty Muse. Er sagt darin, warum gerade so viele amerikanische Schriftsteller alkoholabhängig wurden: Das Schreiben von Romanen gilt im Gegensatz zum «harten» Journalismus als «soft», weiblich. Schriftsteller mußten daher auf andere Weise beweisen, daß sie richtige Männer waren, und zu zeigen, daß man mehr Alkohol vertrug als andere, gehörte dazu.

67 Pleck, *The Myth of Masculinity*, und *Working Wives, Working Husbands.*

68 Richard Eisler und Jay Skidmore, «Masculine Gender Role Stress».

69 Wir können das Überschreiten der «tension line» in individuellen Beziehungen mit den Veränderungsprozessen vergleichen, die stattfinden, wenn in Gruppen das Machtgleichgewicht zwischen Männern und Frauen gestört wird. Ein Beispiel: Als 1984 in den Niederlanden eine Reihe debütierender Autorinnen auf sich aufmerksam machte, folgerten die Medien daraus, «die Schriftstellerinnen (hätten) die Schriftsteller überrundet». Eine einfache Zählung ergab, daß auch in diesem Jahr weniger Erstlingswerke von Frauen als von Männern erschienen waren, aber die unsichtbare Toleranzschwelle war überschritten, die Frauen waren keine Ausnahmen mehr. An Hand der Reaktion in den Medien hätte man meinen können, Frauen hätten weit mehr als die Hälfte der Aufmerksamkeit auf sich gezogen. Siehe Meulenbelt, *Meer dan één engel.* Marlies Ott hat dieses Phänomen beim «Eindringen» von Frauen in Männerberufe und von Männern in Frauenberufe untersucht. Eine einzelne Frau bei der Polizei hat es nicht leicht, aber sie wird letztlich akzeptiert. Richtige Aggressivität entsteht erst, wenn zwischen 20 und 40 Prozent der Stellen von Frauen besetzt werden. Hier geht es nicht nur um eine aufrückende Minderheit und eine sich gegen die Konkurrenz zur Wehr setzende Mehrheit: Wenn mehr Männer Krankenpflegeberufe ergreifen, werden sie in der Regel herzlich empfangen und haben in kürzester Zeit mehr Aussicht, in höhere Positionen aufzusteigen. Siehe Marlies Ott, *Assepoesters en kroonprinsen.*

70 Mehrere Untersuchungen weisen darauf hin, daß die progressiven Ansichten von Männern und ihr tatsächliches Verhalten weit auseinanderklaffen können. Siehe u. a. Susan Lewis und

Cary Cooper, «Stress in Dual-Earner Families», Arnold Kahn, «Reactions of Profeminist and Antifeminist Men to an Expert Woman», C. Tavris, «Who Likes Women's Liberation and Why: The Case of the Unliberated Liberals», und G. Leventhal und M. Matturo, «Males' Attitudes Toward Women: What They Say and What They Do».

71 Dinnerstein, *Das Arrangement der Geschlechter.* Ich bespreche ihre Theorie in *Wie Schalen einer Zwiebel*.

72 Myers, *Men and Divorce*.

73 Daß die Ehe für Männer besser ist als für Frauen, ist von vielen Autoren und Wissenschaftlern nachgewiesen worden. Unter anderem von Jessie Bernard, in *The Future of Marriage*. Die Frage ist jedoch, was die Ursache ist und was die Folge. Sind Männer gesünder, weil sie verheiratet sind, oder verhält es sich umgekehrt: Gehen vor allem gesunde Männer eine Ehe ein? Die Frage wird mit einem Vergleich zwischen Witwern und verheirateten Männern desselben Alters und Lebensstandards beantwortet. Von Witwern wissen wir schließlich, daß sie zur Ehe bereit waren und eine Partnerin gefunden hatten. Ihnen geht es ebenso wie anderen unverheirateten Männern viel schlechter als verheirateten Männern, was zeigt, daß die Ehe Männern in der Regel guttut. Männer, die einmal die *Erfahrung* gemacht haben, wie es ist, verheiratet zu sein, heiraten öfter wieder, heiraten öfter als Männer, die nie verheiratet waren, selbst wenn ihre Scheidung unerfreulich war. Daß viele Männer an der Ehe herumkritisieren, wirkt eher wie die rituelle Leugnung ihrer eigenen Abhängigkeit, folgert Bernard.

74 Boucher und de Jong, *Hoerenlopers*. Ich habe diese Untersuchung unter der Überschrift «Intimiteit tegen uurtarief» kritisch besprochen.

75 Auch Frauen werden von Frauen erzogen und können folglich gegenüber «starken» Frauen die gleichen ambivalenten Gefühle entwickeln. Ich glaube, daß auch Frauen die Macht von Frauen mehr fürchten als die Macht von Männern, viele Frauen arbeiten lieber «unter» einem Mann als «unter» einer Frau, und ich denke, daß die unverhältnismäßig harte Kritik an Frauen, die es geschafft haben, ebenfalls damit zusammenhängt. Doch was sich zwischen Frauen abspielt, wird Thema eines anderen Buches.

76 Ich denke, daß Angehörige dominanter Gruppen dazu neigen, unbewußt Angst vor der unterdrückten Wut der dominierten Gruppen zu haben. Wir können das mit dem Schwarz-Weiß-Problem vergleichen. Obgleich nachweislich mehr Gewalt von Weißen gegen Schwarze stattfindet oder von Schwarzen untereinander, werden vor allem schwarze Männer häufig als große Bedrohung für Weiße dargestellt, als inhärent gewalttätig oder blutrünstig. Ich glaube, daß diese Angst in dem Maße zunimmt, wie Schwarze tatsächlich stärker unterdrückt werden. Ich glaube, daß viele Männer unbewußt auf die unterschwellige Verbitterung und Enttäuschung vieler Frauen reagieren, die bei Frauen mit zunehmendem Alter nicht gerade geringer wird.

77 Feministinnen haben mehr Spaß am Sex als Nicht-Feministinnen. Je höher die Ausbildung einer Frau ist, desto mehr kann sie Sex genießen. Nicht, daß eine bessere Ausbildung an sich schon erotisierend wirkte – worum es geht, ist, daß eine bessere Ausbildung das Selbstvertrauen von Frauen stärkt und daß ein Mindestmaß an Selbstvertrauen eine Voraussetzung dafür ist, sich selbst zu erlauben, auf sexuellem Gebiet aktiv und neugierig zu sein, den Mut zu haben, die Initiative zu ergreifen und von der Norm abzuweichen. Siehe Carole Schmidt Kirkpatrick, «Sex Roles and Sexual Satisfaction in Women». Auch die *Opzij*-Befragung von Iteke Weeda, «Eigenzinnige erotiek», ergab einen positiven Zusammenhang zwischen Feminismus, Selbstsicherheit und Spaß am Sex.

78 Siehe auch die Artikelsammlung von Petra de Vries unter dem Titel *Aan het hoofd van de tafel*.

79 Connell, *Gender and Power*.

80 Wieck, *Männer lassen lieben*.

81 *Opzij*, Januar 1990.

82 Wieck, *Männer lassen lieben*.

83 In gemischter Gesellschaft sind ein Drittel der Frauen bereit, ihre Verletzlichkeit zu zeigen, Männer so gut wie nie. Ein Drittel der Männer brüsten sich dagegen gern mit Gott und der Welt, Frauen so gut wie nie. Siehe Peplau und Gordon, «Women and Men in Love».

84 Ulanov, «For Better and for Worse».

85 Anneke van Doorne-Huiskes, «Vrouwen in de toekomst».

86 Meyer, *Sekse als organisatieprincipe.*

87 Siehe Mary Anne Sedney, «Development of Androgyny: Parental Influences». Seit genügend Kinder herangewachsen sind, die von ihren Eltern «rollendurchbrechend» erzogen wurden, bekommen wir eine Vorstellung davon, wie sich das auswirkt. Bei jüngeren Kindern und Teenagern ist zur Verzweiflung ihrer Eltern oft wenig von deren Bemühungen zu spüren, keine stereotypen Männchen und Weibchen aus ihnen zu machen. Bis zu einem gewissen Reifegrad passen Jugendliche sich ihrer Umgebung und damit an die Männlichkeits- und Weiblichkeitsbilder an, die in ihrer eigenen (Sub-)Kultur vorhanden sind. Kinder, die konservative Eltern hatten, die warm und freundlich mit ihnen umgingen, neigen dazu, später ebenfalls konservativ zu werden. Kinder, die nette Eltern hatten, die ihnen andere als die traditionellen Rollen vorlebten, neigen dazu, später ebenfalls weniger traditionelle Rollen anzunehmen, doch das zeigt sich oft erst, wenn sie mit den Vor- und Nachteilen traditioneller Rollen genügend Erfahrung gesammelt haben. Es gibt also noch Hoffnung.

88 Anne Peplau und Steven Gordon, «Women and Men in Love».

Bibliographie

Biographien und Autobiographien

Bair, Deirdre, *Simone de Beauvoir*, Knaus, München 1990.

Belle, Quentin, *Virginia Woolf. A Biography*, Bd. I und II, Hogarth Press, London 1972.

Brandenburg, Angenies, *Annie Romein-Verschoor* 1895–1978, Leven en werk, De Arbeiderspers, Amsterdam 1988.

Brandon, Ruth, *The New Women and the Old Men, Love, Sex and the Woman Question*, Secker and Warburg, London 1990.

Cohen-Solal, Annie, *Sartre* 1905–1980, Rowohlt, Reinbek 1988.

Dardis, Tom, *The Thirsty Muse. Alcohol and the American Writer*, Ticknor & Fields, New York 1989.

Feibleman, Peter, *Lilly. Reminiscences of Lillian Hellman*, Avon Books, New York 1990.

Feinstein, Elaine, *Marina Tsvetayeva*, Penguin, Harmondsworth 1989.

Forster, Margaret, *Elizabeth Barrett Browning*, Chatto & Windus, London 1988.

Francis, Claude, und Fernande Goutier, *Simone de Beauvoir*, Quadriga, Weinheim 1986.

Gilot, Françoise, und Carlton Lake, *Leben mit Picasso*, Diogenes TB, Zürich 1987.

Giroud, Françoise, *Alma Mahler oder die Kunst, geliebt zu werden*, Zsolnay, Wien 1989.

Glatzer, Nahum N., *Kafkas's Liefdes*, SUN, Nijmegen 1989.

Grosskurth, Phyllis, *Margaret Mead*, Penguin, Harmondsworth 1988.
Howard, Jane, *Margaret Mead. A Life*, Fawcett Crest, New York 1984.
Kapp, Yvonne, *Eleanor Marx*, Bd. I und II, Lawrence and Wishart, London 1976.
Kert, Bernice, *Die Frauen Hemingways*, L. Roitman, München 1989.
Mahler-Werfel, Alma, *Mein Leben*, Fischer, Frankfurt 1988.
Massie, Allan, *Colette. The Woman, the Writer and the Myth*, Penguin, Harmondsworth 1986.
Mellow, James R., *Invented Lives. F. Scott and Zelda Fitzgerald*, Houghton Mifflin, Boston 1984.
Ozick, Cynthia, ‹Mrs Virginia Woolf: a Madwoman and Her Nurse›, in: *Art & Ardor, Essays*, Alfred A. Knopf, New York 1983.
Pawel, Ernst, *Das Leben Franz Kafkas*, Hanser, München 1986.
Plath, Sylvia, *Letters Home*, Bantam Books, New York 1977.
Perry, Ruth, und Martine Watson Brownley (Hg.), *Mothering the Mind. Twelve Studies of Writers and Their Silent Partners*, Holmes & Meier, New York 1984.
Reich, Nancy B., *Clara Schumann*, Wunderlich, Reinbek 1991.
Romein-Verschoor, Annie, *Omzien in verwondering*, De Arbeiderspers, Amsterdam 1971.
Rose, Phyllis, *Woman of Letters. A Life of Virginia Woolf*, Routledge and Kegan Paul, London 1978.
Rose, Phyllis, *Parallele Leben*, Rowohlt TB, Reinbek 1987.
Schuller, Victor, *Hemingway und die Frauen*, Stern, Hamburg 1989.
Siegel, Liliane, *Mein Leben mit Sartre*, Claassen, Düsseldorf 1989.
Spater, George, und Ian Parsons, *Porträt einer ungewöhnlichen Ehe*, Fischer-TB, Frankfurt 1980.
Stassinopoulos, Arianna, *Die Callas*, Droemer, München 1982.
Stassinopoulos, Arianna Huffington, *Picasso, Genie und Gewalt* Droemer, München 1988.
Stephan, Inge, *Das Schicksal der begabten Frau. Im Schatten berühmter Männer*, Kreuz Verlag, Stuttgart 1989.
Zuylen, Belle van, *‹Ik heb geen talent voor ondergeschiktheid›*, Briefwechsel mit Constant d'Hermenches, James Boswell und Werner C. W. van Pallandt, Van Oorschot, Amsterdam 1987.

Sekundärliteratur

Alten, Petra van, ‹De man, de luie stoel en de afwaskwast›, in *Opzij*, April 1990.

Astrachan, Anthony, *How Men Feel. Their Responses to Women's Demands for Equality and Power*, Anchor Press/Doubleday, Garden City, New York 1986.

Atkinson, M. P., und J. Boles, ‹WASP (Wives as Senior Partners)›, in *Journal of Marriage and the Family* 46, 1984.

Badinter, Elisabeth, *Ich bin Du. Die neue Beziehung zwischen Mann und Frau oder die androgyne Revolution*, Piper, München 1987.

Beauvoir, Simone de, *Das andere Geschlecht. Sitte und Sexus der Frau*, Rowohlt TB, Reinbek 1968.

Becker, Carol, *Das unsichtbare Drama...*, Mod. Verlagsges., L. 1989.

Beek, Sandra van, u. a., *Vrouwen en armoede in Nederland*, hg. von Breed Platform Vrouwen voor Ekonomische Zelfstandigheid, Utrecht 1988.

Belotti, Elena Gianini, *Liebe zählt die Jahre nicht. Wenn Frauen jüngere Männer lieben*, Rowohlt, Reinbek 1990.

Benard, Cheryl, und Edit Schlaffer, *Laßt endlich die Männer in Ruhe*, Rowohlt, Reinbek 1990.

Bernard, Jessie, *The Future of Marriage*, Bantam, New York 1972.

Boucher, Tineke, und Harry de Jong, *Hoerenlopers. Mannen op zoek naar intimiteit*, Jan Mets, Amsterdam 1987.

Brinkgreve, Christien, *De belasting van de bevrijding*, SUN, Nijmegen 1988.

Brunt, Lodewijk, ‹De brandende kwestie›, in *Vrij Nederland*, 7. Januar 1989.

Bruijn, Jeanne de, ‹De geldkloof tussen mannen en vrouwen›, in *Opzij*, Januar 1990.

Campbell, Bebe Moore, *Carrièrevrouwen en hun mannen*, Spectrum, Utrecht 1987.

Cancian, Francesca, ‹The Feminization of Love›, in *Signs*, Bd. II, Nr. 4, 1986.

Chapman, Audrey B., *‹Man Sharing›. Die Kunst, sich einen Mann zu teilen*, Heyne, München 1989.

Chodorow, Nancy, *Das Erbe der Mütter*, Frauenoffensive, München 1985.

Chodorow, Nancy, ‹Divorce, Oedipal Asymmetries, and the Marital Gap›, in: Friedman, Robert M., und Leila Lerner (Hg.),

Toward a New Psychology of Men, Quiltford Press, New York 1986.

Connell, R. W., *Gender and Power*, Polity Press, Cambridge 1987.

Contratto, Susan, ‹Father Presence in Women's Psychological Development›, in: Jerome Rabow, Gerald M. Platt und Marion S. Goldman (Hg.), *Advances in Psychoanalytic Sociology*, Robert E. Krieger, Malabar Flor 1987.

Crosby, Faye J., ‹Divorce and Work Life among Women Managers›, in: Hildreth Y. Grossman und Nia Lane Chaster (Hg.), *The Experience and Meaning of Women's Lives*, Lawrence Erlbaum, Hillsdale, New Jersey 1990.

Davis, Kathy, ‹Het probleem van de macht in feministische common-sense›, in: *Psychologie en Maatschappij 50*, Jahrgang 14 Nr. 1, März 1990.

Dinnerstein, Dorothy, *Das Arrangement der Geschlechter*, DVA, Stuttgart (vergriffen)

Doorne-Huiskes, Anneke van, ‹Vrouwen in de toekomst›, in: VVAO (Hg.), *Is het werk gedaan? De vrouwenbeweging in* 2001, Het Spectrum, Utrecht 1988.

Douthitt, Robin A., ‹The Division of Labor within the Home›, in: *Sex Roles*, Bd. 20, Nr. 11/12, 1989.

Eccles, Jacquelynne S., ‹Gender Roles and Women's Achievement-Related Decisions›, in: *Psychology of Women Quarterly*, Bd. II, Nr. 2, Juni 1987.

Ehrenreich, Barbara, *Fear of Falling, The Inner Life of the Middle Class*, Random House, New York 1989.

Ehrenreich, Barbara, *Die Herzen der Männer*, Rowohlt, Reinbek 1984.

Eisler, Richard M. und Jay R. Skidmore, ‹Masculine Gender Role Stress. Scale Development and Component Factors in the Appraisal of Stressful Situations›, in *Behaviour Modification*, Bd. II, Nr. 2, April 1987.

Eisler, Richard M., Jay R. Skidmore und Clay H. Ward, ‹Masculine Gender-Role Stress: Predictor of Anger, Anxiety and Health Risk Behaviours›, in: *Journal of Personality Assessment*, 52 (I), 1988.

Fendrich, Michael, ‹Wives' Employment and Husbands' Distress. A Meta-Analysis and a Replication›, in: *Journal of Marriage and the Family*, November 1984.

Firestone, Shulamith, *Frauenbefreiung und sexuelle Revolution*, Fischer TB, Frankfurt 1987.

Fishman, Pamela, ‹Interactional Shitwork›, in: *Heresies*, Mai 1977.
Fishman, Pamela, ‹Conversational Insecurity›, in: Cameron, Deborah (Hg.), *The Feminist Critique of Language*, Routledge & Kegan Paul, London 1990.
Friedan, Betty, *Der Weiblichkeitswahn*, Rowohlt TB-V, Reinbek 1970.
Galambos, Nancy L., und Rainer K. Silbereisen, ‹Role Strain in West German Dual-Earner Households›, in: *Journal of Marriage and Family* 51, Mai 1989.
Gordon, Barbara, *Jennifer-Fieber*, Rowohlt, Reinbek 1989.
Gordon, Barry, und Richard Meth, ‹Men as Husbands›, in: Richard Meth und Robert S. Pasick (Hg.), *Men in Therapy. The Challenge for Change*, Quiltford Press, New York 1990.
Gordon, Linda, und Ellen DuBois, ‹Seeking Ecstacy on the Battlefield: Danger and Pleasure in Nineteenth-Century Feminist Sexual Thought›, in: *Feminist Studies* Bd. 9, Nr. 1, Frühjahr 1983.
Gray, Janet Dreyfus, ‹The Married Professional Woman: An Examination of Her Role Conflicts and Coping Strategies›, in: *Psychology of Women Quarterly*, Bd. 7, Nr. 3, Frühjahr 1983.
Hewlett, Sylvia Ann, *A Lesser Life, The Myth of Women's Liberation in America*, Warner, New York 1986.
Hite, Shere, *Frauen und Liebe*, Bertelsmann, München 1988.
Hite, Shere, und Kate Colleran, *Keinen Mann um jeden Preis*, Falken-Vlg., Niedernh. 1989.
Horner, Matina, ‹Towards an Understanding of Achievement-Related Conflicts in Women›, in: Mary Roth Walsh, *The Psychology of Women. Ongoing Debates*, Yale University Press, New Haven 1987.
Jong-Gierveld, Jenny de, ‹Persoonlijke relaties, nu en in de toekomst›, in: VVAO (Hg.), *Is het werk gedaan? De vrouwenbeweging in* 2001, Het Spectrum, Utrecht 1988.
Jump, Teresa L., und Linda Haas, ‹Fathers in Transition. Dual-Career Fathers Participating in Child Care›, in: Michael S. Kimmel (Hg.), *Changing Men. New Directions in Research on Men and Masculinity*, Sage, Newbury Park, Cal., 1987.
Kahn, Arnold, ‹Reactions of Prefeminist and Antifeminist Men to an Expert Woman›, in: *Sex Roles* 7, 1981.
Kampschuur, Peter, Bram Buunk und Cas Schaap, *Het omstreden huwelijk. Partnerrelaties tussen ideaal en werkelijkheid*, Ambo, Baarn 1990.

Kirkpatrick, Carole Schmidt, ‹Sex Roles and Sexual Satisfaction in Women›, in: *Psychology of Women Quarterly* Bd. 4, Nr. 4, Sommer 1980.

Komarovsky, Mirra, *Dilemmas of Masculinity. A Study of College Youth*, Norton, New York 1976.

Komter, Aafke, *De macht van de vanzelfsprekendheid. Relaties tussen mannen en vrouwen*, Vuga, Den Haag 1985.

Lawson, Annette, *Adultery. An Analysis of Love and Betrayal*, Basic Books, New York 1988.

Lenz, L. *Erinnerungen eines Sexual-Arztes*, Wadi Verlagsbuchhandlung, Baden-Baden 1954.

Lerner, Harriet Goldhor, *Zärtliches Tempo. Wie Frauen ihre Beziehungen verändern, ohne sie zu zerstören*, Kreuz Verlag, Zürich 1990.

Leventhal, G., und M. Matturo, ‹Males' Attitude toward Women: What They Say and What They Do›, in: *Psychological Reports* 48, 1981.

Lewis, Susan N. C., und Cary L. Cooper, ‹Stress in Dual-Earner Families›, in: Barbara A. Gutek, Ann H. Stromberg und Laurie Larwood, *Women and Work*, Bd. 3, *An Annual Review*, Sage, Newbury Park, Cal., 1988.

Luyk, Anneke van, *Begint het leven echt bij veertig? Openhartige gesprekken met vrouwen van rond de veertig*, Bzztôh, Den Haag 1990.

Luin, Heleen van, und Anneke Parent, *Laatste kans moeders. Een onderzoek naar vrouwen die twijfelen over het krijgen van kinderen.* Nisso Studies Nr. 8, Eburon, Delft 1990.

McRae, Susan, *Cross-Class Families. A Study of Wives' Occupational Superiority*, Clarendon Press, Oxford 1986.

Meulenbelt, Anja, *Wie Schalen einer Zwiebel*, Frauenoffensive, München 1988.

Meulenbelt, Anja, *Scheidelinien*, Rowohlt, Reinbek 1988.

Meulenbelt, Anja, *Die Scham ist vorbei*, Frauenoffensive, München o. J.

Meulenbelt, Anja, *Frauensexualität*, Frauenoffensive, München 1988.

Meulenbelt, Anja, ‹Intimiteit tegen uurtarief›, in *De Tijd*, 4. März 1988.

Meulenbelt, Anja, *Meer dan één engel. Over literatuur en seksenstrijd*, Sara / Van Gennep, Amsterdam 1989.

Meyer, Joan, *Sekse als organisatieprincipe. Veranderende normen in de asymmetrische machtsrelaties tussen mannen en vrouwen*, Diss., Universität Amsterdam 1983.

Meijer, Leonoor, ‹De vrouw en het ‚onreine' geld›, in: *Opzij*, Januar 1990.
Myers, Michael F., *Men and Divorce*, Quiltford Press, New York 1989.
Noble, Kathleen D., ‹The Dilemma of the Gifted Women›, in: *Psychology of Women Quarterly*, Bd. 11, Nr. 3, September 1987.
Norwood, Robin, *Wenn Frauen zu sehr lieben*, Rowohlt, Reinbek 1986.
Olsen, Tillie, *Silences*, Dell, New York 1979.
Ott, Marlies, *Assepoesters en kroonprinsen. Een onderzoek naar de minderheidsprestaties van agentes en verplegers*, Sua, Amsterdam 1985.
Oudijk, Corrine, *Sociale Atlas van de vrouw* 1983, Staatsuitgeverij, Den Haag 1983.
Peplau, Anne Letitia, und Steve L. Gordon, ‹Women and Men in Love: Gender Differences in Close Heterosexual Relationships›, in: Virginia E. O'Leary, Rhoda Kesler Unger und Barbara Strudler Wallston (Hg.), *Women, Gender and Social Psychology*, Lawrence Erlbaum, Hillsdale, New Jersey, 1985.
Pleck, Joseph, *The Myth of Masculinity*, The MIT Press, Cambridge, Mass., 1982.
Pleck, Joseph, *Working Wives, Working Husbands*, Sage, Newbury Park, Cal., 1985.
Richardson, Laurel, *Die neue Andere*, Droemer, München 1987.
Rubin, Lillian B., *Pijn en moeite. Hoe arbeidersgezinnen leven*, Ambo, Baarn 1976.
Rubin, Lillian B., *Intieme vreemden*, Ambo, Baarn 1983.
Rubinstein, C., ‹Real Men Don't Earn Less than Their Wives›, in: *Psychology Today* 16, 1982.
Schuster, Diane Tickton, ‹Work, Relationships, and Balance in the Lives of Gifted Women›, in: Hildreth Y. Grossman und Nia Lane Chaster (Hg.), *The Experience and Meaning of Work in Women's Lives*, Lawrence Erlbaum, New Jersey 1990.
Sedney, Mary Anne, ‹Development of Androgyny: Parental Influences›, in *Psychology of Women Quarterly* Bd. 11, Nr. 3, September 1987.
Segal, Lynne, *Strategien der Veränderung*, Klett-Cotta, Stuttgart o. J..
Sprecher, Susan, ‹The Importance to Males and Females of Physical Attractiveness, Earning Potential and Expressiveness in Initial Attraction›, in: *Sex Roles*, Bd. 9/10, 1989.
Tavris, C., ‹Who Likes Women's Liberation and Why: The Case of the Unliberated Liberals›, in: *Journal of Social Issues* 29, 1973.

Tomlinson-Keasey, Carol, ‹The Working Lives of Terman's Gifted Women›, in: Hildreth Y. Grossman und Nia Lane Chester (Hg.), *The Experience and Meaning of Work in Women's Lives*, Lawrence Erlbaum, Hillsdale, New Jersey, 1990.

Trachtenberg, Peter, *Der Casanova-Komplex*, Goldmann, München 1988.

Trimberger, Ellen Kay, ‹Feminism, Men and Modern Love: Greenwich Village, 1900–1925›, in: Ann Snitow, Christine Stansell und Sharon Thompson (Hg.), *Powers of Desire, The Politics of Sexuality*, Monthly Review Press, New York 1983.

Ulanov, Ann Belford, ‹For Better and For Worse›, in: Robert M. Friedman und Leila Lerner (Hg.), *Toward a New Psychology of Men. Psychoanalytic and Social Perspectives*, Quiltford Press, New York 1986.

Vervoort, Hans, und Tom van Veen, ‹Vrouwen & Geld: een gelukkig huwelijk?›, in: *Opzij*, Januar 1990.

Verwey-Jonker, Hilda, ‹De oudere vrouw in 2001›, in: VVAO (Hg.), *Is het werk gedaan? De vrouwenbeweging in* 2001, Het Spectrum, Utrecht 1988.

Vries, Petra de, *Aan het hoofd van de tafel. Feministische artikelen over vaderlijk gezag*, Sara/Van Gennep, Amsterdam 1988.

Waal, Mieke de, *Meisjes: eèn wereld apart. Etnografie van meisjes op de middelbare school*, Boom, Meppel 1989.

Weeda, Iteke, und Jan Groenewold, *Scheiden doet lijden? (Voor)oordelen over de gevolgen van echtscheiding*, Unieboek, Houten 1986.

Weeda, Iteke, *Eigenzinnige Erotiek*, Nijgh en Van Ditmar, Amsterdam 1987.

Wegelin, Margreet, ‹Vaderschap na echtscheiding. Over ideologie en praktijk van ‚eerlijk delen'›, in: Petra de Vries (Hg.), *Aan het hoofd van de tafel*, Sara/Van Gennep, Amsterdam 1988.

Weisbeek, Joop, und Casper Wiebrens, *Niet gehuwd, gehuwd geweest. Een onderzoek naar de leefsituatie van verweduwden, gescheidenen en alleenstaanden*, Ministerie van Sociale Zaken en Werkgelegenheid, Den Haag 1985.

Weitzman, Lenore J., *The Divorce Revolution. The Unexpected Social and Economic Consequences for Women and Children in America*, MacMillan, New York 1985.

Wieck, Wilfried, *Männer lassen lieben*, Kreuz-Vlg., Stuttgart 1987.

Yogev, Sara, ‹Do Professional Women have Egalitarian Marital Relationships?›, in: *Journal of Marriage and the Family*, November 1981.

Yogev, Sara, ‹Judging the Professional Woman: Changing Research, Changing Values›, in: *Psychology of Women Quarterly*, Bd. 7, Nr. 3, Frühjahr 1983.
Zeegers, Wil, *Langs deze mij onsympathieke weg. Contactadvertenties in Nederland* 1945–1990, Bert Bakker, Amsterdam 1990.

Naomi Wolf

Der Mythos Schönheit

Aus dem Englischen von Cornelia Holfelder-von der Tann, Sabine Hübner, Ursula Locke-Groß
448 Seiten. Gebunden

Die Hälfte aller Frauen im Westen glaubt, daß sie zu dick sei. Viele hungern sich dünn. Millionen leiden an Magersucht und Bulimie. Das Vergnügen an Sex und die Überzeugung, daß man begehrenswert sei, ist im Westen empfindlicher gestört als bei Frauen der Dritten Welt. Die Ängste der Frauen schaffen Märkte für neue Industrien. Diätprodukte, immer neue Kosmetika und teure Schönheitschirurgie sind die kommerziellen Opfer, die wir dem Mythos Schönheit bringen.

«Naomi Wolf hat ein aufklärerisches Buch geschrieben, das sich wie ein spannender Krimi liest und all denen empfohlen sei, die wieder mal unzufrieden vor dem Spiegel stehen.»
Heide Soltau, Norddeutscher Rundfunk